COURS COMPLET

À L'USAGE

DES OFFICIERS

DE LA MARINE MARCHANDE,

PAR LEVRET AINÉ,

PROFESSEUR D'HYDROGRAPHIE DE PREMIÈRE CLASSE AU HAVRE,
EX-PROFESSEUR AUX ÉCOLES D'ARTILLERIE ET À L'ÉCOLE NAVALE,
AUTEUR DE PLUSIEURS OUVRAGES SCIENTIFIQUES À L'USAGE
DES OFFICIERS DE LA MARINE NATIONALE.

TROISIÈME PARTIE.

NAVIGATION.

PARIS,

FIRMIN DIDOT FRÈRES, ÉDITEURS,

IMPRIMEURS DE L'INSTITUT, RUE JACOB, 56.

1850

V
136 | 85
| ×36
84

COURS COMPLET

DE

SCIENCES NAUTIQUES.

NAVIGATION.

PARIS. — TYPOGRAPHIE DE FIRMIN DIDOT FRÈRES,
RUE JACOB, 56.

COURS COMPLET

A L'USAGE

DES OFFICIERS

DE LA MARINE MARCHANDE,

PAR LEVRET AINÉ,

PROFESSEUR D'HYDROGRAPHIE DE PREMIÈRE CLASSE AU HAVRE,
EX-PROFESSEUR AUX ÉCOLES D'ARTILLERIE ET A L'ÉCOLE NAVALE,
AUTEUR DE PLUSIEURS OUVRAGES SCIENTIFIQUES A L'USAGE
DES OFFICIERS DE LA MARINE NATIONALE.

TROISIÈME PARTIE.

NAVIGATION.

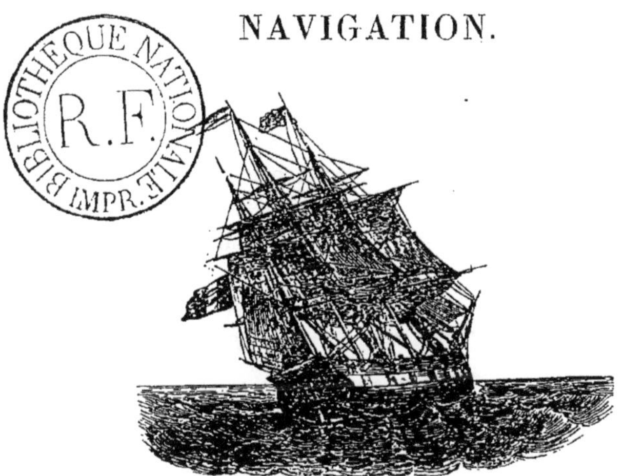

PARIS,

FIRMIN DIDOT FRÈRES, ÉDITEURS,
IMPRIMEURS DE L'INSTITUT, RUE JACOB, 56.

1850.

PRÉFACE.

L'institution des Écoles d'hydrographie, dont Colbert est le fondateur, n'est pas assez connue.

L'histoire de ses transformations, l'abandon des administrations passées, les atteintes qu'on n'a pas craint de lui porter, sont autant de points qui appellent les lumières de la discussion.

On devra y rattacher les modifications que la création des compagnies d'assurances maritimes ont dû apporter à la position des armateurs, et par suite à celle des Officiers de la marine marchande. Nous comptons traiter ce sujet dans un autre volume.

L'autorité n'exige plus aujourd'hui que le professeur suive en aveugle un cours imposé au profit de tel ou tel.

C'est donc le moment de répéter que l'astronomie nautique n'est point une science, mais un corollaire des connaissances premières, et de montrer que l'importance que quelques-uns lui accordent n'est qu'un calcul de l'amour-propre.

Le Capitaine de la marine marchande ne doit pas être regardé comme le simple conducteur d'un véhicule flottant.

III. — PHYSIQ.

Aucune branche des connaissances positives n'est superflue pour lui.

L'étude des principes de physique, nécessaires à l'intelligence des instruments si variés dont se sert aujourd'hui le marin, est une des premières choses à introduire dans son instruction.

Tel est l'esprit qui a présidé à la rédaction de ce volume.

COURS COMPLET

DE SCIENCES,

A L'USAGE DE LA MARINE DU COMMERCE.

NOTIONS DE PHYSIQUE,

ET EXPOSITION

DU SYSTÈME DU MONDE.

ASTRONOMIE NAUTIQUE.

PRÉCIS DE PHYSIQUE.

(1) On nomme force toute cause de mouvement.

Lorsqu'un corps est soumis à l'action d'une force unique, il prend un mouvement dont la direction est celle de la force motrice.

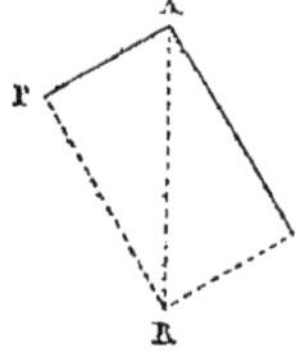

Soumis à l'action de deux forces qui agissent dans des sens différents, mais non contraires, il ne suit la direction d'aucune d'elles ; et si AP, AQ représentent les directions et grandeurs de ces forces, le point A sera dans le même état que s'il ressentait l'impulsion unique AR, représentée par la diagonale du parallélogramme construit sur AP et AQ.

1.

Les forces AP, AQ, se nomment les composantes, AR la résultante.

Cette résultante, généralement moindre que la somme des composantes, dépendra aussi, dans sa grandeur, de l'ouverture de l'angle PAQ.

Que cet angle devienne nul, la résultante prend alors une valeur égale à celle de la somme des composantes.

Que cet angle devienne égal à deux angles droits, et la résultante est alors la différence des composantes.

Si, dans ce dernier cas, les forces étaient égales, la résultante deviendrait nulle, et le point A serait dit en équilibre.

Plusieurs opérations successives permettent de réduire à une seule des forces en nombre quelconque qui animent un point.

On commence à ramener, comme il a été dit précédemment, deux de ces forces à une seule; puis cette première résultante se combine avec la troisième composante, et ainsi de proche en proche.

De même qu'il est possible de réduire deux forces à une seule, on peut décomposer une force en deux autres de directions déterminées, pourvu qu'elles soient toutes trois dans le même plan, et qu'elles se rencontrent au même point.

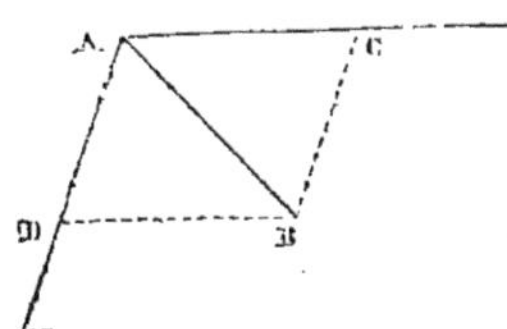

En effet, soit AB la force à décomposer suivant les deux directions AM, AN. Il suffira de conduire les deux parallèles BC, BD. AC et AD seront alors les composantes cherchées.

Cette opération fort usuelle permet d'analyser l'action du vent sur un navire.

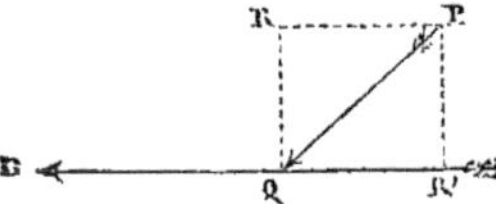

Soit AB la direction à suivre, et PQ celle du vent. On décompose par la position de la voilure la force PQ en deux autres : l'une RQ perpendiculaire à la quille, et qui produit la dérive; l'autre R'Q qui imprime la marche. On se rend également compte de l'action du gouvernail par les considérations suivantes :

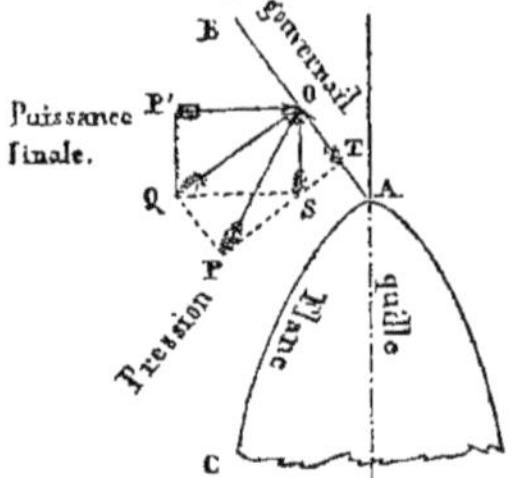

Lorsqu'un navire est en marche, l'eau qui glisse le long de la surface CA de la carène va frapper le gouvernail, suivant une direction qui dépend entièrement des formes de l'arrière.

L'action de toutes les poussées sur AB se résume en une pression unique exercée en un point spécial. Soit OP sa grandeur et sa direction ; elle se décompose en deux autres, l'une OQ perpendiculaire AB ; l'autre OT, qui n'a pour action que de faire glisser l'eau le long du gouvernail, et qu'on néglige.

La pression Q peut elle-même se décomposer en deux autres, l'une OP', perpendiculaire à la quille, et qui tend à pousser l'arrière du navire dans le sens indiqué par la flèche ; l'autre OS, parallèle à la quille, qui a pour effet de retarder la marche du navire. Le calcul apprend dans chaque bâtiment sous quel angle d'inclinaison le gouvernail a son effet maximum.

Il existe deux espèces de forces : celle instantanée et celle continue.

La première cesse son action aussitôt l'effet produit : tels, un choc, une impulsion ; la seconde incessante, qui continue son action pendant toute la durée du mouvement. Cette dernière accélère ou retarde sans cesse la vitesse du corps qui se meut.

Attraction.

(2) Tous les corps de la nature s'attirent mutuellement.

Deux bulles de mercure, placées en présence, se précipitent l'une vers l'autre avant de s'être touchées.

Plus elles auront de masse ou renfermeront de matière, plus leur attraction sera puissante. Si elles sont de masses inégales, ce sera la petite qui se précipitera sur la grande.

L'attraction est une force continue. Elle varie en raison directe de la masse et en raison inverse du carré de la distance ; ce qui veut dire que si la masse double, la force double, et que si la distance double, l'attraction devient le quart de ce qu'elle était, ainsi de suite.

Tout corps étant de masse infiniment petite par rapport à la terre, doit se précipiter vers elle.

Attiré à la fois par tous les points tant de la surface que du volume terrestre, il suit, d'après ce qu'on a dit précédemment sur la composition des forces, une direction intermédiaire, qui, d'après la sphéricité de la terre, passe par son centre. L'effet produit étant le même que si le centre possédait seul la propriété attractive, on dit habituellement que le centre de la terre attire tous les corps.

Cette puissance se nomme pesanteur : elle est la cause de la chute des corps; le poids n'est que l'effet.

La cause attractive est la même sur les corps grands ou petits; et s'ils ne tombent pas tous avec la même vitesse, cela tient uniquement à la résistance que l'air oppose à leur mouvement.

Une ardoise tombe plus vite sur le tranchant que posée horizontalement, parce qu'elle a, dans le premier cas, moins d'air à déplacer que dans le second.

C'est donc commettre une faute grave que d'attribuer la vitesse de chute d'un corps à son poids. En l'absence de l'air, ils se dirigent constamment au centre de la terre avec la même vitesse, qui s'accroît progressivement, suivant une certaine loi, d'après la durée du mouvement.

C'est encore à l'attraction que sont dues les oscillations d'un fil plombé nommé pendule, qu'on écarte de la verticale.

Lorsque ces oscillations sont de faible amplitude, elles ont essentiellement même durée; et le temps de l'une d'elles est d'une seconde, lorsque le pendule a pour longueur 998 millimètres environ à Paris.

Force centrifuge.

(3) Si tous les corps, en vertu de l'attraction terrestre, se dirigent vers le centre du globe, ils sont en même temps repoussés par une force dite centrifuge, qui naît du mouvement de rotation de la terre autour de son axe.

Lorsqu'on fait tourner une pierre attachée à l'extrémité d'un fil, il se tend d'autant plus que la rotation s'accélère, et se brise si la vitesse dépasse certaines limites.

Un cheval dans un manége se penche à l'intérieur pour contre-balancer cette puissance qui le pousse vers l'extérieur, et il augmente son inclinaison avec sa vitesse.

La terre, en tournant autour de son axe, tend à lancer dans l'espace tous les corps de sa surface; et si cet effet ne se produit pas, c'est que la force attractive l'emporte sur celle centrifuge. Cette dernière, nulle au pôle, est maximum à l'équateur, dont la vitesse est la plus grande de celles que possèdent tous les points de l'enveloppe terrestre.

Principe d'Archimède.

(4) Le poids d'un corps dans l'air est plus considérable que lorsqu'on le pèse plongeant dans un liquide. Il est plus grand dans le vide que dans l'air.

Un cube de cuivre d'un centimètre d'arête pèse un gramme de moins dans l'eau que dans l'air; mais un gramme est précisément le poids du centimètre cube d'eau que le corps avait déplacé, observation qui justifie ce principe :

Un corps plongé dans un milieu perd de son poids une partie égale au poids du volume du milieu qu'il déplace, volume égal au sien propre.

La partie de poids perdue par un corps dépend donc de la nature du milieu dans lequel il est plongé. C'est ainsi qu'une sphère de cuivre tombe dans l'air, s'enfonce dans l'eau, surnage au mercure; qu'un morceau de bois tombe dans l'air, et surnage, ne s'enfonçant dans l'eau qu'en partie, jusqu'à ce que le poids perdu soit égal à celui de la pièce elle-même.

Le liége remonte à la surface de l'eau, certaines vapeurs s'élèvent dans l'air, parce que leur poids est moindre que celui de pareil volume du milieu.

Baromètre.

(5) L'air exerce sur la surface des corps, et en tous sens, une pression qui peut être évaluée en moyenne à un kilogramme par chaque centimètre carré de surface.

Des corps étrangers, tels que les vapeurs d'eau, par exemple, se mêlent momentanément à l'air en plus ou moins grande quantité, et modifient passagèrement la pression qu'il développe.

L'instrument nommé baromètre est destiné à donner la mesure de cette pression.

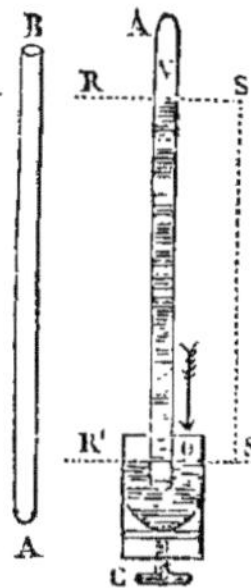

Un tube AB, fermé en A, ouvert en B, est rempli de mercure qui, par l'ébullition, a été privé de l'air et de l'eau qu'il pouvait renfermer à l'état de mélange.

L'ouverture B étant fermée momentanément, le tube est renversé, la partie inférieure plongeant dans un bain de mercure.

Otant l'obturateur, qui est en B, on voit le mercure descendre dans le tube, et rentrer en partie dans la cuvette. Mais la colonne s'arrête à un niveau RS tel, que la distance moyenne SS' est de 76 centimètres.

Cette ascension du mercure dans le tube tient à la pression qu'exerce en R'S' l'air extérieur entrant par un orifice O, pression qui ne peut être contre-balancée par aucune autre exercée en RS, la partie V du tube étant libre de tout corps qui n'a pu remplacer le mercure l'occupant primitivement.

Une graduation dont le point zéro de départ est au niveau R'S', permet de lire la hauteur de la colonne soulevée. Cette hauteur est donc l'image de la pression de l'air, et lui sert de mesure.

Pour que le niveau R'S' reste constant, et corresponde dans toutes les circonstances au point zéro de l'échelle, une vis de pression C permet de monter ou descendre à volonté le fond de la cuvette.

En serrant convenablement la vis, on peut forcer le mercure à atteindre l'extrémité supérieure du tube. On vérifie par là si le vide est absolu en V, et l'instrument devient transportable.

Cette opération, qu'on exécute souvent à bord, arrête le baromètre, et le préserve de la rupture lors des mouvements violents ou des explosions de l'artillerie.

Si le tube est d'assez petit diamètre, et que la masse du mercure renfermé dans la cuvette soit considérable, on peut se dispenser de ramener dans chaque observation le niveau du mercure du réservoir au point zéro de l'échelle.

On a remarqué que lorsque la colonne atteignait une hauteur supérieure à 76 centimètres, le ciel était souvent clair et serein ; et qu'au contraire il ventait ou pleuvait pour des hauteurs de colonne inférieures à $0^m,76$.

Lorsqu'on la voit descendre rapidement au-dessous de cette cote, il y a crainte de gros temps. Ces indications, qu'aucune théorie ne justifie, sont des résultats d'observations souvent en défaut, le baromètre n'étant point un instrument local mais ressentant les influences lointaines.

Pompes.

(6) On nomme pompes des appareils destinés à élever l'eau à de certaines hauteurs.

Pompe aspirante. Puisque la pression de l'air équilibre en moyenne une colonne de mercure de $0^m,76$, équivalente à une d'eau de $10^m,5$ de hauteur environ, il s'ensuit que, pour élever l'eau à une hauteur inférieure à cette limite, il suffit de faire mouvoir un piston P muni d'une soupape s'ouvrant de bas en haut, dans un conduit ou corps de pompe plongeant en A dans une nappe d'eau dont le niveau est MN. Chaque fois que le piston s'abaissera, l'air contenu entre D et D′ étant comprimé, s'échappera en partie, et sans retour possible, par la soupape soulevée.

Lorsque le piston se relèvera, l'air, occupant un plus grand espace, se raréfiera, et l'eau du réservoir, par suite de la pression de l'air extérieur sur sa surface, s'élèvera dans le canal d'une certaine quantité.

Cet effet se renouvelant à chaque coup de piston, il arrivera un moment où l'eau sera rendue à une hauteur telle, qu'en s'abaissant il y plongera.

Alors elle soulèvera la soupape, passera par-dessus la tête du piston, et se déversera par un canal latéral L.

L'imperfection de l'appareil ne permet pas d'élever ainsi l'eau à plus de 9^m.

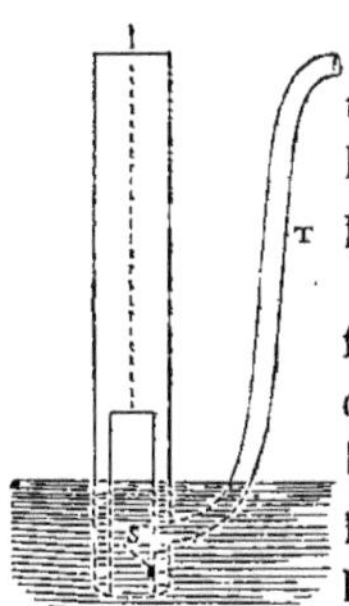

Pompe foulante. Dans ce genre de pompe, une soupape dormante S, qui s'ouvre de bas en haut, permet à l'eau d'arriver dans le corps de pompe au niveau du réservoir.

Lorsqu'on abaisse le piston, la soupape se ferme, et l'eau comprimée ne peut s'échapper que par le tube latéral T. La hauteur à laquelle le liquide parvient à l'aide de cet appareil dépend de la grandeur de la compression exercée par le piston.

Loi de Mariotte.

(7) Un volume quelconque d'air pris à l'état extérieur diminue de moitié lorsqu'on lui fait éprouver une pression double, et se réduit au $\frac{1}{3}$ pour une pression triple.

Si donc une colonne d'air a un mètre de hauteur sous la pression d'une atmosphère, elle se réduira à $\frac{1}{2}$ mètre pour une pression de deux atmosphères, à $\frac{1}{3}$ de mètre pour une pression de trois, ainsi de suite.

Calorique.

(8) Le calorique est un agent qui a pour effet principal de désagréger les molécules des corps, et par suite d'augmenter leur volume. Cet agrandissement reçoit le nom de dilatation.

Dans un corps solide, les molécules maintenues en contact par la force de cohésion sont dépendantes les unes des autres, et ne peuvent être désunies que par le développement d'un certain effort.

Une dose suffisante de calorique communiqué, en éloignant les molécules, augmente leurs distances de telle sorte, que la force de cohésion se trouve annihilée.

Dans cet état, nommé liquide, les molécules jouissent d'une indépendance absolue, et peuvent être séparées sans effort.

Un nouvel accroissement de calorique donne aux molécules une force répulsive qui constitue l'état gazeux.

Plusieurs corps métalliques peuvent ainsi passer aux trois états à l'aide du calorique ; et si plusieurs, tels que le fer, semblent se dérober à cette loi, cela n'infirme en rien sa généralité, mais tient uniquement à l'impuissance des moyens calorifiques dont l'homme peut disposer.

On peut remarquer en effet que ce sont les corps chez lesquels la force de cohésion est le plus développée qui se prêtent le moins à un changement d'état.

En opérant inversement, c'est-à-dire en privant un corps d'une partie de son calorique, on le force à faire retour de gazeux à liquide, de liquide à solide.

L'eau présente une particularité dans la série des phénomènes analysés en ce moment. Elle ne se contracte pas indéfiniment comme les métaux ; car à l'état solide son volume augmente, puisque la glace surnage, et que l'eau qui se congèle dans un vase clos le rompt.

Les dilatations produites sur les solides par l'action du calorique font comprendre les difficultés de l'horlogerie de précision.

Si on prend pour exemple le chronomètre, on conçoit que la rapidité de sa marche dépende des dimensions de certaines parties de l'appareil. Il a donc été nécessaire d'annihiler des dilatations par d'autres équivalentes et de sens contraire. Tel est l'office rempli par la partie de l'appareil nommée compensateur.

(9) *Thermomètre*. Un instrument fondé sur la dilatation, et nommé thermomètre, permet d'apprécier les accroissements de calorique communiqués à un corps.

Il faut, pour le comprendre, admettre que, dans certaines limites, les dilatations sont proportionnelles aux accroissements calorifiques.

Le mercure, métal généralement liquide à la température ordinaire, a été préféré à tout autre.

Il est enfermé dans un tube de diamètre intérieur très-petit, mais constant, muni à sa partie inférieure d'un réservoir d'assez grande capacité, destiné à augmenter la masse du mercure agissant. La dilatation ne pouvant se manifester qu'à l'intérieur du tube étroit, l'instrument devient très-sensible, c'est-à-dire éprouve des variations de hauteur de colonne appréciables pour des variations calorifiques très-légères.

Quelle que soit la quantité de mercure engagée dans l'instrument, la colonne s'arrête constamment au même niveau, lorsqu'on enveloppe le réservoir d'une couche de glace pilée et fondante. On donne à cette indication, qu'on regarde comme due à une quantité fixe de calorique, la cote 0 en France, 32 en Angleterre.

Soumis à l'action de la vapeur d'eau en ébullition, alors que le baromètre marque $0^m,76$, la colonne s'arrête à un point regardé comme fixe, parce qu'il est le même dans toutes les circonstances de temps et de lieux. On le cote 80 ou 100 en France, en Angleterre 212.

En divisant l'intervalle compris entre ces points extrêmes en quatre-vingts, cent ou cent quatre-vingts parties égales, on a les longueurs nommées degrés Réaumur, centigrade, Fahrenheit; les degrés prolongés en dessous de zéro fournissent la partie négative de l'échelle.

Cet instrument permet de comparer les états calorifiques des corps, mais non la quantité de calorique renfermée dans l'un d'eux.

Cette dernière est regardée comme indéfinie, c'est-à-dire telle, qu'on n'en peut priver un corps totalement.

(10) Lorsque de l'eau est mise en ébullition, c'est qu'on lui a communiqué une quantité de calorique suffisante pour que les vapeurs qui se développent dans la masse puissent soulever la pression atmosphérique; et comme le terme de l'ébullition de l'eau à l'échelle centigrade est cent degrés sous la pression $0^m,76$, on dit que la vapeur d'eau à 100 degrés possède la tension d'une atmosphère.

Si la pression extérieure augmentait, le terme d'ébullition retarderait, et ce point se rapprocherait dans le cas contraire. Il faut dépenser moins de calorique pour faire bouillir de l'eau au sommet d'une montagne que dans la plaine; et dans un laboratoire on met en ébullition de l'eau tiède par une diminution considérable de l'air comprimant.

Lorsque de l'eau est mise en ébullition dans un vase ouvert, quelle que soit la quantité de combustible dépensée à partir de ce moment, elle accuse toujours le même degré thermométrique; ce qui indique que le calorique communiqué ne sert plus qu'à la formation des vapeurs, et est entraîné par elles. Si donc on ramenait ces vapeurs à l'état liquide, elles restitueraient ce calorique qu'elles retiennent sans l'accuser au thermomètre, et que par cette raison on nomme latent.

Si on chauffe de l'eau à vase clos, les vapeurs ne peuvent plus se dégager à mesure qu'elles se forment. Elles remplissent alors l'espace libre du vase au fur et à mesure de leur production, augmentent sans cesse la pression qu'éprouve la surface liquide, et retardent de plus en plus le terme d'ébullition. L'eau peut alors acquérir une température supérieure à cent degrés, et ses vapeurs une force élastique ou expansive de plus en plus considé- rable, qui ferait éclater le vase s'il n'offrait pas une résistance suf- fisante.

On rend tous ces phénomènes sensibles en déterminant l'ébul- lition de l'eau dans un ballon muni d'un col ouvert et d'un ther- momètre. Si on y met un bouchon, l'ébullition s'arrête, bien qu'on prolonge l'échauffement ; et le thermomètre monte au delà de 100°. Mais si, au moyen d'eau froide entourant la partie vide de l'enveloppe, on détermine le retour à l'état liquide d'une partie des vapeurs comprimantes, l'ébullition recommence à l'instant, et le thermomètre retombe à 100°.

La tension des vapeurs n'augmente pas propor- tionnellement à la température. Ainsi étant d'une atmosphère à 100°, elle n'est pas de deux atmos- phères à 200°, et des expériences précises ont per- mis de composer la table suivante :

Degrés.	Tensions en atmosphères.
100°	1 atmosphère.
112,4	1 atmosphère $\frac{1}{2}$.
121,5	2 id.
128,8	2 $\frac{1}{2}$.
135	3
140,35	3 $\frac{1}{2}$.
146,75	4
154	5
160	6

On peut étendre cette table à l'aide de la formule

$$P = (1 + 0,7153 \times t)^5.$$

P étant la pression évaluée en atmosphères de $0^m,76$ de mercure, et t la température à partir de 100 degrés, en prenant 100 degrés pour unité.

Ainsi, pour une température de 160°, t serait égal à $\frac{160-100}{100}$ ou $\frac{6}{10}$.

(11) Pour mesurer les tensions des vapeurs produites dans un vase clos, il suffira d'y adapter un tube recourbé contenant du mercure dans sa partie inférieure.

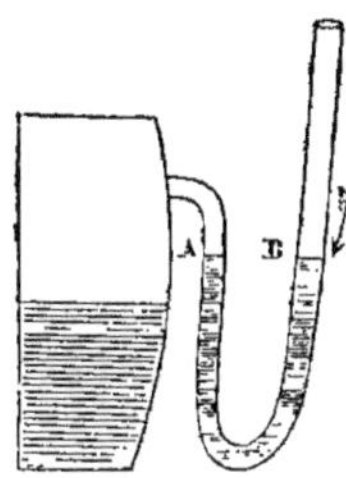

Lorsque le mercure sera de niveau dans les deux branches, la tension des vapeurs pressant le mercure en A sera équivalente à la compression atmosphérique s'exerçant en B.

A mesure que la tension des vapeurs augmentera, le niveau A s'abaissera; celui B s'élèvera, et, par son ascension, fera juger des forces élastiques nouvelles.

L'appareil ainsi construit ne convient qu'à terre, et pour des tensions peu élevées.

Un autre, qu'on décrira plus loin, s'utilise à bord; il est fondé sur la loi de Mariotte, vraie pour les vapeurs comme pour les gaz.

Il ne peut exister dans un espace donné, et à chaque température, qu'une quantité déterminée de vapeur. On dit que l'espace est saturé, lorsque les vapeurs ont atteint le maximum.

Si on abaisse alors la température, une partie des vapeurs fait retour à l'état liquide. Ce phénomène se développerait également si on diminuait l'espace, sans faire varier la température. En l'élevant au contraire, le même récipient sera susceptible de contenir une plus grande quantité de vapeurs.

De l'eau réduite en vapeurs à 100 degrés fournit un volume mille sept cents fois plus grand environ que le sien.

De l'aiguille aimantée.

(12) Certaines pierres trouvées dans les mines de fer possèdent la propriété d'attirer ce métal, présenté à distance. La limaille s'attache à leur surface d'une manière irrégulière, et particulièrement à deux endroits spéciaux nommés pôles.

Elles se nomment aimants naturels, et peuvent, sans rien perdre de leur énergie attractive, la communiquer à un nombre quelconque de barreaux d'acier nommés aimants artificiels.

Le fer doux, en présence d'un aimant naturel, s'empare promptement des propriétés attractives, mais les perd aussitôt l'aimant enlevé.

L'acier trempé arrive lentement à l'état d'aimantation, mais y persévère en l'absence de la cause qui l'a déterminé.

Un barreau mince d'acier trempé, librement suspendu, porte le nom d'aiguille. Roulée dans la limaille, elle présente le phénomène indiqué par la figure.

Les points P et P', situés sur l'axe de l'aiguille et vers ses extrémités, semblent concentrer toute la puissance attractive. La section MN, située vers le milieu du barreau, et qui paraît indifférente à l'action magnétique, se nomme ligne neutre ou d'indifférence.

Placée librement sur un pivot, l'aiguille se dirige vers un point de l'horizon, et y revient par des oscillations successives lorsqu'on l'a écartée momentanément de cette position d'équilibre, fixe sensiblement dans un même lieu.

Mais deux aiguilles placées à des distances notables l'une de l'autre, ne sont pas parallèles entre elles dans leur position d'équilibre.

Le plan vertical dans lequel se maintient dans un lieu l'aiguille libre, se nomme méridien magnétique.

Si le pivot d'une aiguille est placé sur un barreau aimanté, elle quitte à l'instant le plan du méridien magnétique, pour se mettre dans celui vertical passant par l'axe du barreau, et revient dans sa position primitive en l'absence de ce dernier.

Le barreau a donc sur l'aiguille une action directrice analogue à celle que développe la terre. Par cette raison, on regarde le globe terrestre comme un aimant ayant ses deux pôles et sa ligne d'indifférence, nommée équateur magnétique.

Lorsqu'une aiguille placée sur un pivot est parfaitement horizontale avant l'aimantation, l'une de ses extrémités plonge vers l'horizon lorsqu'elle a subi cette préparation.

L'aiguille horizontale à l'état de liberté placée sur un barreau a plongé vers lui ; raison nouvelle pour assimiler la terre à un aimant.

Lorsque deux aiguilles agissent l'une sur l'autre, on remarque que les extrémités qui se dirigeaient vers le même point de l'horizon se repoussent, et qu'il y a, au contraire, attraction pour celles qui se dirigeaient vers des points opposés.

On dit en conséquence que les pôles de même nom se repoussent, et de noms différents s'attirent.

On nomme par suite pôle sud de l'aiguille l'extrémité qui se dirige vers le nord du monde, et réciproquement.

L'angle que fait dans le plan horizontal la direction de l'aiguille avec la ligne nord et sud, se nomme déclinaison ou variation. On la dit nord-est ou nord-ouest, suivant que l'aiguille se tient à l'est ou à l'ouest du méridien, l'observateur étant tourné vers le nord.

La déclinaison dans un même lieu varie très-peu dans un long espace de temps. Il faut un grand nombre d'années pour qu'elle accomplisse une oscillation qui la fasse passer de l'est à l'ouest, et réciproquement.

Elle était à Paris en 1580 11° 29′ N.-E.

$$
\begin{aligned}
&\text{en } 1663 - \quad 0°\ \ 0′ \\
&\text{en } 1785 - 22°\ \text{N.-O.} \\
&\text{en } 1814 - 22°\ 34′\ \text{N.-O.} \\
&\text{en } 1830 - 22°\ 6′\quad \text{id.}
\end{aligned}
$$

Il existe en conséquence des lieux pour lesquels la déclinaison est zéro.

L'inclinaison de l'aiguille est l'angle qu'elle fait dans le plan du méridien magnétique avec l'horizontale du lieu. Les points sans inclinaison font partie de l'équateur magnétique.

D'après ce qui précède, si l'on connaissait la variation dans un lieu, il serait facile de tracer, d'après la direction de l'aiguille, celle de la ligne nord et sud du monde.

L'action d'un aimant sur le fer doux s'exerce à une distance d'autant plus grande que l'aimant est plus puissant.

C'est par cette raison qu'un barreau de fer doux placé dans le plan du méridien magnétique devient aimant momentané.

On conçoit alors pourquoi les pièces de canon d'un navire de guerre deviennent de véritables aimants, lorsqu'on suit une direction perpendiculaire au méridien magnétique. Ils exercent alors sur l'aiguille de la boussole une action perturbatrice, qui cesse lorsqu'on change la direction de la route.

Aussi a-t-on inventé un appareil, nommé compensateur magnétique, destiné à détruire cet effet dangereux.

On voit aussi combien il faut prendre de précautions lorsqu'on emploie à bord deux aiguilles, pour qu'elles ne s'influencent pas mutuellement.

Si le cuivre en repos n'a pas d'action sur l'aiguille, il n'en est pas de même lors du mouvement. Ainsi l'habitacle en cuivre a pour effet, sans perturber la direction de l'aiguille, de diminuer l'amplitude de ses oscillations.

Les fragments d'une aiguille aimantée forment autant d'aiguilles complètes, ayant chacune deux pôles et une ligne d'indifférence.

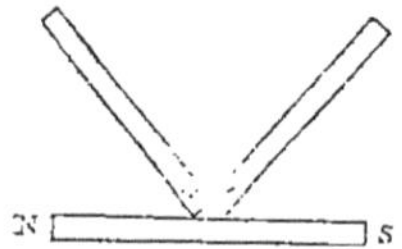

Pour aimanter une aiguille, on la pose à plat sur une table. Plaçant en son milieu les extrémités opposées de deux forts barreaux, sous une inclinaison de 60 degrés environ, on les fait glisser séparément jusqu'à chacune des extrémités de l'aiguille.

Les frictions fréquemment répétées, et prolongées pendant dix minutes environ, développent dans l'aiguille les propriétés magnétiques, le pôle sud étant à l'extrémité de la partie frottée par le pôle nord, et réciproquement.

Ce procédé est celui employé de préférence pour éviter la naissance de faux pôles ou points conséquents, qui peuvent se développer lorsque l'acier de l'aiguille n'est pas homogène, en suivant tout autre procédé d'aimantation.

III. — PHYSIQ.   2

DE LA LUMIÈRE.

(13) L'œil, instrument de perception, est destiné à recevoir les rayons lumineux, et non à en émettre, en regardant la lumière comme un fluide impondérable qui se transporte de son foyer sous forme de rayons rectilignes.

Un corps n'est visible que lorsqu'il renvoie vers l'œil des rayons qu'il ne possédait pas en propre, mais qui lui étaient transmis, soit directement, soit indirectement.

Les rayons lumineux qui tombent sur une surface, suivant son état, sont donc repoussés, régulièrement ou irrégulièrement d'ailleurs.

Lois de la réflexion.

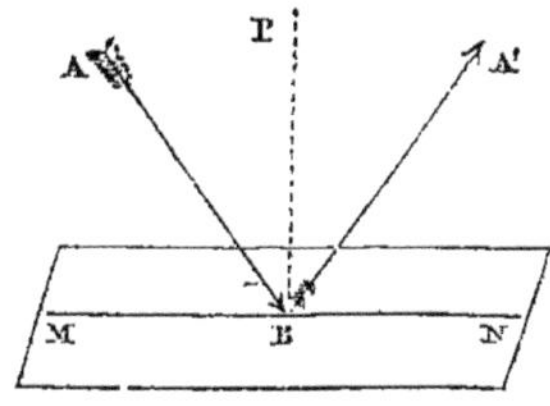

(14) Lorsqu'un rayon lumineux AB tombe sur une surface plane polie MN, il est repoussé en BA', de telle sorte que,

1° Le rayon incident et le réfléchi sont dans un plan perpendiculaire à celui MN, et contenant par suite la normale BP au point B d'incidence ;

2° Les angles ABP, PBA', sont égaux ; ils se nomment, le premier d'incidence, le second de réflexion, et l'on dit que l'angle d'incidence est égal à celui de réflexion.

Tout le phénomène s'accomplissant dans un plan spécial, toutes les figures subséquentes seront conçues tracées dans ce plan.

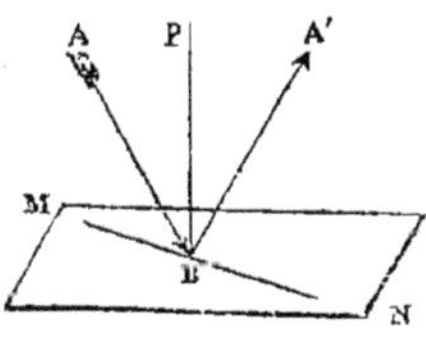

Si on voulait, en utilisant les lois précédentes, trouver la direction du réfléchi d'un rayon donné AB, il faudrait conduire la normale BP à MN, faire passer un plan par ces deux droites, et conduire dans ce plan BA', de telle sorte que les deux angles ABP, PBA', fussent égaux.

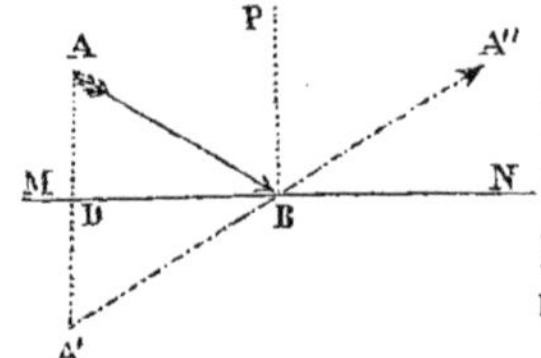

On aurait pu aussi abaisser du point A une perpendiculaire au plan MN, la prolonger au delà d'une longueur DA′ égale à elle-même, et joindre le point A′ à celui B. BA″ eût été le rayon réfléchi. En effet,

Les angles ABD, DBA′, sont égaux d'après la construction; mais DBA′ = A″BN; donc angle ABD = angle A″BN. Tout se passant d'ailleurs dans un plan conduit suivant ABA″, et par suite perpendiculaire à celui MN, la normale à MN sera dans ce plan, et les angles d'incidence et de réflexion ABP, PBA″, seront égaux comme complémentaires de ceux DBA, NBA″, démontrés égaux eux-mêmes.

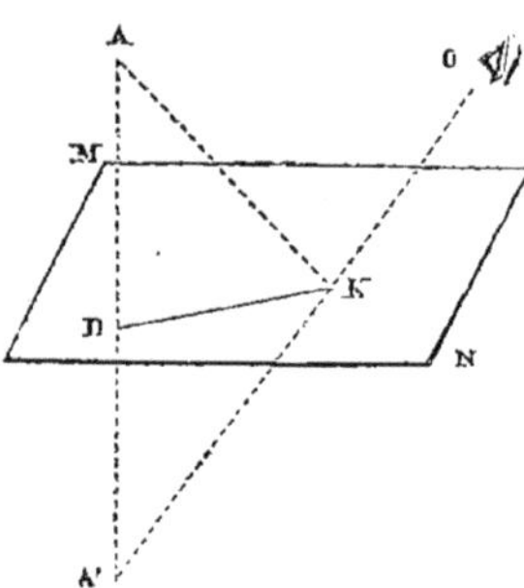

Si un corps A étant en présence d'une surface réfléchissante MN, un œil était en O; pour trouver comment l'image du point A lui arriverait par l'intermédiaire de la surface, il faudrait abaisser du point A la normale AD, la prolonger d'une longueur DA′ égale à DA, et joindre le point A′ au point O. Cette droite percerait le plan MN au point K, et, parmi tous les rayons lancés sur MN par le point A, ce serait celui AK seul qui, par la réflexion, arriverait à l'œil, suivant KO.

L'œil ne pouvant juger la position d'un objet que par la direction du rayon qu'il perçoit, verra le point A en A′. C'est ce qui fait dire que l'image d'un point se peint dans une glace en arrière de son plan, à une distance égale à celle à laquelle le point se trouvait en avant.

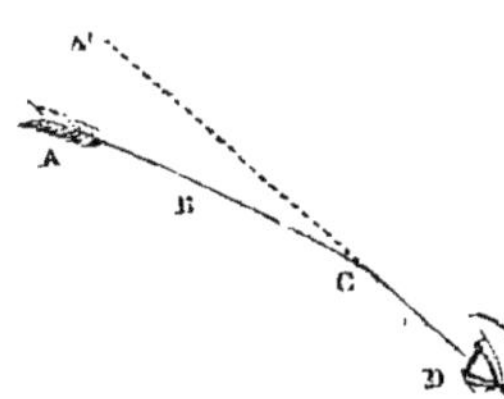

Si un rayon ABCD, brisé par une cause quelconque, arrivait à l'œil en D, le point A serait jugé dans la direction DA', parce que, rien ne pouvant annoncer à la vue la brisure, la partie CD produirait la même sensation que le rayon rectiligne A'D.

(15) D'après les principes précédents, si un miroir plan ABCD

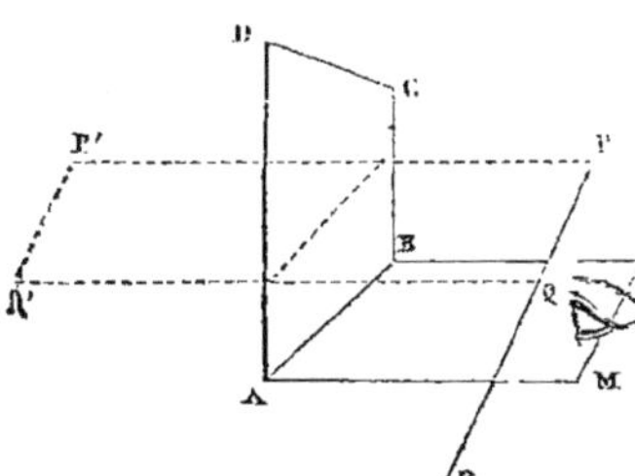

étant perpendiculaire à un plan BM, une droite PR était située dans l'espace parallèlement à BM, l'image de la partie PQ de cette droite se trouverait en abaissant des points P et Q des perpendiculaires sur AC, et les prolongeant au delà de longueurs égales à elles-mêmes; elles seraient renfermées dans un plan parallèle à BM. P'Q', image de PQ, serait aperçue par l'œil placé dans ce plan, comme le prolongement de la partie QR de la droite.

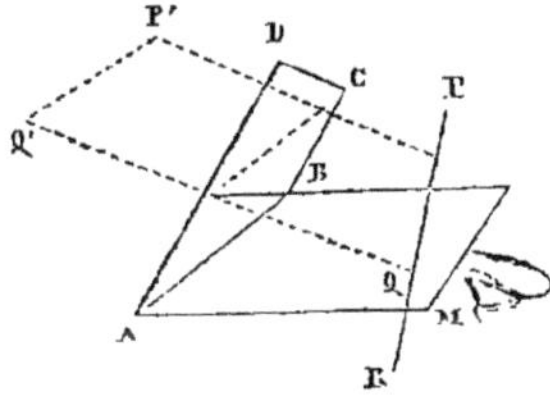

Si le miroir AC et le plan BM formaient un dièdre aigu, l'œil verrait l'image réfléchie P'Q' de PQ au-dessus du prolongement QR de cette droite.

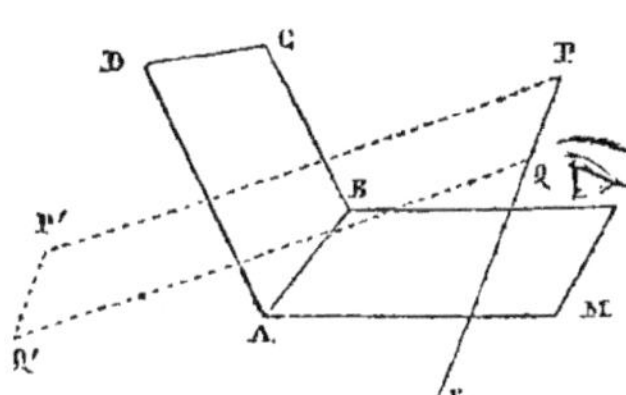

Si le miroir et le plan formaient un dièdre obtus, une droite PR, tracée parallèlement au plan BM, aurait pour l'œil son image P'Q' placée en dessous de QR.

Il n'y a donc que pour le cas du miroir perpendiculaire au plan, que la droite prolongée, et son image, sont le prolongement l'une de l'autre.

On doit donc admettre la réciproque, et dire que, pour qu'un miroir soit perpendiculaire à un plan, il faut et il suffit que les images directe et réfléchie d'une droite parallèle au plan se prolongent l'une l'autre pour un œil placé au-dessus du plan à une hauteur égale à celle de la droite.

RÉFRACTION.

(16) Lorsqu'un rayon lumineux pénètre d'un milieu dans un autre différent, soit par sa nature, soit par son état, il ne continue pas sa route en ligne droite, et se brise à la surface de séparation.

Si le rayon lumineux se meut dans un milieu composé de couches qui diffèrent par leur état physique, il se brise à chaque surface de séparation.

Ce phénomène est connu sous le nom de réfraction.

Lois de la réfraction.

Soient MN la surface de séparation de deux milieux, AB un rayon incident, PP' la normale au point d'incidence, et enfin BA' le réfracté.

L'angle ABP se nomme angle d'incidence, et celui P'BA' angle de réfraction.

1° L'incident, le réfracté, et la normale à la surface de séparation, sont trois droites situées dans le même plan ;

2° Le rapport entre les sinus des angles d'incidence et de réfraction est constant pour un même milieu, quelle que soit la direction du rayon incident.

Lorsqu'un rayon passe de l'air dans le verre ordinaire, ce rapport, nommé indice de réfraction, est égal à $\frac{3}{2}$.

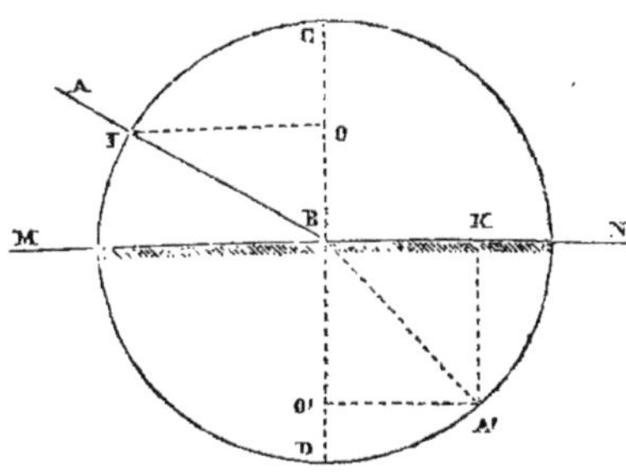

Il en résulte que, pour trouver la direction du réfracté de AB, il faut conduire la normale CD, décrire une circonférence du point B comme centre avec un rayon quelconque, puis tracer le sinus IO de l'angle d'incidence, porter les $\frac{2}{3}$ de ce sinus de B vers N en K, et conduire enfin KA′ parallèle à CD. BA′ sera le réfracté, parce qu'en effet le rapport de IO à A′O′ est égal à $\frac{3}{2}$.

Il n'y a qu'un seul cas où le rayon ne se brise pas : c'est lorsqu'il arrive normalement à la surface de séparation.

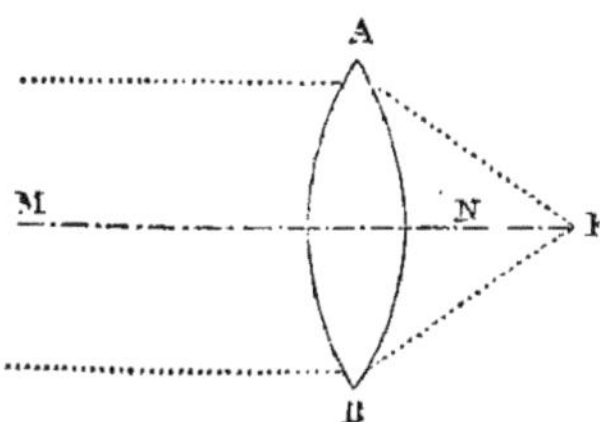

(17) C'est à la déviation des rayons lumineux changeant de milieu qu'est due la puissance des verres nommés lentilles.

Soit un verre AB composé de deux calottes sphériques de même rayon, MN l'axe de symétrie de cette lentille.

Un astre placé à gauche enverra un faisceau de rayons parallèles, parmi lesquels celui MN ne subira pas de déviation, puisqu'il arrive normalement à la surface; tous les autres se briseront deux fois, et iront se réunir en un point F de l'axe, qui a reçu le nom de foyer principal, et est à une distance de la lentille égale au rayon de sa courbure.

Il existera donc au point F une image de l'astre, d'autant plus vive que l'ouverture de la lentille permettra l'admission d'un plus grand nombre de rayons lumineux. Tel est le motif qui, dans une lunette, fait grandir le plus possible le verre tourné vers l'astre, et nommé par ce motif objectif.

On vérifie le principe précédent en enflammant un morceau d'amadou à l'aide d'une lentille. La position à donner au corps combustible indique celle du foyer principal.

(18) Lorsqu'on place une lentille en présence d'un objet ter-

restre, les rayons lumineux divergents émanés des différents points du corps se réunissent aussi de l'autre côté de l'objectif ; et pour trouver l'image d'un de ses points, il suffit de savoir,

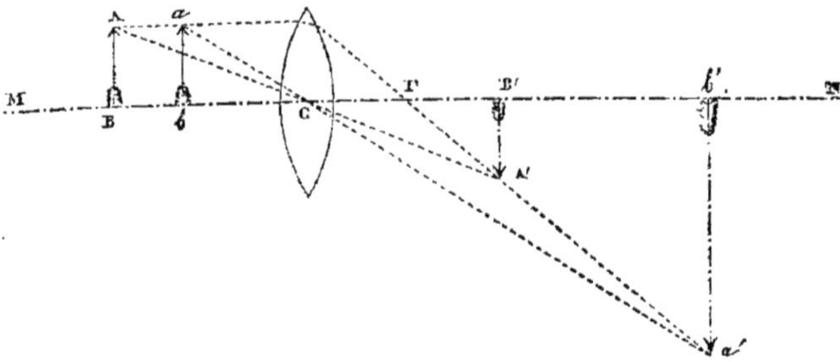

1° Que, parmi tous les rayons partis du point A, il y en a un qui, marchant parallèlement à l'axe MN, se réfracte en passant par le foyer F ;

2° Que le rayon qui passe par le point de symétrie C n'est pas dévié. Ces deux rayons réfractés se rencontrent en A', point de concours de tous ceux partis de A, et, par suite, forment son image.

On voit que A'B', image de AB, sera renversée.

Si AB s'approchait de l'objectif en ab, son image s'éloignerait et s'agrandirait, mais aux dépens de la clarté, puisque la même quantité de rayons serait répartie sur un plus grand espace.

Dans une lunette l'objectif donne une petite image renversée, mais très-éclairée. L'oculaire, verre très-petit placé contre l'œil, a pour but de saisir cette image, et de la grandir au détriment de la clarté. C'est ce qui donne une limite au grossissement.

Quelquefois l'oculaire est composé de manière à redresser l'image ; mais alors il renferme plusieurs verres, ce qui atténue la vivacité de l'image.

(19) Si un verre a ses deux faces parallèles, le premier incident et le second réfracté sont parallèles ; et à si petite distance l'un de l'autre, à cause du peu d'épaisseur qu'a ordinairement un verre, qu'on dit que le rayon traverse sans se dévier.

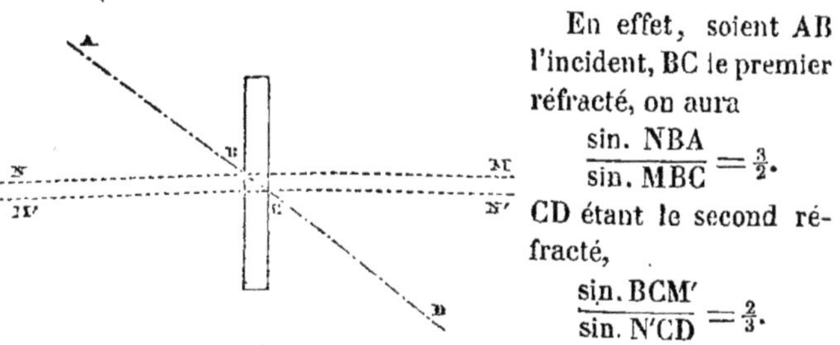

En effet, soient AB l'incident, BC le premier réfracté, on aura

$$\frac{\sin. NBA}{\sin. MBC} = \frac{3}{2}.$$

CD étant le second réfracté,

$$\frac{\sin. BCM'}{\sin. N'CD} = \frac{2}{3}.$$

Multipliant ces deux égalités membre à membre,

$$\frac{\sin. NBA \times \sin. BCM'}{\sin. MBC \times \sin. N'CD} = 1.$$

Mais MBC = BCM'; on a donc en simplifiant $\dfrac{\sin. NBA}{\sin. N'CD} = 1$.
Ces deux angles sont donc égaux, et par conséquent les rayons BA, CD, sont parallèles.

Si les faces n'étaient pas parallèles, le rayon serait dévié; c'est la raison qui, dans les instruments nautiques, fait choisir des verres colorés, à faces parallèles.

Dans un miroir étamé, le rayon lumineux, avant de se réfléchir sur la face métallique, pénètre dans le verre, et subit par suite une réfraction.

Il en éprouve une nouvelle en sortant. Si les faces transparentes et étamées sont parallèles, les deux déviations se corrigent mutuellement, et l'angle est le même que s'il avait été fourni par un miroir métallique situé en avant de la face étamée au $\frac{1}{3}$ de l'épaisseur du verre.

Si les faces ne sont pas parallèles, ces deux déviations ne se corrigeront pas ; et l'angle formé par l'incident et son réfléchi n'est pas le même que pour un miroir métallique.

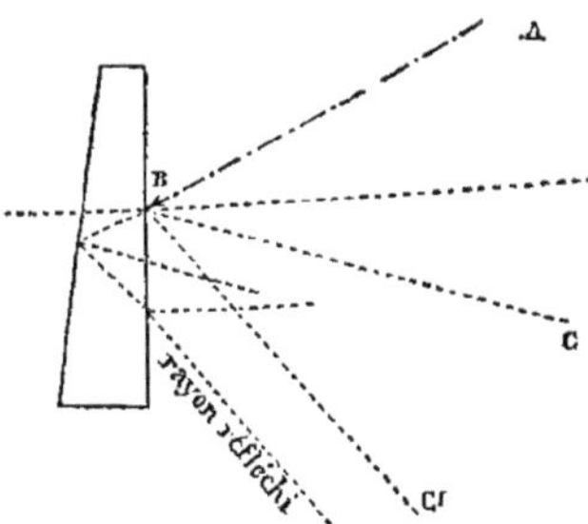

La figure montre suffisamment ce fait important. ABC est l'angle qui serait donné par le miroir métallique, et ABC' celui fourni par le miroir à faces non parallèles. Telle est la raison qui fait recommander de bien vérifier, dans les miroirs employés à la mer, le parallélisme des faces.

RÉFRACTION ASTRONOMIQUE.

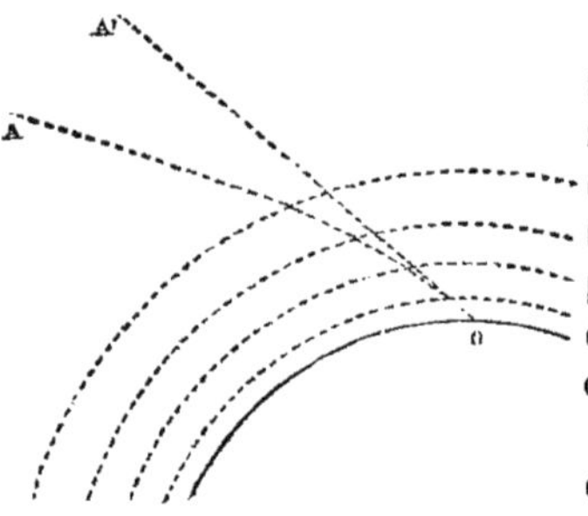

(20) Lorsqu'un rayon lumineux, parti d'un astre, arrive à l'œil, il a traversé d'abord un espace libre de tout milieu ; puis l'atmosphère terrestre, composée de couches successives dont la densité augmente.

Il a donc dû se briser, comme l'indique la figure, et prendre la forme OA.

Il produit sur l'œil placé en O la même sensation que s'il venait du point **A**, situé sur la tangente conduite par le point O à la courbe AO. La réfraction fait donc paraître les astres plus élevés qu'ils ne sont réellement.

Cette déviation est d'autant plus grande que l'astre est plus rapproché de l'horizon. En effet, le rayon arrivant plus obliquement sur les couches sphériques qu'il traverse, se brise davantage, en vertu de la relation $\dfrac{\sin. I}{\sin. R} =$ constante, qui exige entre l'angle d'incidence et celui de réfraction une différence d'autant plus grande que le premier de ces angles est plus grand.

Par la même raison, la réfraction diminue lorsque l'astre s'élève, et devient nulle lorsqu'il passe au zénith.

La réfraction astronomique étant dépendante des indications barométriques et thermométriques, on a construit une table dans l'hypothèse d'une pression de 0ᵐ,76 et d'une température de 10 degrés centigrades. Elle se nomme table des réfractions moyennes.

Une seconde table donne les facteurs de correction pour les températures et pressions réelles au moment de l'observation.

La réfraction moyenne est de 33′ à l'horizon, c'est-à-dire qu'elle donne à l'astre une hauteur de 33′, lorsqu'il est réellement à l'horizon ; et comme ce nombre est à peu près égal au diamètre apparent du soleil, il en résulte que lorsque son bord supérieur est à l'horizon, son disque se voit en entier.

De même, au coucher du soleil, lorsque le bord inférieur est tangent à l'horizon, c'est le bord supérieur qui est en contact, et l'astre est réellement couché. Le soleil employant environ 3 minutes de temps pour parcourir un arc de 33′ lors de son lever et de son coucher pour des latitudes moyennes, il en résulte que la durée de la présence visible du soleil surpasse de 6 minutes environ la durée de la présence réelle.

La lumière, quoique douée d'une vitesse excessive, ne possède pas l'instantanéité. Elle emploie 8′ 13″ en moyenne pour parvenir du soleil à la terre.

Le son, qui se propage par onde, parcourt en moyenne, dans l'air, 333ᵐ par seconde.

APPLICATION DES PRINCIPES D'OPTIQUE
AUX INSTRUMENTS A RÉFLEXION.

(21) Si deux miroirs perpendiculaires à un même plan MN, et parallèles entre eux, sont tournés l'un vers l'autre, et qu'un rayon lumineux, parallèle à MN, vienne frapper l'un des miroirs non perpendiculairement, il sera repoussé du premier sur le second, et du second dans l'espace.

Le premier incident et le second réfléchi seront parallèles entre eux, et situés dans un plan parallèle à MN.

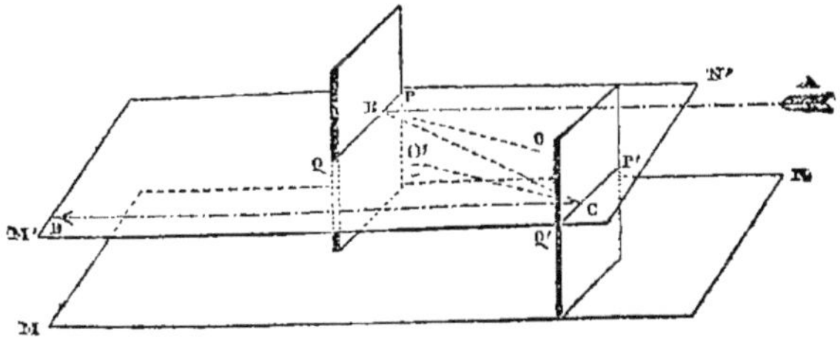

En effet, soient AB l'incident, et PQ, P'Q', les intersections des plans des miroirs par un troisième plan M'N' conduit par AB parallèlement à MN. Les droites PQ, P'Q', seront parallèles entre elles comme intersections de deux plans parallèles par un troisième.

Le réfléchi de AB sera BC, nécessairement situé dans le plan M'N'; le repoussé de ce dernier sera CD, contenu aussi dans ce plan. Les deux normales BO, CO', sont parallèles comme perpendiculaires à deux plans parallèles. On a, d'après les lois de la réflexion, les relations ABO = OBC; OBC = BCO', comme alternes internes; BCO' = O'CD : donc ABO = O'CD, et, par suite, 2ABO ou ABC = 2O'CD ou BCD. Les droites AB et CD sont donc parallèles, puisque, situées dans le même plan, elles forment avec BC des angles égaux, et dans la position d'alternes internes.

Réciproquement, si les deux miroirs étant toujours supposes perpendiculaires au plan MN, l'incident AB et le réfléchi CD, situés dans le plan M'N' parallèle à MN, sont parallèles entre eux, les deux miroirs le sont. En effet, d'après l'hypothèse ABC = BCD; donc QBC, demi-supplément du premier, est égal à BCP', demi-supplément du second; les droites PQ, P'Q', sont donc parallèles, et, par suite, les plans des miroirs le sont eux-mêmes, puisqu'ils sont, par hypothèse, perpendiculaires à M'N', et le coupent, d'après la démonstration, suivant des droites parallèles.

(22) Supposons deux miroirs MN, M'N', perpendiculaires à un plan et parallèles entre eux, tournés l'un vers l'autre. L'un d'eux, MN fixe, est moitié transparent, moitié étamé.

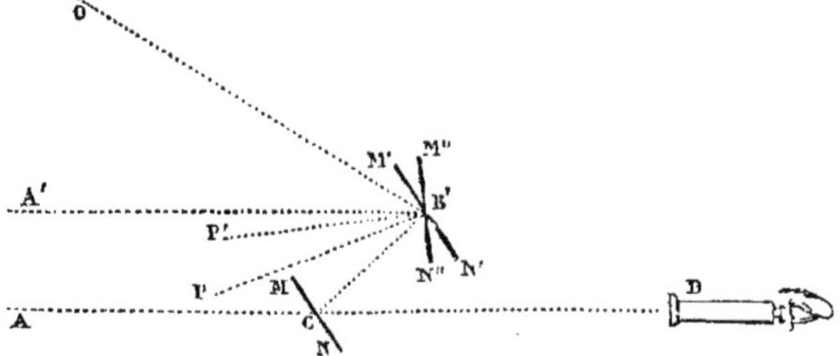

Parmi tous les rayons émanés de l'astre A, il y aura un pinceau AD qui arrivera directement à l'œil, en traversant à la ligne de séparation de la partie transparente et de la partie étamée.

Un autre pinceau A'B', marchant parallèlement au premier, se réfléchira suivant B′C, et une seconde fois suivant CD, près de la ligne de séparation : l'œil percevra donc à la fois deux images de l'astre A, celle directe et celle réfléchie, qui se superposeront.

Si un second astre se trouve en O et lance un pinceau OB′, il faut, pour que son image réfléchie vienne couvrir la directe de A, forcer OB′ à se réfléchir suivant B′C, par une position convenable du miroir. Pour la trouver, il suffit de partager l'angle OB′C en deux parties égales par une droite B′P′, qui devra être la normale. M″N″ sera donc la nouvelle position que le miroir devra occuper.

Il faut rechercher la relation qui lie l'angle OB′A′, soustendu par les deux astres, avec celui N′B′N″, dont le miroir a tourné depuis le point de parallélisme.

On peut remplacer l'angle N′B′N″ par celui P′B′P des normales, qui lui est égal ; ces deux angles de même espèce ayant leurs côtés respectivement perpendiculaires.

On a les égalités $OB'P' = P'B'C$ et $A'B'P = PB'C$.
Retranchant membre à membre,

$$OB'P' - A'B'P = P'B'C - PB'C,$$

ou simplifiant , $OB'P' - A'B'P = P'B'P.$

Remplaçant $OB'P'$ par $OB'A' + A'B'P'$, et $A'B'P$ par $A'B'P' + P'B'P$, cette égalité devient

$$OB'A' + A'B'P' - A'B'P' - P'B'P = P'B'P,$$

et simplifiant, $OB'A' = 2P'B'P$; d'où enfin $P'B'P = \dfrac{OB'A'}{2}.$

L'angle parcouru par le miroir depuis la position du parallélisme est donc égal à la moitié de l'angle soustendu par les deux astres.

Instruments nautiques.

(23) La construction des instruments à réflexion est fondée tout entière sur les deux théorèmes qui viennent d'être démontrés. Les principes généraux qui les régissent sont les suivants :

Deux miroirs ont leurs faces réfléchissantes tournées l'une vers l'autre.

L'un d'eux est fixé sur une alidade à vernier, mobile autour de l'arc d'un limbe circulaire divisé en demi-degrés, comptés pour des degrés, afin d'éviter la peine à l'observateur de multiplier par deux l'arc parcouru par l'index depuis la position du parallélisme des deux miroirs. L'axe du limbe passe dans l'épaisseur du miroir, plus près de la face étamée que de celle transparente.

L'autre miroir, nommé petit, est plus étroit que le premier, de même hauteur que lui, et partagé en deux parties égales, l'inférieure étamée, la supérieure transparente, la ligne de séparation étant parallèle au plan du limbe.

Il se présente obliquement à une lunette dont l'axe, situé à gauche du grand miroir, est parallèle au plan du limbe, et passe très-près et un peu au-dessus de la ligne de séparation.

Enfin, des verres colorés ou s'interposent entre les deux miroirs ou se placent derrière le petit.

Ces instruments ne diffèrent les uns des autres que par leurs dimensions, et les dispositions relatives de leurs différentes pièces; ce qui permet de les utiliser dans des limites, soit restreintes, soit étendues, à tous les besoins des observations.

Ils conduisent à des mesures angulaires avec une approximation suffisante, en dépit de la mobilité du pont d'un navire, sol habitué de l'observateur.

Ils sont au nombre de trois : l'octant, le sextant, le cercle.

Les deux premiers ne se distinguent l'un de l'autre que par l'étendue de l'arc du secteur servant de limbe. Il est dans l'octant la huitième partie de la circonférence, et la sixième dans le sextant: telle est l'origine des noms que portent ces instruments.

Le sextant étant habituellement beaucoup plus soigné que l'octant, et généralement utilisé, c'est à sa description et à ses usages qu'on va principalement s'attacher. Tout ce qu'on dira de l'un sera vrai pour l'autre.

Le rayon du limbe étant toujours assez petit, sans quoi l'instrument serait inutilisable à cause de son poids, on ne peut graduer en un très-grand nombre de parties égales. En général, chaque demi-degré, compté pour un degré dans les observations, est composé de trois divisions, ce qui donne des arcs de vingt en vingt minutes, approximation insuffisante. Telle est la raison qui a fait armer l'extrémité de l'alidade d'un vernier.

Théorie du vernier.

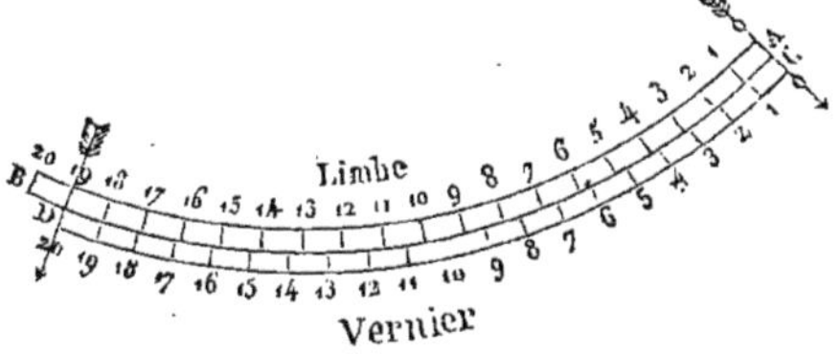

(24) On prend sur le limbe un arc AB, composé de dix-neuf de ses divisions pour former l'arc CD du vernier, séparé en vingt parties égales.

Chacune de ces nouvelles divisions aura pour longueur la vingtième partie de 19 fois 20 minutes ou 19 minutes, et différera par suite d'une minute de chacune de celles du limbe. Le vernier glissant en présence de l'arc gradué, on peut amener chacune de ses divisions dans le prolongement d'une de celles du limbe. Supposons la cinquième. Alors la quatrième sera en avance de 1′ sur la précédente du limbe ; la troisième de 2′, la deuxième de 3′, la première de 4′, et celle 0 ou la ligne de foi, de 5. Il faut donc, pour lire un arc, compter, si on est parti du zéro du limbe, le nombre de degrés et 20 minutes qui précèdent la ligne de foi, et y ajouter autant de minutes qu'il y a de divisions du vernier, depuis son zéro jusqu'à celle de ses lignes qui est le prolongement d'une du limbe.

En composant l'arc du vernier de 39 des divisions du limbe, et le partageant en 40 parties égales, chacune d'elles serait moindre qu'une du limbe de 30 secondes. On obtiendrait ainsi la lecture des arcs à moins de 30 secondes. L'avantage de cette disposition serait plus apparent que réel, par suite du peu de grandeur du rayon de l'instrument. Les divisions, alors très-petites, laisseraient dans l'incertitude sur celle qui est en coïncidence.

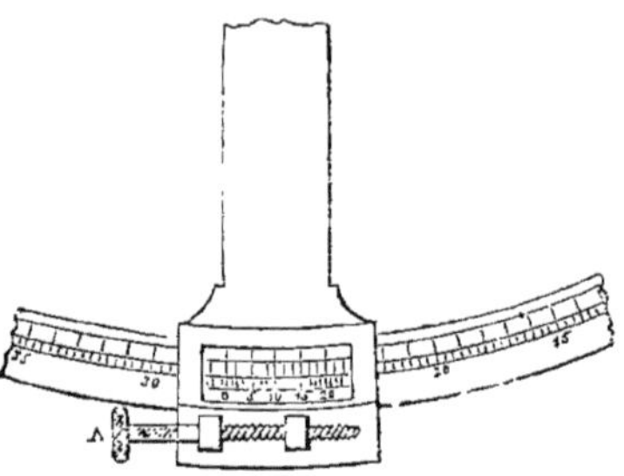

L'alidade, armée de son vernier, se meut d'ailleurs lentement à l'aide d'une vis de rappel A, dont la disposition est indiquée par la figure ; et, pour rendre la lecture plus facile, une loupe tenue à l'extrémité d'un levier attaché à l'alidade s'amène, suivant la vue de l'observateur, au-dessus de la ligne de foi.

Un verre dépoli, placé presque perpendiculairement au plan de l'instrument et sur la largeur de l'alidade, empêche les rayons du soleil de miroiter sur la graduation, ordinairement en platine, enchâssée dans le limbe circulaire en cuivre. Passons donc aux détails de construction, de préparations, et d'emploi.

Sextant.

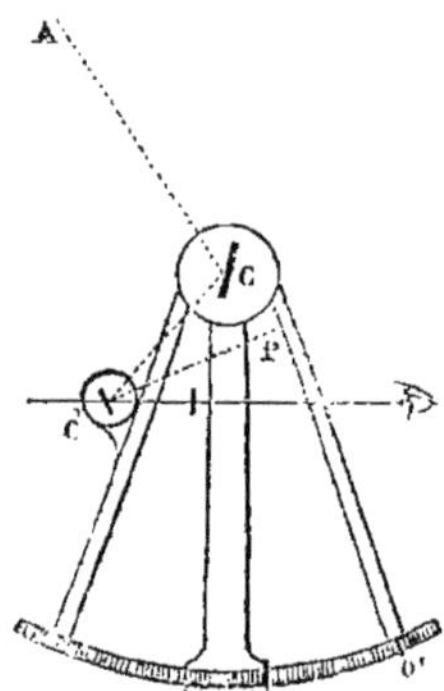

(25) L'instrument est disposé de telle sorte que les miroirs devraient être parallèles, lorsque la ligne de foi coïncide avec le zéro du limbe.

Le point C', centre du petit miroir, est fixe, et le point C, centre du grand aussi, quelle que soit la position de l'alidade, puisqu'il fait partie de l'axe de rotation.

L'angle OC'C est constant, et, par suite, CC' est la direction invariable du réfléchi que doit avoir tout rayon venant d'un astre A, pour être repoussé dans l'axe de la lunette.

On reconnaît alors la raison qui fait incliner le petit miroir à l'axe, puisqu'il faut que les deux angles OC'P, PC'C, soient égaux ; et que le premier de ces angles n'existerait plus, si la normale C'P se confondait avec l'axe de la lunette.

Après avoir placé la ligne de foi sur le zéro du limbe, et visé un astre directement, il faudra repousser l'alidade en l'éloignant de l'œil, pour donner au grand miroir une position telle, que le rayon AC, venu d'un autre astre que le premier, se réfléchisse en CC', apportant l'image du second en contact avec celle directe du premier.

L'arc parcouru par la ligne de foi sera la mesure de la distance angulaire, l'instrument ayant été tenu dans un plan passant par les centres des deux astres.

Mais pour que ce résultat soit exact, il faut que l'instrument satisfasse aux conditions suivantes :

1° Que le limbe soit plan ;

2° Que ses divisions soient égales et de longueur exacte ;

3° Que les miroirs possèdent leurs faces transparentes et étamées parallèles ;

4° Qu'ils soient perpendiculaires au plan du limbe ;

5° Que l'axe de la lunette soit parallèle au plan du limbe et a bonne hauteur ;

6° Que la graduation du limbe, à laquelle répond la ligne de foi lors du parallélisme des miroirs, soit parfaitement déterminée.

Tels sont donc les points à discuter, car le mode d'assemblage des parties de l'instrument est tel, qu'il est possible de le forcer à satisfaire à certaines de ces conditions par des opérations préalables nommées rectifications.

Il y a au contraire d'autres de ces conditions auxquelles l'observateur ne peut rien, et que, par suite, l'instrument doit remplir de lui-même, d'après sa construction. C'est donc en l'achetant, et dans l'observatoire du fabricant, qu'il faut se livrer à ces vérifications.

Vérifications.

(26) *Du limbe.* Le limbe est plan, si l'alidade étant promenée sur son contour, le tranchant du vernier s'applique constamment sur sa surface.

L'instrument est centré, c'est-à-dire que le limbe étant considéré comme un cylindre droit à base circulaire, l'alidade tourne autour de l'axe, si le tranchant du vernier couvre toujours d'autant l'extrémité des divisions de l'instrument.

Les divisions du limbe sont égales, si, en mettant en coïncidence successivement la ligne de foi avec chacune d'elles, l'extrémité du vernier est dans le prolongement de la dix-neuvième ligne de division. Le vernier fait ici l'office de compas, et l'opération précédente vérifie en même temps l'exactitude de ses graduations.

Pour vérifier la longueur des divisions du limbe, on doit d'abord procéder à quelques rectifications; telle est la cause qui nous empêche d'épuiser encore cette discussion.

Parallélisme des faces du grand miroir.

(27) On vise avec une lunette, dont le pouvoir grossissant est assez grand, l'image du soleil dans le miroir; et si on la reçoit nette et bien terminée, c'est que les faces sont parallèles, puisque les deux images données par la face antérieure et celle postérieure se confondent; n° (19).

On pourra vérifier le petit miroir par le même procédé, bien que cette opération soit, ainsi qu'on le verra par la suite, beaucoup moins importante que la première. Il faudra repousser les miroirs qui ne résisteront pas à cette épreuve.

(28) La lunette possède un diaphragme muni de deux fils parallèles qu'on peut amener à volonté, soit perpendiculaires, soit parallèles au plan du limbe.

Parallélisme de l'axe de la lunette, au plan du limbe.

On place sur une des extrémités du limbe, et sur le bras opposé de l'instrument, deux pièces en cuivre nommées viseurs; chacune d'elles est un dièdre droit en cuivre, dont les faces rectangulaires ont une hauteur égale à celle que doit avoir l'axe de la lunette. Le sextant étant placé horizontalement, on observe un objet éloigné dans le plan de la tête des deux viseurs, et son image doit se peindre dans la lunette au milieu de l'intervalle des deux fils, préalablement disposés, parallèlement au plan du limbe.

RECTIFICATIONS.

(29) *Perpendicularité du grand miroir.* En plaçant l'alidade vers le milieu du limbe, on tourne vers soi le centre de l'instrument, et on regarde dans le grand miroir si l'image réfléchie d'une partie du limbe est le prolongement de celle vue directement.

D'après le § 15, si ce phénomène se produisait, le grand miroir serait perpendiculaire au limbe, si l'œil était renfermé dans le plan de ce dernier. Mais cette condition est impossible à satisfaire d'une manière absolue, puisque la base du grand miroir est supérieure au plan du limbe.

On emploie de préférence les viseurs placés, l'un vers l'origine des graduations du limbe, l'autre en son milieu, l'alidade étant près du zéro. L'œil mis en présence du grand miroir à une hauteur égale à celle des viseurs, doit apercevoir, sur le prolongement l'une de l'autre, les têtes directes et réfléchies de ces deux pièces.

D'après le § 15, on sait dans quel sens le miroir incline lorsque l'image directe et celle réfléchie ne se prolongent pas; et sa position se rectifie alors au moyen des vis placées sur l'arrière.

Rectification du petit miroir.

(30) L'instrument étant tenu dans un plan vertical, on vise directement à l'horizon, l'alidade étant près de l'origine des graduations; et, par un léger mouvement qu'on lui imprime, on amène l'image réfléchie dans le prolongement de celle directe. Fixant alors l'alidade et mettant l'instrument horizontalement, on examinera si les deux images se superposent. Dans ce cas, le petit miroir sera perpendiculaire au plan du limbe; car il sera parallèle au grand déjà rectifié. Dans le cas contraire, on rectifierait sa position à l'aide des vis du tambour de sa monture.

Ce procédé, qui ne doit son exactitude qu'à la grande distance de l'horizon a l'œil, peut être remplacé avec avantage par l'observation du disque du soleil. L'image réfléchie devra passer sur celle directe, de manière à ce qu'elles soient toutes deux contenues entre deux verticales tangentes au disque, le limbe étant tenu verticalement; et entre deux tangentes horizontales, lorsqu'on tiendra le limbe horizontalement.

Détermination du point de départ des divisions du limbe.

(31) Après que la perpendicularité des deux miroirs a été réglée, si le grand est parallèle au petit lorsque la ligne de foi correspond au zéro du limbe, les deux images directe et réfléchie d'un même astre doivent se confondre dans cette position de l'alidade.

Il est plus exact de faire cette observation sur la lune pleine que sur le soleil, parce qu'on évite l'interposition des verres colorés, qui peuvent vicier les résultats.

Mais comme cette superposition des deux images, difficile à juger d'une manière absolue, peut n'être pas complète, on exécute l'opération suivante:

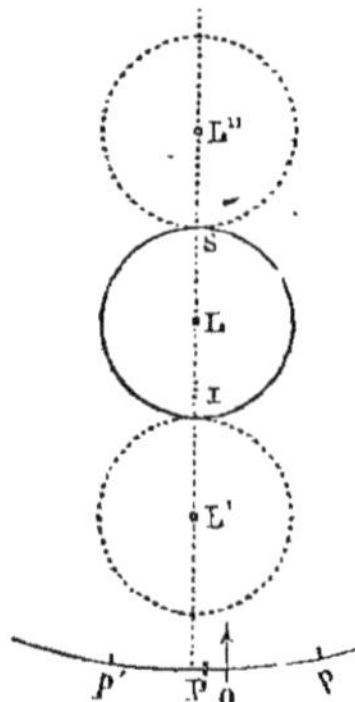

On amène l'image réfléchie L', en contact inférieur avec celle L vue directement. La ligne de foi correspond alors à une certaine division p du limbe, sur lequel on lit op.

Poussant l'alidade, on fait prendre à l'image réfléchie la position L''. La ligne de foi s'arrête en p', et l'arc op' est alors noté.

Mais le point P de parallélisme qui correspond à la position de l'alidade lors de la coïncidence des centres, doit être équidistant des points p, p'*.

Pour savoir s'il se confond avec le point zéro, il suffit de faire la demi-somme algébrique des arcs op et op'. Si elle est nulle, c'est que le point zéro est bien celui de départ des graduations du limbe. Dans le cas contraire, la valeur de cette demi-somme est l'arc nommé erreur de rectification, en convenant de donner aux arcs tels que op le signe +, et à ceux en sens inverse le signe —. Si l'erreur de rectification est positive, c'est que le point P tombe entre zéro et p. Il faut alors ajouter aux arcs, lus à partir de zéro, cette erreur pour avoir les vrais arcs parcourus, et la retrancher dans le cas contraire.

C'est par suite de cette convention de signes qu'est établie cette règle pratique:

L'erreur de rectification doit toujours intervenir dans la lecture des arcs avec son signe.

On peut, lorsque le déplacement du zéro est considérable, le diminuer en tournant le petit miroir, à l'aide du tambour qui le supporte, en présence du grand, la ligne de foi étant fixée sur le zéro du limbe.

---

* Sur l'instrument l'arc pp' est perpendiculaire au plan des images.

Vérification de l'exactitude des graduations du limbe.

(32) On peut actuellement vérifier la longueur des graduations du limbe en choisissant autour de soi des objets éloignés, et mesurant leurs distances angulaires successives. La somme de ces angles doit être égale à 360° ; et cette vérification, renouvelée plusieurs fois dans différents ordres, peut être regardée comme suffisante.

Usages du sextant pour les observations.

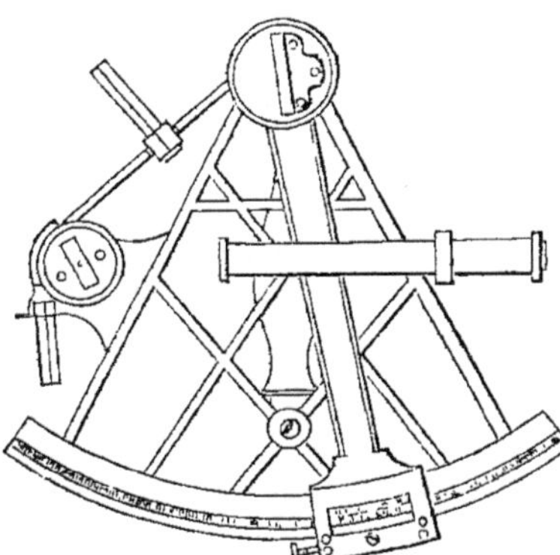

(33) Avant d'entrer dans l'explication des précautions qu'il faut prendre pour les observations de divers genres, faites à l'aide d'un sextant, il est bon de donner un dessin représentant l'ensemble des parties de l'instrument, et de rappeler les principes généraux de sa construction.

Le petit miroir A et l'axe OA de la lunette sont invariables de position. Le grand miroir B est seul mobile. L'angle OAB est constant, et le rayon CB, arrivant d'un astre, ne peut se réfléchir suivant BA, pour de là entrer dans l'axe de la lunette, qu'autant qu'il ne passe pas entre les deux miroirs. On ne doit jamais se mettre en observation qu'après avoir rectifié la perpendicularité des deux miroirs, et l'axe de la lunette doit toujours être dirigé sur le moins lumineux des deux astres ou des deux objets dont on veut avoir la distance angulaire, les réflexions successives atténuant toujours la vivacité des images données par le grand miroir.

(34) *Hauteur méridienne.* Pour obtenir la hauteur méridienne du soleil, après avoir tourné les fils perpendiculairement au plan

du limbe, et placé un verre coloré entre les deux miroirs, on se met en observation quelques minutes avant midi, tenant l'instrument dans un plan vertical passant par le centre de l'astre. On amène le bord inférieur de l'image du soleil en contact avec l'horizon vu directement suivant une parallèle aux fils, et partageant leur écartement en deux parties égales.

Après avoir serré la vis de pression, on maintient le contact à l'aide de la vis de rappel, tant qu'on voit l'image tendre à se séparer de l'horizon.

Au moment où l'image paraît stationnaire, on balance l'instrument à droite et à gauche. Si l'image réfléchie du soleil décrit un arc tangent à l'horizon, la graduation de limbe correspondante à la ligne de foi, et corrigée de l'erreur de rectification, donne la hauteur du bord observé.

(35) *Hauteur d'un astre.* On opère comme pour la hauteur méridienne; seulement l'observation est accomplie au moment où, par la vis de rappel, on a établi le contact de l'image et de l'horizon.

(36) *Distance de la lune au soleil.* Après avoir amené les fils parallèlement au plan de l'instrument, on vise la lune directement, et on incline le plan du limbe de telle sorte que les fils deviennent perpendiculaires à la droite qui joint les pointes du croissant; alors, en faisant mouvoir l'alidade, l'image du soleil vient se peindre à côté de celle de la lune, et avec la vis de rappel on établit le contact des bords voisins sur l'axe optique de la lunette.

Il sera bon de balancer l'instrument avant de lire l'arc parcouru, pour s'assurer que le point de contact ne se déplace pas.

(37) *Hauteur de la lune.* On la prend comme celle du soleil, en n'interposant pas de verre coloré, ou n'en utilisant qu'un très-peu teinté, se rappelant d'ailleurs qu'on ne peut prendre que la hauteur du bord éclairé, et non d'un quelconque des deux bords, excepté lors de la pleine lune.

(38) *Hauteur d'une étoile.* Afin de ne pas confondre l'étoile d'observation avec toute autre, on la visera directement, et on l'amènera en contact avec l'image de l'horizon.

(39) *Distance de la lune à une étoile.* On fera comme pour la distance luni-solaire, en visant l'étoile directement et non par réflexion, dans la crainte de la confondre avec toute autre du ciel.

Du cercle de réflexion.

(40) Le cercle diffère du sextant dans les trois dispositions essentielles suivantes :

1° Le limbe est un cercle complet, cause du nom de cet instrument ;

2° Le petit miroir et la lunette appartiennent à une alidade mobile autour du centre, de telle sorte que l'axe de la lunette est toujours à même distance de l'axe de l'instrument ;

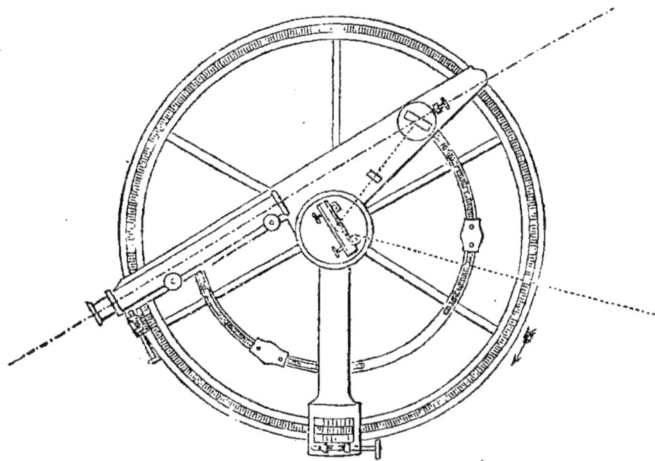

3° Le petit miroir est beaucoup plus éloigné du grand que dans le sextant. Cette dernière disposition permet aux rayons lumineux de passer devant le petit miroir avant d'atteindre le grand pour s'y réfléchir, et cette faculté donne au cercle son principal avantage sur le sextant.

L'alidade de la lunette porte un vernier, comme l'alidade du grand miroir.

Les verres colorés ne tiennent pas à l'instrument, et se placent dans des logements préparés, leurs queues s'y trouvant maintenues par un ressort.

Ceux qui se placent devant le grand miroir sont inclinés vers le petit d'environ 5 degrés, afin d'empêcher les images blanches, formées par la réflexion sur leur face antérieure, de marcher parallèlement au limbe, et, par suite, d'entrer dans l'axe de la lunette en même temps que les images colorées, dont elles détruiraient la netteté.

La lunette est portée par deux montants gradués, le long desquels elle peut glisser à l'aide d'une vis. Par là on établit son axe parallèlement au plan du limbe, et à une hauteur convenable. Les fils du diaphragme sont distants entre eux à peu près de trois fois le diamètre apparent du soleil.

Le limbe est gradué de droite à gauche, parce qu'il est plus commode pour l'observateur d'appeler une alidade vers l'œil que de la repousser, et qu'alors les nombres écrits sur le limbe croissent dans le sens des arcs parcourus par la ligne de foi.

Les observations se répètent, c'est-à-dire qu'on mesure plusieurs fois de suite la même distance angulaire, sans être obligé de lire chaque fois le résultat.

Alors, bien que le vernier de l'alidade du grand miroir ne donne que les minutes, la ligne de foi ayant constamment marché dans le même sens, si après dix observations successives on divise par 10 l'arc parcouru, la distance angulaire sera obtenue avec une erreur moindre qu'un dixième de minute, et les erreurs partielles ayant pu d'ailleurs se compenser.

Enfin, les opérations consécutives s'exécutent, les miroirs étant tournés tantôt vers le ciel, tantôt vers la mer.

Le point de parallélisme indispensable, à déterminer dans le sextant d'une manière rigoureuse, n'est plus dans le cercle une condition importante. Il suffit, pour abréger ou rendre plus faciles certaines observations, de savoir à quelle distance les lignes de foi des deux verniers doivent être l'une de l'autre, pour que les miroirs soient sensiblement parallèles entre eux.

Les vérifications et rectifications se font comme dans le sextant; seulement les viseurs sont indispensables à utiliser pour la perpendicularité du grand miroir, la présence des deux alidades concentriques, indépendantes l'une de l'autre, élevant d'une quantité notable la base du grand miroir au-dessus du plan de limbe.

Les viseurs doivent se mettre, dans ce cas, vers les extrémités d'un même diamètre; et l'œil, placé près de l'un d'eux et devant le grand miroir, s'établit facilement à une hauteur convenable.

On trouve l'arc de parallélisme en fixant une des lignes de foi à une division quelconque, et effectuant avec l'autre l'opération du numéro 31. La distance entre les deux lignes de foi sera l'arc cherché, qu'on notera, une fois pour toutes, dans la boîte de l'instrument.

Si on opère au moyen du soleil, on aura placé un verre coloré derrière le petit miroir, et un autre entre les deux miroirs.

Les observations sont dites de deux espèces, désignées par les mots de gauche et de droite.

Les premières sont celles dans lesquelles le rayon lumineux qui doit se réfléchir passe devant le petit miroir avant d'atteindre le grand. Il arrive donc par la partie dégagée du limbe.

Dans celles de droite au contraire, le rayon à réfléchir atteint le grand miroir sans passer devant le petit, et arrive par la partie engagée du limbe.

On voit que ces mots gauche et droite n'ont aucune analogie avec la droite et la gauche de l'observateur.

Le sextant ne comporte pas, d'après ce qui a été dit précédemment, d'observation de gauche.

Afin de compter toujours les arcs parcourus dans le sens de la graduation, et bien qu'on puisse faire autrement, il est bon, lorsqu'on observe, de commencer par une opération à gauche, la ligne de foi de l'alidade du grand miroir étant celle dont on suit la marche, et que, par cette raison, on munit d'un abat-jour et d'une loupe.

Distance de la lune au soleil.

(41) Après avoir fixé à la division zéro la ligne de foi de l'alidade du grand miroir, et laissé libre celle de la lunette, on vise la lune directement, et on fait tourner l'instrument sous cette alidade jusqu'à ce que les images des bords voisins soient à peu près en

contact, les ramenant alors à cette position rigoureuse au moyen de la vis de rappel.

Il est bien entendu que l'on a pris préalablement les mêmes précautions que pour l'opération analogue, faite à l'aide du sextant. Cette observation est celle de gauche.

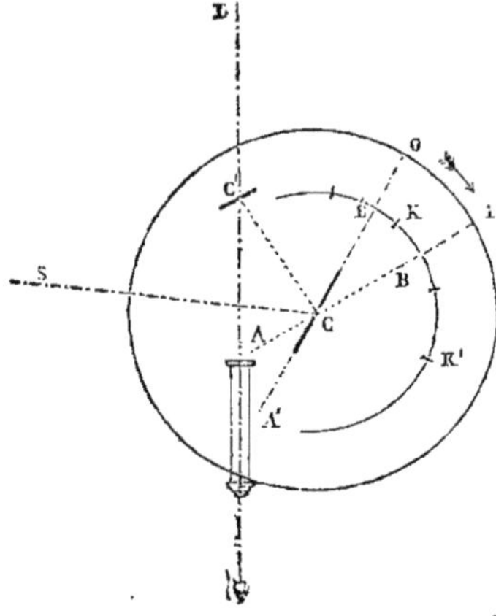

Si donc on suppose la lune en L, le soleil en S, et que AB soit la position du grand miroir lors du parallélisme, A'B' est celle qu'il occupera lors du contact, les miroirs étant, dans le cas présent, tournés vers le ciel.

L'arc parcouru PO ne peut être lu, puisque le point P ne doit pas être déterminé, et qu'il n'en est tenu compte ici que pour la démonstration.

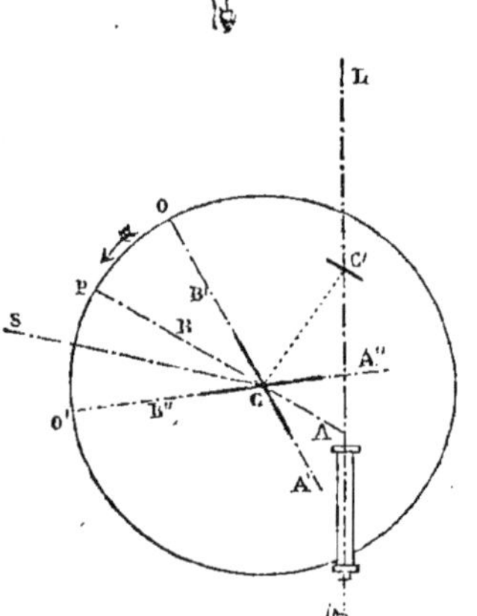

Si on renverse l'instrument de manière à ce que les miroirs regardent la mer, tout ce qui appartient à l'instrument prendra une position symétrique de la précédente, et il faudra ramener le miroir en A"B" sans toucher à la lunette, pour que le contact se rétablisse de nouveau. C'est l'observation de droite, et l'on voit que la ligne de foi a dû passer par-dessus le point de parallélisme et se transporter au delà d'un arc PO'; = PO,

en sorte que l'arc parcouru est le double de la distance angulaire.

Serrant l'alidade du grand miroir, desserrant celle du petit, et retournant de nouveau les miroirs vers le ciel, on recommence une opération pareille à la précédente : seulement le point de départ de la ligne de foi, au lieu d'être à la division zéro, est où l'a amené la première observation croisée. A la fin de la seconde, on aura donc le quadruple de l'angle soustendu par les deux astres, et ainsi de suite.

Si la lune, au lieu d'occuper, comme dans le cas précédent, la droite du soleil, eût été à gauche, le premier contact eût dû s'obtenir, les miroirs étant tournés vers la mer.

Les difficultés de l'opération viennent donc de la position gênée de l'observateur, obligé de faire passer le plan du limbe par les centres des deux astres, pour pouvoir trouver leurs images simultanées dans le champ de la lunette.

On lève cette première difficulté au moyen de l'arc de parallélisme.

(42) Après avoir fixé l'index du grand miroir à zéro, on prend dans la *Connaissance des temps*, volume publié plusieurs années d'avance par le Bureau des longitudes, la distance de la lune au soleil pour l'heure présumée, et le lieu de l'observation. On place l'index de la lunette à la distance du zéro du limbe donnée par l'arc de parallélisme; puis on éloigne le second index de cette position d'un arc égal à la distance connue des bords voisins des deux astres.

Visant alors directement à la lune, on verra de suite l'image du soleil dans le champ de la lunette ; on établira avec la vis de rappel le contact sur une droite parallèle aux fils et au milieu de l'intervalle qui les sépare, par une position convenable donnée au plan de limbe.

Mais la distance entre les deux astres variant à tout moment, les observations multiples ne seront utilisables qu'autant qu'elles s'accompliront dans un court intervalle de temps, ce qui exige un moyen de ne pas chercher à ramener l'image du soleil dans le champ de la lunette, chaque fois qu'on fait mouvoir l'alidade du grand miroir. C'est pour répondre à ce besoin qu'a été inventé l'arc additionnel de Mendoza. Il tient par ses deux extrémités à l'alidade de la lunette, et est entraîné par elle dans tous les mouvements qu'elle exécute.

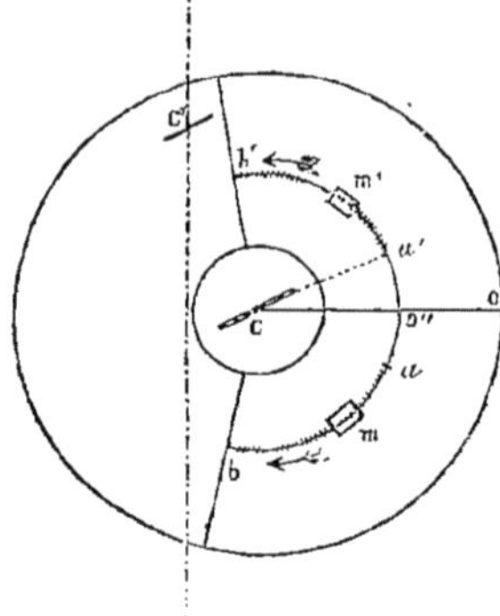

(43) *Arc de Mendoza.* Cet arc porte deux graduations eu demi-degrés : l'une va de *a* vers *b*, l'autre de *a'* vers *b'*.

Lorsque les miroirs sont parallèles, la ligne de foi passe par le point O″, équidistant des points *a* et *a'*, origines des deux échelles.

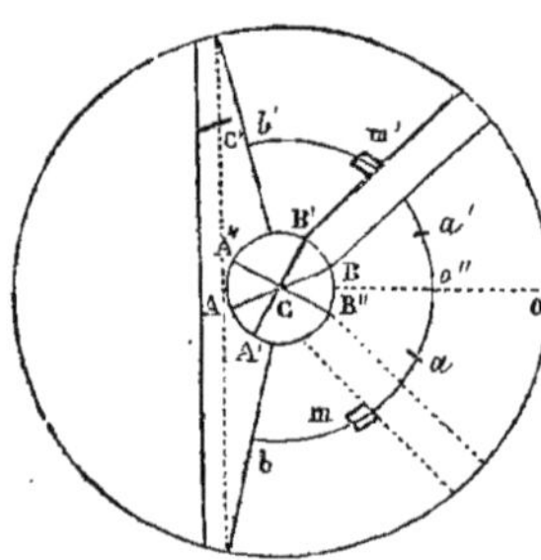

Dans l'observation de gauche, le contact étant établi, on place le curseur *m'* contre l'alidade.

Si l'on place l'autre curseur *m* à la même division de son arc que celle à laquelle *m'* correspond sur le sien, en tirant à soi l'alidade du grand miroir, de manière à la faire butter contre ce curseur, le grand miroir prend une position symétrique de celle qu'il avait précédemment par rapport à la ligne CO, et par suite l'instrument est dans le même état que dans la figure, lors de l'observation de droite. Il suffit donc, après avoir renversé l'instrument, de viser la lune pour obtenir immédiatement les deux images dans le champ.

Lors des observations subséquentes, on ne touche plus aux curseurs. Quoique serrés sur l'arc à l'aide d'un ressort, la vis de rappel qui fait jouer l'alidade force le curseur à suivre ce mouvement, et à prendre sur l'arc concentrique la position convenable.

(44) *Mesure des hauteurs.* Commençant toujours par une observation de gauche, on met l'instrument, tenu dans la main gauche, dans le plan vertical passant par l'astre, et on dirige la lunette à l'horizon. Le contact établi et les curseurs en place, on

change l'instrument de main pour accomplir l'observation de droite; puis on continue une série d'observations croisées. C'est leur moyenne qu'on introduit dans les calculs, et la rapidité des opérations est un élément de succès, les hauteurs ne croissant proportionnellement au temps que pour des durées très-restreintes.

On voit, d'après ce qui précède, que la hauteur méridienne, qui est instantanée, ne peut être obtenue avec un cercle qu'autant qu'utilisant cet instrument comme un sextant, on lui fait perdre tous ses avantages. Cette objection faite au cercle a été levée par Borda, comme on le verra plus tard, en substituant à une observation directe de hauteur méridienne, une hauteur prise un peu avant ou un peu après le passage du soleil au méridien.

(45) *Verres colorés.* Les faces des verres colorés doivent être parallèles entre elles en général; mais dans le cercle un défaut de parallélisme des faces des petits verres serait sans importance, les erreurs produites dans une observation de gauche étant corrigées par celles en sens inverse dont est affectée l'observation de droite. La même remarque s'applique aux grands verres colorés qui sont traversés deux fois par les rayons lumineux à chaque observation simple, et dans des directions sans cesse variables depuis 0 jusqu'à 34 degrés, limites entre lesquelles ils sont utilisés. Les petits verres au contraire, traversés une seule fois, le sont dans une direction constante.

Comme il est bon cependant de pouvoir utiliser le cercle sans croiser les observations, on vérifie les petits verres en en plaçant deux, l'un entre les miroirs, l'autre derrière le petit, et mettant en contact les images directe et réfléchie du soleil. Il faut que cette position des deux images persévère lorsqu'on retourne successivement l'un ou l'autre de ces verres dans son logement. On opère de la même manière pour les grands.

(46) *Horizon artificiel.* Cet instrument, employé à terre pour suppléer à l'absence de l'horizon de la mer, est le plus ordinairement for-

mé d'un plateau circulaire en glace, réfléchissant par sa face supérieure seule, celle inférieure étant dépolie et noircie.

Il est enchâssé dans une boîte cylindrique en cuivre, supportée par trois vis calantes qui permettent de mettre la face supérieure dans la position horizontale à l'aide d'un petit instrument connu sous le nom de niveau à bulle d'air.

Il est formé d'un tube en cristal assez épais et à peu près cylindrique; la partie inférieure II′ est usée et plane; la génératrice supérieure aa', légèrement courbe. Rempli presque entièrement de liquide tel que de l'esprit-de-vin, une bulle d'air occupe l'espace libre, et se tient à la partie supérieure de la courbure, entre deux points b, b' marqués sur le verre, lorsque la base II′ est horizontale.

Il suffit de mettre cet instrument sur la surface de la glace dans la direction de deux des vis calantes, et de faire jouer l'une d'elles jusqu'à ce que la bulle occupe la position bb', pour être assuré qu'une droite de la glace est horizontale. Renouvelant cette opération dans une autre direction, après plusieurs tâtonnements, on parviendra à donner au plateau la position désirée.

Quelquefois, pour éviter l'emploi du niveau, on remplace la glace par un bain de mercure qu'on recouvre d'une légère feuille de talc, qui préserve le liquide de l'agitation de l'air.

Pour faire une observation au moyen de l'horizon artificiel, on remarque que l'astre et son image donnée par la réflexion sur le plan de glace, peuvent être regardés comme deux astres différents, dont la distance des centres est double de la hauteur du centre de l'un d'eux au-dessus de l'horizon, n. 14.

Il suffirait donc de superposer les deux images, et de prendre la moitié de l'arc parcouru par l'index.

Mais comme il est difficile d'affirmer que les deux images brillantes sont parfaitement confondues, on préfère une opération croisée, dans laquelle on a mis en contact les bords voisins d'abord, puis les bords éloignés des deux images. Le quart de l'arc parcouru est la hauteur cherchée du centre au-dessus de l'horizon.

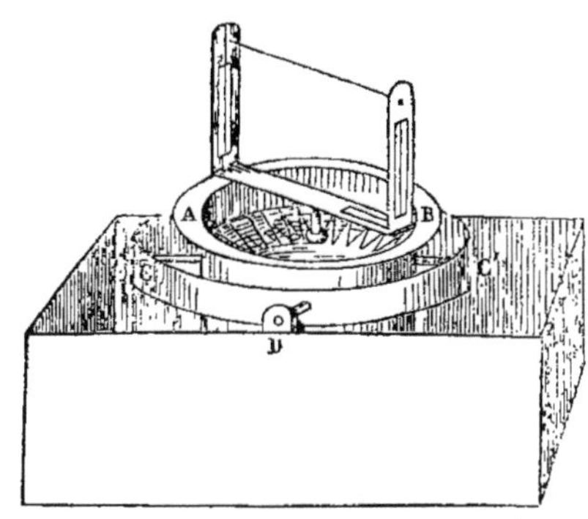

(47) *Boussoles employées en marine.* Dans les boussoles de bord l'aiguille n'est pas visible, parce qu'on la recouvre d'un cercle léger en talc, qu'elle entraîne avec elle dans ses oscillations. Elle est soutenue par nn pivot aigu fixé au fond d'une cuvette cylindrique AB tournant autour d'un axe horizontal CC′ dont les extrémités tiennent à une rondelle de cuivre, accomplissant elle-même sa rotation autour d'un axe DD′ fixé à la boîte, et perpendiculaire au premier.

Au moyen de cette double suspension, le disque de talc conserve l'horizontalité dans les mouvements de tangage et de roulis du navire.

Le tout est recouvert d'une glace sur laquelle est tracée une droite parallèle à la quille, et les deux génératrices intérieures de la cuvette, correspondantes à cette ligne de foi, sont fortement accusées en noir.

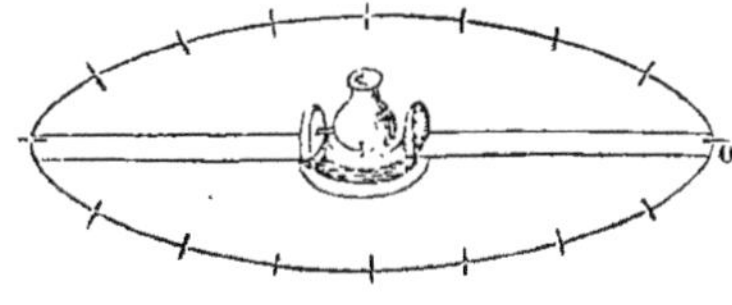

La figure indique le mode de suspension de l'aiguille qui paraît le mieux fonctionner à bord. Percée d'un trou circulaire en son milieu, l'agate est elle-même soutenue à double suspension.

Le disque a sa circonférence divisée en seize parties égales principales, nommées rhumbs de vent, le point zéro correspondant à l'axe de l'aiguille.

Une lumière placée en dessous de l'appareil éclaire le disque transparent, et permet de lire la nuit ses indications.

Le compas renversé, placé au plafond de la chambre, est construit d'après les mêmes principes ; seulement le disque est assujetti au-dessous de l'aiguille, dont le pivot repose sur la glace inférieure qui ferme l'appareil.

On détruit, dans les compas très-soignés, l'inclinaison de l'aiguille à l'aide d'un petit contre-poids qu'on fait glisser le long de la branche qui tend à s'élever.

Enfin, un disque de rechange ou des simples agates sont destinés à remplacer celle mise hors de service ou piquée, tèrme consacré.

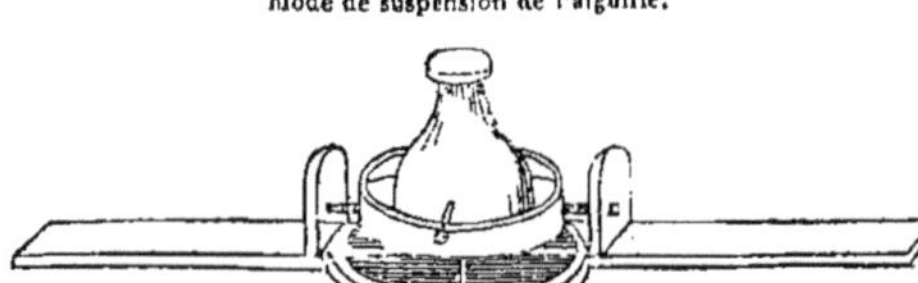
Mode de suspension de l'aiguille.

Lorsqu'on veut employer la boussole à relever l'angle que forme avec la direction de l'aiguille le rayon allant du centre du compas à un objet éloigné ou à un astre, on surmonte la glace d'une règle horizontale tournant autour de l'axe, armée de deux pinules à ses extrémités et d'une fenêtre traversée par un fil, qui permet de projeter immédiatement le relèvement obtenu sur le disque. L'instrument prend dans ce cas le nom de compas de relèvement ou de variation.

MACHINES A VAPEUR

APPLIQUÉES A LA NAVIGATION.

Les vapeurs formées dans un vase clos, nommé chaudière, peuvent s'élever à une température supérieure à 100 degrés, et acquérir une tension de plus en plus grande.

Amenées successivement, par un conduit à robinet, au-dessous et au-dessus d'un piston qui se meut dans un corps de pompe cylindrique, elles le soulèvent et le dépriment alternativement.

Sa tige prend alors un mouvement rectiligne alternatif, que divers procédés mécaniques permettent de transformer en un mouvement circulaire continu de l'axe des roues ou de l'arbre de l'hélice.

Telle est l'idée générale qu'il faut prendre d'une machine à vapeur.

Il est donc convenable d'étudier séparément :

1° La forme la plus avantageuse à donner à la chaudière ou générateur et au foyer, pour qu'avec la dépense moindre de combustible on produise la plus grande quantité possible de vapeur d'eau ;

2° Les moyens de préserver la chaudière de l'explosion ;

3° Les appareils qui donnent l'indication du niveau de l'eau dans la chaudière, et de la tension des vapeurs qu'elle renferme ;

4° L'introduction de la vapeur alternativement au-dessous et au-dessus du piston ;

5° Le mode d'expulsion de la vapeur qui a soulevé le piston, pour qu'elle ne s'oppose pas à l'action de celle qui tend à l'abattre, et *vice versa* ;

6° Le moyen de réparer la perte d'eau qu'éprouve la chaudière à tout instant.

On s'occupera spécialement dans ce chapitre des machines destinées à la navigation, et parmi celles-ci on choisira le système le plus généralement employé, le but n'étant pas de donner une théorie complète, mais seulement d'indiquer les fonctions des organes principaux, qui sont toujours individuellement les mêmes, quel que soit d'ailleurs leur mode d'assemblage.

Chaudières.

La forme cylindrique étant celle qui offre le plus de résistance à l'écrasement, et par suite à la rupture, fut d'abord adoptée pour les chaudières.

La flamme léchait la partie inférieure dans toute sa longueur, puis revenait échauffer celle supérieure, et ne se rendait à la cheminée qu'après avoir dépensé la plus grande partie de sa puissance calorifique.

Or, la quantité de vapeurs formées dépendant le plus ordinairement de l'étendue de la surface de chauffe, il fallait donner au récipient des dimensions considérables, ce qui chargeait le navire et occupait un espace précieux.

De plus, les mouvements violents de tangage et de roulis, en agitant l'eau des chaudières, mettaient souvent à nu une partie qui, rougissant alors, formait subitement, lors du retour du liquide, une quantité énorme de vapeurs, que la résistance du métal n'était pas capable de supporter.

On leur substitua les chaudières à tombeau, qui, elles-mêmes, furent remplacées par celles dites tubulaires, expression du dernier perfectionnement apporté jusqu'à ce jour à cette partie si importante des machines.

Le volume ancien du récipient et son poids pour une machine de cent vingt chevaux étant représentés par 10, les volumes et poids du nouvel appareil sont donnés par les nombres 6 et 5.

Il y a donc bénéfice de près de moitié dans chacun de ces éléments, et tous les efforts tendent à l'augmenter encore.

La figure 1 représente une chaudière tubulaire vue sur l'avant

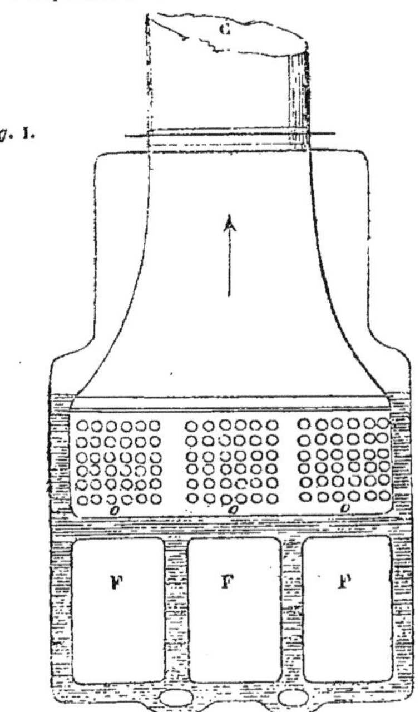

des fourneaux; la figure 2 est une section faite dans le sens de
la longueur des foyers.

On voit que l'aspect général extérieur diffère peu de celui d'un
parallélipède rectangle. F, F, F, sont trois foyers distincts, sé-
parés les uns des autres par des tranches d'eau. O, O, O, sont
les orifices extérieurs des tubes en cuivre ouverts à leurs deux
extrémités, et dont le nombre est le plus ordinairement de 42
par foyer pour les appareils puissants.

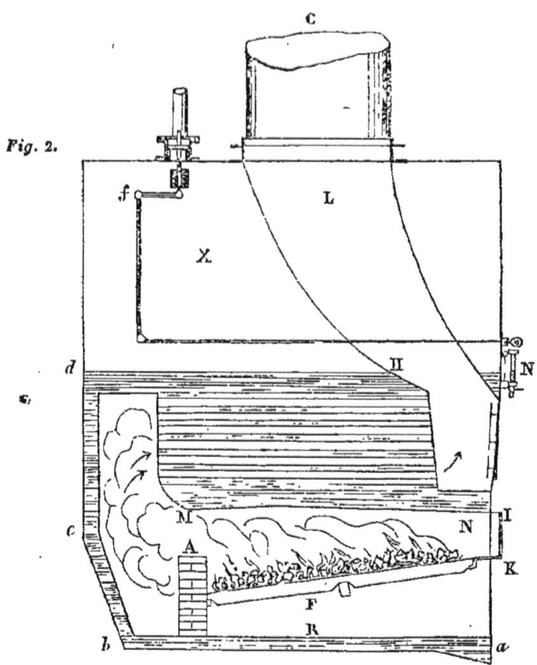

a, b, c, d, est une nappe d'eau qui préserve les fonds et les murailles de l'action directe du calorique.

IK est l'orifice du foyer; KF, la grille inclinée qui reçoit le combustible; RF, un matelas d'air qui alimente la combustion; et A, un mur en brique nommé autel.

*d*H, niveau de l'eau dans la chaudière, est supérieur de douze centimètres environ à la rangée de tubes la plus élevée.

La flamme, après avoir baigné la partie inférieure MN légèrement concave de la chaudière, pénètre dans les tubes par la partie postérieure, les traverse dans toute leur longueur, ressort par l'avant, et s'échappe par un canal L pour se rendre à la cheminée C.

L'eau qui enveloppe les tubes étant à un grand état de division, se vaporise promptement, et donne facilement 25 kilo-

grammes de vapeur par heure pour chaque mètre carré de surface de chauffe, composée des surfaces des foyers et des tubes.

Les vapeurs, au fur et à mesure de leur formation, se rassem-
blent dans l'espace X. Pour les machines puissantes, on accole
l'une à l'autre deux chaudières de la nature des précédentes, et
on les sépare dans leur partie inférieure par un intervalle de 40
centimètres environ, donnant passage pour se rendre à une soute
à charbon.

Le système total renferme alors six foyers, dont trois seulement
peuvent être alimentés dans certaines circonstances, c'est-à-dire
devenir indépendants.

Toute chaudière est éprouvée à la presse hydraulique, et munie
d'une soupape de sûreté, composée de la manière suivante :

Soupape de sûreté.

Une roudelle S, reposant sur un siége A, est munie en son centre d'une tige T, armée à sa partie inférieure d'un poids P qui
la comprime; sa valeur est calculée de manière à ce que les vapeurs soulèvent la soupape lorsqu'elles atteignent la tension limite
que leur assigne l'épreuve de la chaudière. Une partie de vapeurs
s'échappant alors, la tension diminue et la soupape retombe.

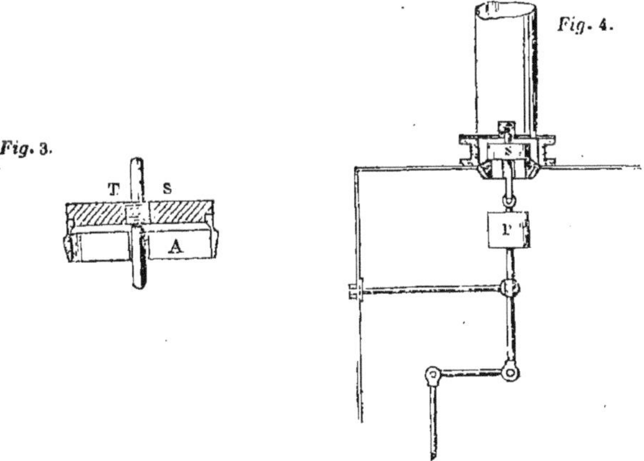

Un système de leviers permet de soulever la soupape, lorsqu'on veut débarrasser la chaudière d'une partie des vapeurs qu'elle renferme.

L'administration exigeant aujourd'hui l'emploi de soupapes de sûreté d'un grand diamètre, le poids appliqué sur la tige de la rondelle serait trop considérable. On l'applique en conséquence à l'extrémité d'un levier extérieur, ayant son point fixe en O, et qui comprime la partie supérieure de la tige.

Pour calculer la poussée qu'éprouve la rondelle supposée de 14 centimètres de diamètre, comme on sait que la pression d'une atmosphère est de 1^k par centimètre carré de surface, on calculera celle éprouvée par la rondelle, qui aura $118^{c.2}$.

Si donc la vapeur doit acquérir une tension de 2 atmosphères $\frac{1}{2}$,

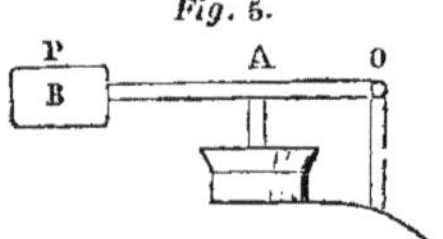

chaque centimètre carré de rondelle éprouvera une pression de $2^k\frac{1}{2}$ de bas en haut, et une autre due à l'atmosphère extérieure de 1^k en sens contraire. La force de soulèvement sera donc de $113^k \times 1,5$ ou $169^k,5$. Si donc le levier OB est quadruple de celui OA, la valeur du poids P sera $\dfrac{169^k,5}{4}$ ou $42^k,4$. (Voir les *figures* 3, 4, 5.)

Niveau de l'eau dans la chaudière.

Un tube vertical N (*fig.* 2) est extérieur à la chaudière, et d'un verre très-résistant. Il communique par la tubulure inférieure à l'eau de la chaudière, par celle supérieure aux vapeurs. L'eau, en s'introduisant dans ce tube, y est au même état de compression que dans la chaudière, et par suite accuse le niveau de la nappe.

Manomètre.

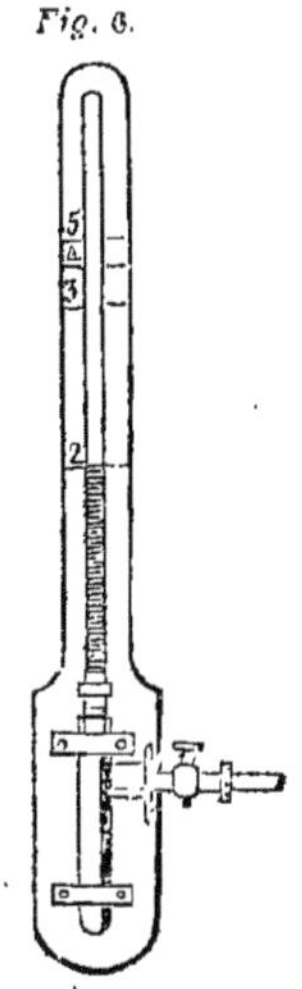

Fig. 6.

Cet appareil sert à accuser la tension des vapeurs dans la chaudière. Il est formé d'un tube cylindrique, en verre épais de 8 à 9 millimètres de diamètre extérieur, et de 4 millimètres de diamètre intérieur. Sa longueur est d'environ 60 centimètres.

Il est fermé à la partie supérieure, ouvert à celle inférieure, qui plonge dans un réservoir de mercure sur lequel on peut amener la vapeur par un conduit à robinet.

Lorsque les vapeurs sont arrivées à la tension d'une atmosphère, elles pressent le mercure de la cuvette, et tendent à le faire monter dans le tube. Mais il est aussi là comprimé par une atmosphère, ou l'air intérieur ; il reste donc à un niveau qu'on désigne par la cote zéro. Si la vapeur arrive à 2 atmosphères, le mercure montera dans le tube jusqu'au milieu de sa hauteur, puisque, d'après la loi de Mariotte, lorsque la pression double, le volume devient deux fois moindre.

On note ce point 2 at., ce qui veut dire que lorsque la colonne de mercure atteint cette division, les vapeurs ont la tension d'une atmosphère en sus de la pression extérieure.

Si la tension devient de 3 atmosphères, le mercure monte aux deux tiers du tube ; ainsi de suite.

On a l'habitude d'écrire en face des graduations du manomètre les températures des vapeurs correspondantes à ces pressions, et tirées du tableau déjà formé dans le précis de physique.

On voit que cet appareil n'est qu'un baromètre dans lequel la pression de la vapeur remplace celle de l'air extérieur, et qui, au lieu du vide dans sa chambre, a de l'air pour diminuer la hauteur de l'instrument.

Là se terminent les détails élémentaires relatifs à la chaudière.

On sait exprimer par des formules les relations qui existent entre les quantités de vapeurs à produire et les surfaces de chauffe.

Pour les machines appliquées à la navigation, on évalue la force d'un cheval à la consommation de 30 kilogrammes de vapeur par heure, fournis par la chaudière.

Pour arriver à ce résultat, il faut, pour chaque cheval de vapeur, une surface moyenne de chauffe de $1^m,30^c$. On entend par surface moyenne celles des foyers, ajoutées à celles des tubes.

Ces données permettent de calculer les dimensions d'une chaudière destinée à un appareil devant avoir une puissance déterminée.

On sait également, dans les mêmes circonstances, évaluer l'étendue que doivent avoir les prises de vapeur, les soupapes de sûreté et la cheminée, ainsi que l'épaisseur à donner au métal d'après la tension maximum assignée aux vapeurs.

Il reste à utiliser les vapeurs fournies par le générateur, au profit de l'appareil qu'elles doivent mettre en mouvement.

Condensation.

Les vapeurs peuvent avoir une tension d'une ou plusieurs atmosphères; et à ce point de vue les machines ont été divisées en plusieurs classes, savoir : basse, moyenne et haute pression.

Les dernières sont employées pour les locomotives, et les secondes pour la navigation, à cause de la sécurité qu'elles présentent.

La tension y varie de 1 à 2 atmosphères $\frac{1}{2}$.

Les vapeurs ne peuvent être expulsées rapidement après avoir rempli leur office qu'en les mettant en communication subite avec un espace dans lequel un vide, sinon absolu, au moins approché, est constamment maintenu; c'est le condenseur. On sait que la vapeur à basse pression occupe un volume égal à 1700 fois celui de l'eau qui l'a produite.

Si donc la vapeur trouve, après son travail accompli, un canal qui lui donne accès dans le condenseur, elle s'y précipite. Traversée alors par un filet d'eau froide fourni par une pompe nommée à injection, elle retourne à l'état d'eau à 40 degrés, et le vide se reforme.

Une pompe foulante vient saisir cette eau chaude, et la ramène à la chaudière, qui répare ainsi les pertes de liquide qu'elle éprouve à tout moment pendant le travail de la machine.

L'ensemble de cette opération se nomme la condensation. Comme jamais elle ne peut s'accomplir d'une manière absolue, un manomètre appliqué au condenseur indique jusqu'à quel point il remplit ses fonctions.

Dans les machines à haute pression, il suffit d'un orifice qui, en s'ouvrant à l'air libre, donne passage aux vapeurs. Elles se précipitent dans l'espace par leur excès de tension, et abandonnent le cylindre sans retour.

La vapeur est amenée de la chaudière au cylindre par un conduit dont le diamètre a une relation déterminée avec la quantité de vapeur à fournir à la machine.

Cylindres.

Les vapeurs sorties de la chaudière arrivent dans un réservoir nommé boîte à vapeur, collé contre le cylindre.

C'est de ce récipient qu'elles partent pour se diriger alternativement en dessous et en dessus du piston par deux canaux ayant dans la boîte leurs orifices rectangulaires.

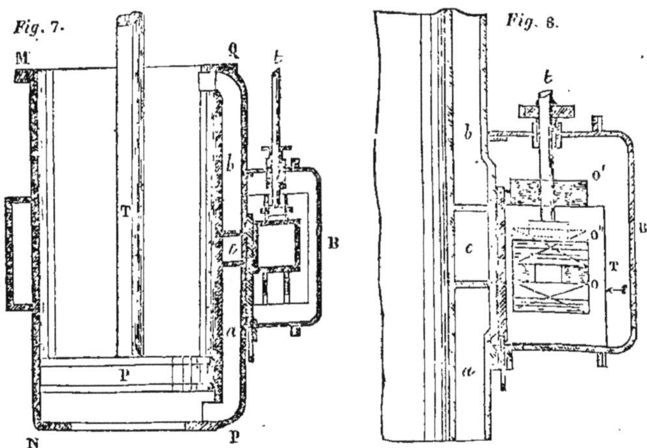

MNPQ est le cylindre, P le piston, T sa tige, B la boîte du tiroir,

a le canal qui conduit la vapeur sous le piston, b celui qui l'amène dessus, et c celui qui lui permet d'envahir le condenseur, t la tige du tiroir T, O′ l'orifice du canal b, O et O″ les orifices des conduits a, c.

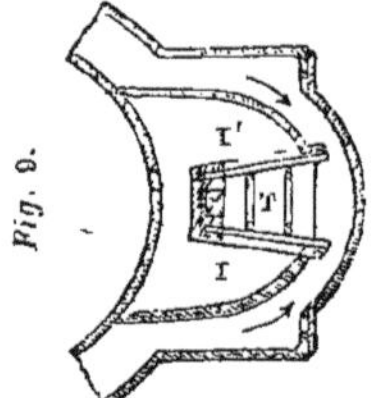

Cette figure donne le dessin de la boîte et du tiroir T, vu par-dessus. Les trois orifices sont sur chacune des deux faces latérales I, I′.

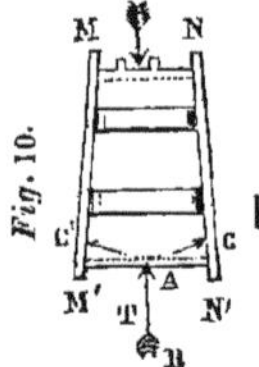

Cette figure fait connaître à une plus grande échelle les faces supérieure et inférieure du tiroir.

Fig. 11.

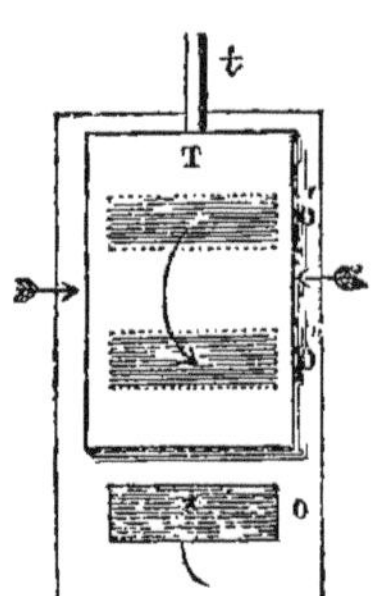
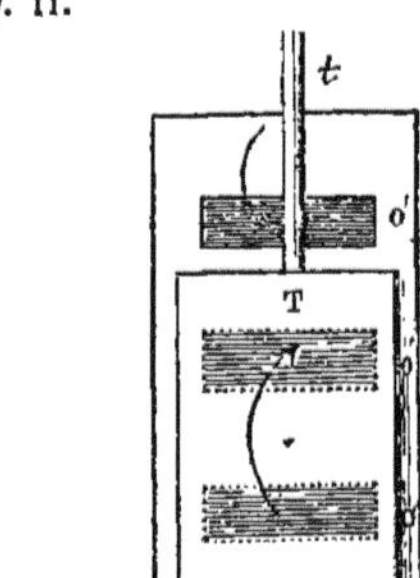

Cette figure indique son mouvement en présence des trois ouvertures.

Enfin, celle placée après, donne la vue perspective du tiroir prismatique.

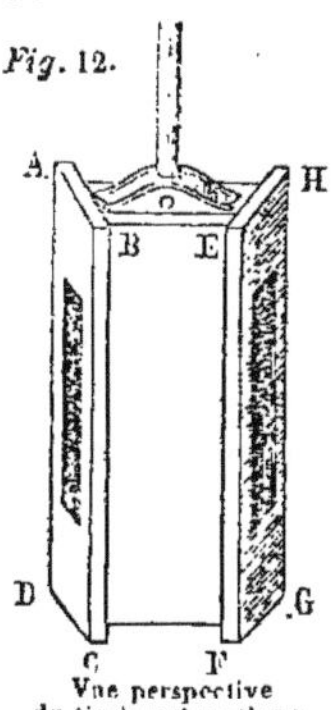

Vue perspective
du tiroir prismatique
ABCD face latérale,
DCEF face postérieure,
ADGH face antérieure ;
échelle plus grande que
celle fig. précédente.

A l'origine du mouvement, le piston étant au fond du cylindre, le tiroir est levé, et la vapeur se précipite par l'orifice O, seul débouché, sous le piston qu'elle élève (*fig.* 7 et 11).

Lorsqu'il est arrivé au plus haut point de sa course, le tiroir s'abat, l'orifice O′ s'ouvre, et la vapeur s'introduit alors sur la tête du piston ; en même temps la cavité du tiroir met en communication les orifices O, O″, et par suite la vapeur entrée par O en ressort, et se rend par O″ au condenseur ; celle arrivée par O′ ne trouvant plus de résistance sous le piston, l'abat, et lorsqu'il est parvenu au point le plus bas de sa course, le tiroir reprend la position I (*fig.* 11), et les introductions successives ainsi réglées se continuent.

Anciennement le tiroir avait la forme d'un parallélipipède rectangle, glissant par sa surface postérieure contre la paroi extérieure du cylindre, en présence des trois ouvertures placées à cet endroit. La vapeur de la boîte exerçait donc sur sa surface antérieure une pression qui, en collant la pièce contre le cylindre, nécessitait une assez grande dépense de force pour la faire glisser.

M. Mazeline, habile constructeur du Havre, a imaginé de substituer à cette forme celle prismatique représentée sur les figures.

Trois orifices sont placés sur chacune des faces latérales de la boîte.

La vapeur exerce deux pressions de sens contraires sur les faces antérieures et postérieures MN, M′N′ (*fig.* 10) ; elles se résument en une pression unique exercée suivant BA, provenant uniquement de la différence d'étendue de ces deux surfaces.

Elle se décompose en deux autres AC, AC′, perpendiculaires aux faces latérales, suffisantes, mais incomparablement moindres que celle subie par le tiroir ancien.

L'expérience comparative des deux systèmes montre qu'avec les mêmes orifices de vapeur et la même tension, si un homme soulève le tiroir primitif avec un levier décuplant sa puissance, il fera glisser le nouveau à la main.

On voit par ce qui précède que la vapeur ne peut jamais passer directement de la boîte dans le tiroir, qui ne lui donne accès que lors de son retour vers le condenseur, dont il est pour ainsi dire le vestibule.

Le mouvement de va-et-vient du tiroir peut se déterminer de plusieurs manières; on ne s'en occupera pas spécialement, ce détail n'étant pour rien dans la théorie de la machine. Le procédé le plus en usage est l'excentrique, roue circulaire tournant autour d'un axe ne passant pas par son centre.

La vitesse la plus avantageuse à donner au piston est de 1 mètre par seconde; en sorte que, s'il a un mètre de course, la machine battra 30 coups à la minute. Ce n'est pas le dernier mot de la science à cet égard.

Afin d'économiser la consommation de la vapeur, qui se traduit toujours en dépense de combustible, on ne l'introduit plus sous le piston pendant toute la durée de sa course, mais seulement pendant une partie, laissant à la force d'expansion le soin d'achever l'ascension, vers la fin de laquelle la puissance à dépenser pour continuer le mouvement de rotation de l'axe n'a plus besoin d'être considérable. Le tiroir, s'abattant en partie, réduit l'orifice d'entrée sans déboucher celui supérieur; il en est de même à la descente du piston.

Les machines ainsi disposées se nomment à détente, et un appareil qui permet de n'introduire que pendant la moitié, le tiers, etc., de la course, constitue la détente variable.

Communications de mouvements.

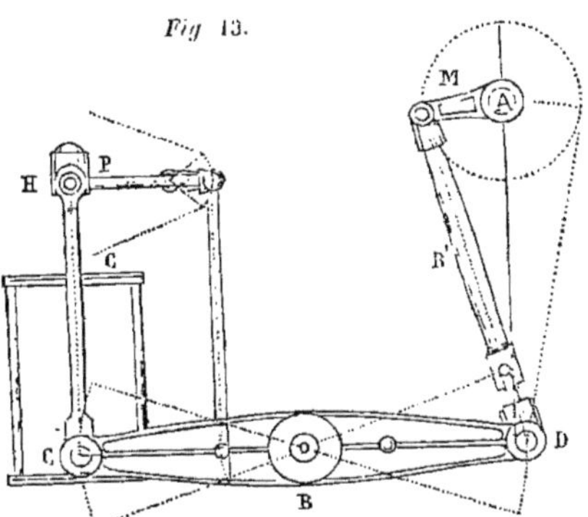

Fig. 13.

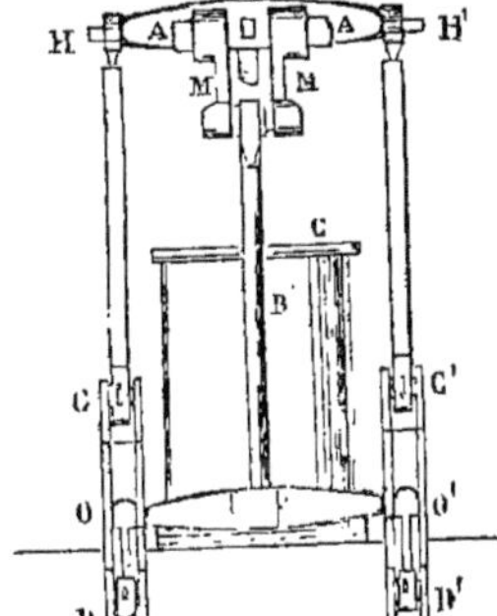

Fig. 14.

La tige du piston, dans son mouvement rectiligne alternatif, conduit une traverse horizontale HH' (fig. 14), qui entraîne elle-même deux tiges verticales HC, H'C'.

Leurs extrémités inférieures C, C' sont attachées par deux boutons à deux pièces en fonte CBD nommées balanciers, placées souvent en contre-bas du cylindre, et tournant autour de points fixes tels que O. Les extrémités D, D' sont jointes par une pièce transversale au milieu de laquelle est attachée la bielle B', qui, au moyen d'une manivelle double M, communique à l'arbre A son mouvement de rotation.

Les tiges des pompes alimentaires, à injection et à air, sont frappées sur le balancier.

Dans les machines dites oscillantes, les cylindres eux-mêmes oscillent autour de deux tourillons horizontaux. Par l'un d'eux arrive la vapeur, qui se rend dans deux boîtes à l'aide d'un canal de ceinture qui fait saillie sur le corps du cylindre. Elles sont placées aux extrémités d'un diamètre formant, avec l'axe de rotation, un angle de 45°.

Par cette disposition, les poids des deux boîtes s'équilibrent, ce qui est indispensable pour la régularité de l'oscillation du cylindre et le doublement du nombre des orifices permet de donner à chacun d'eux moins d'ouverture.

Les vapeurs, après leur action, se rendent par le second tourillon au condenseur placé entre les deux cylindres, qu'on emploie ordinairement par couple, en ayant le soin de les faire osciller de telle sorte que les tiges des deux pistons ne se trouvent parallèles qu'à un seul moment de chaque coup.

Les tiges elles-mêmes forment bielles, et par cette disposition les communications de mouvement sont considérablement simplifiées, et le volume de l'appareil diminué.

Que les cylindres fixes soient horizontaux, verticaux ou inclinés, le volume que ces machines occupent est à celui d'une machine oscillante comme 2 est à 1, ou plus exactement comme 105 est à 60.

Les pièces accessoires qui compliquent l'aspect général d'une machine sont destinées, les unes à maintenir la tige du piston dans l'axe du cylindre, c'est le parallélogramme ; les autres, à manœuvrer les tiroirs, soit d'une manière continue, soit accidentellement, de manière à arrêter le mouvement général, ou à opérer un renversement dans le sens du mouvement de l'arbre.

Le mouvement d'une machine a besoin d'être régularisé, parce qu'il existe évidemment des points morts, qui sont ceux où le piston est rendu aux points les plus hauts et les plus bas de sa course. A ce moment, il y a une indécision de mouvement que l'on rompt à l'aide de l'appareil nommé volant, formé d'une roue d'assez grand rayon, montée sur l'arbre, et dont la circonférence a un poids considérable.

L'énergie d'un volant croît proportionnellement au carré de sa vitesse, et c'est pour cela que souvent il n'est pas monté sur l'axe principal, mais sur un axe secondaire, et est mû par un engrenage multiplicateur.

Le volant est pour ainsi dire destiné à emmagasiner la force d'impulsion, et à la restituer à la machine au moment où celle-ci la réclame.

Dans les machines à deux cylindres, on les dispose de telle sorte que l'un des pistons soit rendu à son travail maximum alors que l'autre est à son minimum. Cette disposition fait l'effet du volant, et permet de supprimer cette annexe, d'un poids considérable et fort encombrante.

Mise en train.

Pour mettre une machine en train, on commence par introduire la vapeur dans le condenseur; elle chasse l'air, et s'y condense par le refroidissement que la paroi lui fait éprouver. Le vide étant fait dans le condenseur, on purge également le cylindre d'air en introduisant la vapeur sur le piston à l'aide d'un levier qui abat le tiroir : alors le mouvement commence.

Unité de force.

L'unité de travail nommée cheval de vapeur représente la puissance nécessaire pour élever 75 kilogrammes d'eau à 1 mètre de hauteur dans une seconde. On voit que cette unité n'a aucun rapport avec la puissance du cheval.

Pour déterminer, au moyen de cette unité, la puissance d'une machine sans détente, il faut se procurer les éléments suivants :

1° La surface du piston;

2° La longueur de sa course;

3° Le nombre des coups battus par minute;

4° La force élastique des vapeurs employées.

En multipliant la surface du piston, évaluée en centimètres carrés, par la pression de ces vapeurs sur un centimètre carré, et par le chemin du piston en une seconde, le quotient de la division de ce produit par 75 donnera la puissance théorique de la machine.

Admettant, pour le piston, $50^{\text{cent.}}$ de diamètre,
$1^{\text{m}},20$ de course par seconde,
4 atmosphères de tension dans le cylindre, produisant une pression réelle de 3 atmosphères ou 3^{k} environ par centimètre carré,

On aura surface piston $= 3,14159 \times (25^{\text{c}})^2 = 1963^{\text{cc}},5$, soulevée par une pression de 3^{k} par centimètre carré, ou $5890^{\text{k}},5$, qui, parcourant $1^{\text{m}},20$ par seconde, donnent $7068^{\text{k}},6$ élevés à 1^{m} dans une seconde; divisant ce résultat par 75, on trouve 94,2.

La machine aurait donc une force nominale ou théorique de $94^{\text{ch}},2$.

La moitié de ce résultat donne l'effet utile.

Un instrument inventé par Prony, et nommé *frein*, a permis de contrôler ces résultats et de reconnaître leur accord avec l'expérience.

La correction de moitié provient de ce qu'on n'a pas tenu compte des frottements et pertes, et qu'on a admis le départ complet de la vapeur après son action, résultat qu'on ne peut atteindre dans la pratique.

Mais si la machine est à détente, on ne peut lui attribuer comme force élastique de la vapeur celle accusée par le manomètre.

Une table due à Poncelet permet de modifier le calcul précédent, et d'obtenir le résultat dans ce cas nouveau, en tenant compte des tensions qui restent encore aux vapeurs après la condensation.

Dans les machines à détente les plus parfaites, la consommation est de 4 kil. de charbon par cheval et par heure, jusqu'à la force de 80 chevaux.

Elle se réduit à $3^k \frac{1}{2}$ à 160 chevaux,

et à 3^k pour les plus puissantes.

On voit que tous les efforts doivent tendre à diminuer la consommation pour augmenter la durée possible de la traversée.

Les propulseurs sont de deux espèces :

Les roues,

Les hélices.

Les roues ont l'inconvénient d'être extérieures au bâtiment, et par suite soumises, soit aux chocs, soit aux coups de l'ennemi.

De plus, dans les mouvements violents de roulis, une des roues est noyée, l'autre nage dans l'air.

En temps de calme, les palettes, en sortant de l'eau, soulèvent du liquide, ce qui diminue d'autant la puissance.

L'hélice n'est soumise à aucun des inconvénients précédemment analysés ; entièrement plongée, elle permet d'établir la machine en dessous de la flottaison. Celle qui paraît le mieux répondre aux besoins de la navigation est composée de deux ailes, dont la projection sur un plan perpendiculaire à l'arbre est égale à un demi-cercle.

L'arbre doit faire de 80 à 90 tours par minute, pour les machines auxiliaires. Pour les navires à grande vitesse, le nombre de tours faits par minute s'élève à 200 et au delà.

On accorde en général, pour le poids des machines à balancier, 1200 kil. par cheval, chaudière comprise; pour celles oscillantes, 650 kil.

PRÉCIS D'ASTRONOMIE.

La terre est sphérique. Son diamètre moyen est de 1275 myriamètres.

On constate la vérité du premier fait, en apercevant la partie
élevée de la mâture d'un navire avant sa coque. Pour calculer le
diamètre, il suffit de connaître la définition du mètre.

Le plan tangent à la surface terrestre se nomme horizon sensible du point de tangence. Le prolongement du rayon terrestre
en ce point se nomme verticale du lieu.

Lorsque le ciel est exempt de nuages, il présente à l'œil, pendant la nuit, l'aspect d'une sphère immense, parsemée d'étoiles.

En comparant les positions de ces astres à celle d'un objet fixe,
seul moyen d'apprécier un mouvement quelconque, ils paraissent
décrire des circonférences ayant pour pôle commun un point de la
voûte céleste désigné par une étoile qui ne se déplace pas sensiblement pour l'œil.

On prend en conséquence, pour plan fixe de comparaison, un
plan vertical passant par le centre de la petite circonférence que
l'étoile polaire paraît décrire.

Il se nomme méridien, contient le centre de la terre, et est perpendiculaire à l'horizon.

L'intersection de ce plan et de l'horizon se nomme ligne nord
et sud; le diamètre de l'horizon perpendiculaire au précédent se
nomme ligne est et ouest.

Si deux étoiles passent en même temps un certain jour dans le plan méridien, il en sera de même le lendemain et les jours suivants.

On doit en conclure que, dans leur mouvement, les étoiles sont liées entre elles d'une manière invariable, et que le temps qui s'écoule entre deux passages consécutifs au même méridien est constant. On le choisit pour unité, sous le nom de jour sidéral.

Pour justifier ces apparences, on peut admettre que les étoiles sont fixées dans certaines positions relatives sur une sphère nommée céleste, ayant un mouvement uniforme de rotation autour d'un de ses diamètres passant près de l'étoile polaire et par le centre de la terre. Ce diamètre fixe prend le nom d'axe du monde, attribuant celui de pôles terrestres aux points où il perce la surface de la terre.

Le grand cercle de la terre perpendiculaire à l'axe se nomme équateur terrestre, et son plan, prolongé idéalement dans l'espace indéfini, constitue l'équateur céleste.

La terre n'est pas rigoureusement sphérique; son rayon à l'équateur est de.................... 6,377,109 mètres ;
Au pôle .... 6,356,199 id.
Son aplatissement est donc de....   20,910 id.
La longueur moyenne d'un degré de méridien est de 111,119 mètr.

Les eaux occupent environ les trois cinquièmes de la surface totale.

Par suite de l'hypothèse précédente, l'homme qui habite le pôle P, ayant pour horizon xy, ne voit dans une nuit que les étoiles de son hémisphère qui décrivent des circonférences parallèles à l'horizon, telles que $e'q'$.

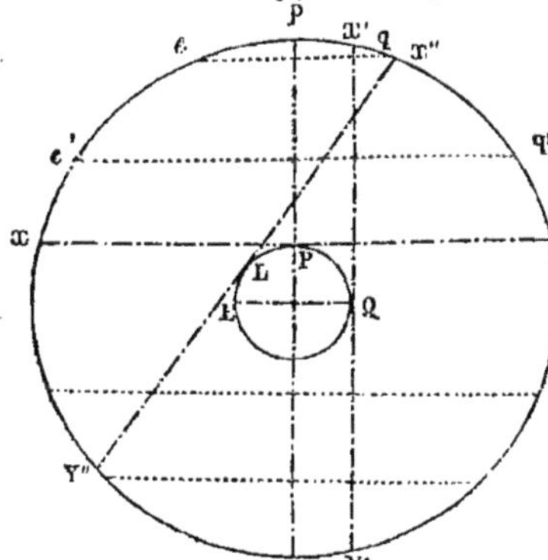

Celui qui habite l'équateur EQ voit toutes les étoiles décrire des circonférences perpendiculaires à son horizon $x'y'$.

Enfin, l'homme qui existe en L doit voir les étoiles décrire, les unes, telles que e, une circonférence constamment au-dessus de l'horizon; les autres, telles que e', une circonférence inclinée à l'horizon, partie au-dessus, partie au-dessous de ce plan.

L'aspect du ciel doit donc changer avec l'horizon, des étoiles jusqu'alors invisibles apparaissant, d'autres ne s'apercevant plus.

Les phénomènes s'accomplissant réellement ainsi pour l'œil, on a été porté à regarder comme exact le mouvement précédemment supposé.

Ce système a donc dû être admis, jusqu'au jour où il n'a pu fournir l'explication d'observations nouvelles.

Mais l'esprit s'effraye à juste titre de l'énorme vitesse que devraient avoir dans ce système les étoiles, pour décrire en un jour des circonférences de rayons plus grands que toute dimension appréciable.

Or, on voit déjà que si l'homme, avec une idée plus vraie de son peu d'importance en présence de l'infini, admettait la fixité de la voûte céleste, et la rotation autour de l'axe de son globe atomique, les apparences resteraient les mêmes, pourvu que cette rotation s'accomplît dans le sens inverse de celui visible.

L'horizon entraîné dans le mouvement terrestre ferait paraître les étoiles autres que la polaire à des hauteurs sans cesse variables, et le jour sidéral serait la mesure de la durée de la rotation.

L'aplatissement de la terre trouverait alors son explication dans l'action de la force centrifuge, en admettant la fluidité à l'origine des temps, et par suite la possibilité de recevoir une modification de forme. Les preuves à l'appui de cette assertion sont nombreuses et concluantes.

En continuant l'observation du ciel, on voit certaines étoiles, en petit nombre il est vrai, ne pas suivre la même loi que les autres, et changer de position à leur égard, puisque, ayant passé un jour dans le plan du méridien en même temps que l'une d'entre elles, elles ne s'y retrouvent plus le lendemain. On est donc conduit à les distinguer de la généralité des étoiles, en leur attribuant un mouvement propre dans l'immensité qui sépare la terre de la voûte céleste.

Avant d'aller plus loin dans nos investigations, il est indispensable de donner quelques définitions de détail.

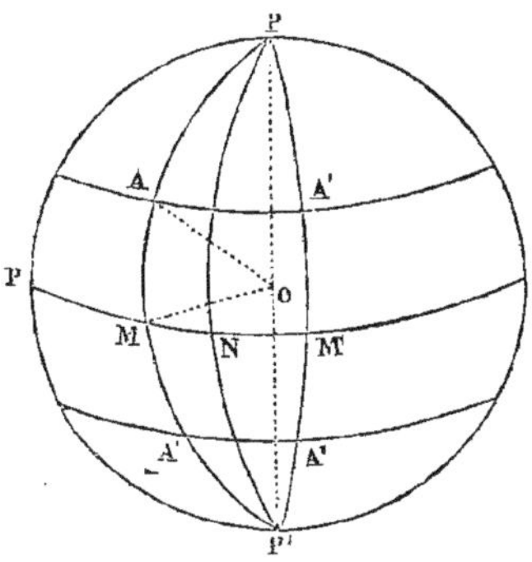

On fixe la position d'un point sur la terre à l'aide de deux arcs de grand cercle, nommés, en langage mathématique, coordonnées de ce point.

En imaginant un méridien de départ PNP' (celui de l'observatoire de Paris), on donne le nom de longitude d'un lieu à l'angle sphérique formé au pôle par le premier méridien et celui du lieu.

Ainsi, la longitude du point A est l'angle MPN mesuré par l'arc d'équateur NM.

L'angle rectiligne MOA, formé dans le plan du méridien par le rayon de l'équateur et celui du lieu, se nomme latitude. Il a pour mesure l'arc AM de méridien, expression de la distance du point A à l'équateur.

Les éléments NM, AM ne suffisent pas à la détermination du point A, qui pourrait avoir chacune des trois autres portions A', A'', A'''.

On lève l'indétermination en attribuant à ces coordonnées, non des signes, mais des dénominations fondées sur une convention.

On nomme pôle nord celui de notre hémisphère désigné dans le ciel par l'étoile polaire. L'observateur qui la regarde, a l'est à sa droite, l'ouest à sa gauche.

On distingue en conséquence les latitudes nord et sud, qui peuvent atteindre 90 degrés, mais ne surpassent jamais ce nombre; et les longitudes est et ouest, qui croissent de 0 à 180 degrés.

Un horizon conduit idéalement par le centre de la terre parallèlement à celui précédemment défini, prend le nom d'horizon rationnel.

La distance du pôle visible à l'horizon rationnel d'un lieu est égale à sa latitude.

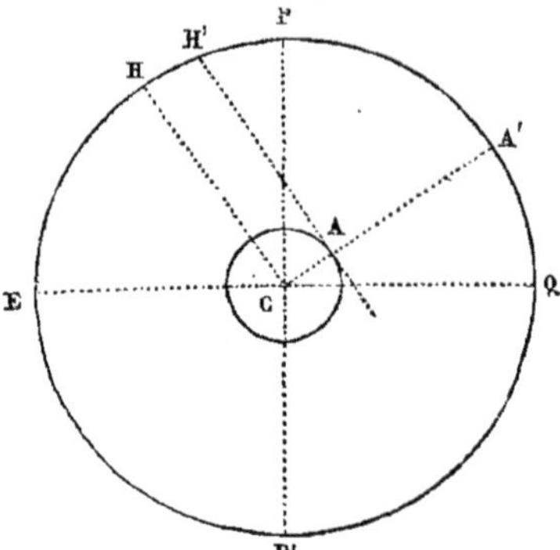

En effet, soit EPQP' le méridien céleste du lieu A, PP' l'axe du monde, C le centre de la terre, AH' la trace de l'horizon sensible, et CH celle de l'horizon rationnel sur le plan du mé-. ridien.

L'angle A'CQ est, d'après la définition, la latitude du point A; mais il est égal à celui PCH, leurs côtés étant respectivement perpendiculaires : donc l'arc HP est égal à celui A'Q, mesure de la latitude.

Le mouvement apparent des étoiles a déjà conduit à reconnaître le mouvement de rotation de la terre autour de son axe.

L'examen du mouvement des autres astres va peut-être donner naissance à de nouvelles appréciations relatives au mouvement réel de notre globe.

DU SOLEIL.

Parmi tous les corps qui nous apparaissent, le soleil étant le plus important pour l'homme, tant à cause de son volume que de l'influence qu'il exerce, il faut l'étudier d'abord.

Quelles sont les apparences?

Certaines taches reviennent sous la même forme, et dans la même position par rapport au disque solaire, à des intervalles réguliers et successifs de 25 jours 12 heures. On en doit conclure que le soleil tourne autour d'un axe en 25 jours 12 heures.

Les points de lever et de coucher se déplacent journellement. La hauteur méridienne du soleil change chaque jour, la plus grande différence entre ces hauteurs, observées pendant longtemps, ayant une valeur moyenne de deux fois 23° 28'.

Si le soleil a été observé un certain jour au méridien en même temps qu'une étoile, il n'y est pas encore le lendemain lorsque l'étoile y passe de nouveau.

Le temps que met le soleil à revenir dans le plan du méridien est donc plus long que le jour sidéral. On le nomme jour solaire.

Pour établir une hypothèse justifiant ces apparences, il faut admettre qu'en même temps que la terre tourne journellement autour de son axe, le soleil parcourt dans l'espace, et autour d'elle, une courbe annuelle dont le plan est incliné sur l'axe du monde de 66° 32′.

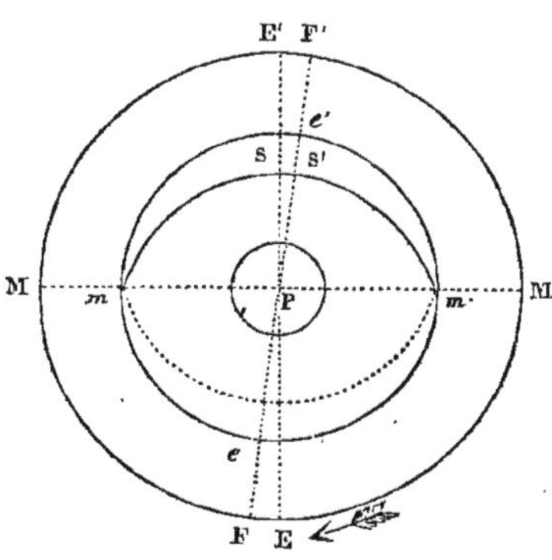

En effet, soient MEM′E′ l'équateur céleste; *mem′e′* la circonférence de celui de la sphère sur laquelle se meut le soleil; *msm′s′* la courbe qu'il y décrit, et qu'on désigne sous le nom d'écliptique; P le pôle, EE′ le plan d'un méridien accomplissant une révolution autour de l'axe dans un jour sidéral; *m, m′* les points d'intersection des circonférences de l'écliptique et de l'équateur, nommés points équinoxiaux.

Supposons qu'une étoile E′ et le soleil S soient en même temps dans le plan du méridien E′E.

Le lendemain, lorsque la terre aura accompli sa révolution, ce que l'on constate au moyen du retour du méridien à l'étoile E′, le soleil sera en S′, en vertu de son mouvement annuel; et pour que le méridien contienne son centre, il faudra que la terre accomplisse encore une fraction de sa rotation, représentée par l'angle E′PF′ mesuré par l'arc d'équateur céleste EF′.

Cet arc représente de combien le soleil s'est éloigné du point M, cette distance étant comptée sur l'équateur, et se nomme mouvement diurne en ascension droite. Le jour solaire doit donc se composer du jour sidéral augmenté du mouvement diurne en ascension droite, évalué en temps à raison de 24 heures pour 360 degrés.

Par suite de l'inclinaison attribuée à l'orbite solaire, l'habitant du pôle, dont l'horizon ne se déplace pas, doit voir le soleil décrire une circonférence sensiblement parallèle à l'horizon ; mais s'en rapprochant chaque jour, la hauteur la plus grande qu'il pourra atteindre sera de 23° 28'. Elle diminuera jusqu'au jour où, rasant l'horizon, l'astre deviendra invisible pour un assez long temps.

Pour celui qui n'habite pas le pôle, l'horizon décrira un cône ayant la ligne des pôles pour axe. Cet horizon rencontrera chaque jour le soleil à un nouveau point de lever, l'astre ayant avancé lui-même pendant la durée du mouvement de rotation de la terre.

Les points de lever et de coucher se déplaçant, la hauteur méridienne variera elle-même. Lorsque le lever s'éloignant de l'est se rapprochera du nord, la hauteur méridienne augmentera, et l'arc décrit au-dessus de l'horizon sera plus grand que son supplément à 360°, accompli en dessous. La terre, au lieu de l'observateur, aura donc un temps plus long d'échauffement que de refroidissement.

On obtient le résultat inverse en concevant le point de lever s'éloignant de l'est pour marcher vers le sud ; c'est de là que naîtront les saisons, et l'inégalité de leur durée ne s'expliquera qu'en admettant que les points équinoxiaux ne divisent pas l'écliptique en deux parties égales.

Une figure construite avec soin rend compte de ces divers mouvements, et indique les éléments nommés ascension droite et déclinaison du soleil, qu'il faut toujours regarder comme tracés sur la surface de la sphère céleste, *fig.* 2.

Au lieu de l'hypothèse précédente, on pourrait admettre la fixité des étoiles, et aussi du soleil placé entre elles et la terre, et attribuer à cette dernière deux mouvements, l'un de rotation autour de son axe dans un jour sidéral, et l'autre de translation autour du soleil, s'accomplissant en 366 jours $\frac{1}{4}$ sidéraux environ, dans une courbe plane inclinée à l'axe de 66° 32'.

Alors le changement de position de la terre par rapport au soleil serait sensible pour l'œil et imperceptible pour les étoiles, l'écliptique, quelle que soit sa grandeur, se réduisant à un point, lorsqu'on l'observe d'une étoile qui en est placée à une distance indéfinie.

Ce système s'approchera encore plus de la vérité, si on suppose que le soleil n'occupe pas la position exacte du centre de l'écliptique. Étant alors chaque jour à des distances variables de la terre, on justifiera les différences qu'on observe dans l'élément nommé demi-diamètre du soleil, moitié de l'angle sous-tendu à l'œil par le diamètre de cet astre.

Il serait d'ailleurs difficile d'admettre que la terre, dont le diamètre est la 110ᵉ partie de celui du soleil, et le volume 133,100 fois plus petit, imprimât à ce dernier un mouvement de rotation à son profit. On conçoit facilement, au contraire, que la terre, influencée par l'énorme masse du soleil, prenne en sa présence un mouvement de circulation dû à la puissante attraction qu'elle éprouve et à l'impulsion primitive.

Comme il est souvent plus facile de soumettre au calcul les problèmes de navigation en admettant la fixité de l'axe de la terre, et que cette hypothèse justifie d'ailleurs les apparences, plusieurs tables de la *Connaissance du temps* sont établies d'après elle.

Mais on ne doit pas perdre de vue qu'il est possible de justifier les phénomènes visibles par trois hypothèses :

1° La terre est totalement fixe, et le soleil décrit autour d'elle, dans un an, une courbe en spirale s'écartant de part et d'autre de l'équateur, dans cette période de temps, de 23° 28′. En un jour, il décrit donc une des spires sensiblement parallèle à l'équateur, surtout vers le solstice. La voûte céleste accomplit sa révolution en un jour sidéral.

2° L'axe de la terre est fixe; mais elle tourne autour dans un jour, et le soleil décrit une courbe annuelle, dont le plan est incliné de 23° 28′ à l'équateur. La voûte céleste est fixe, le rayon moyen de l'écliptique est de 38,000,000 de lieues.

3° La voûte céleste est fixe, le soleil aussi ; et la terre a deux mouvements, l'un diurne autour de son axe, l'autre annuel dans une courbe nommée écliptique, dont le plan est incliné de 66° 32′ à l'axe constamment parallèle à lui-même, mais traçant par son extrémité sur la voûte céleste une courbe qui se réduit à un point pour l'œil, par suite de la distance à laquelle elle s'en trouve placée. Le soleil n'occupe pas le centre de l'écliptique, mais son foyer.

Une planche avec légende rend compte de ces trois systèmes, dont le dernier est seul l'expression de la vérité ; et puisque les astres paraissent aller de l'est à l'ouest, la terre roule donc réellement, dans l'espace, de l'ouest à l'est.

Figure 1.

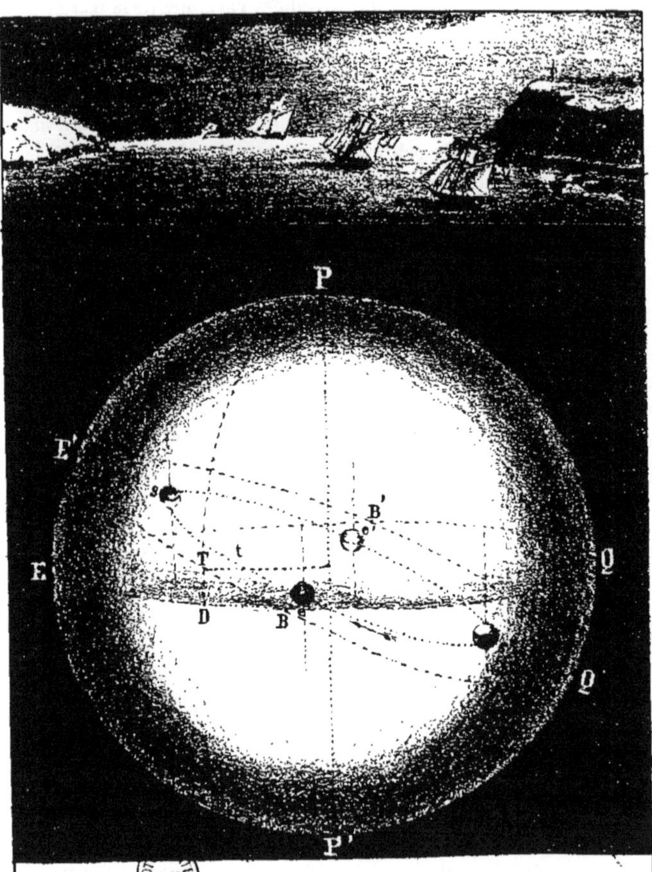

Système réel.

P P' axe du monde.	E'B Q' écliptique céleste.
s e s'e' écliptique.	T D déclinaison de la terre.
s,s points solsticiaux.	B D ascension droite.
e,e' points équinoxiaux.	B B' ligne des équinoxes.
P,P' pôles célestes.	E'Q' ligne des solstices.
E B Q équateur céleste.	

Systême apparent.

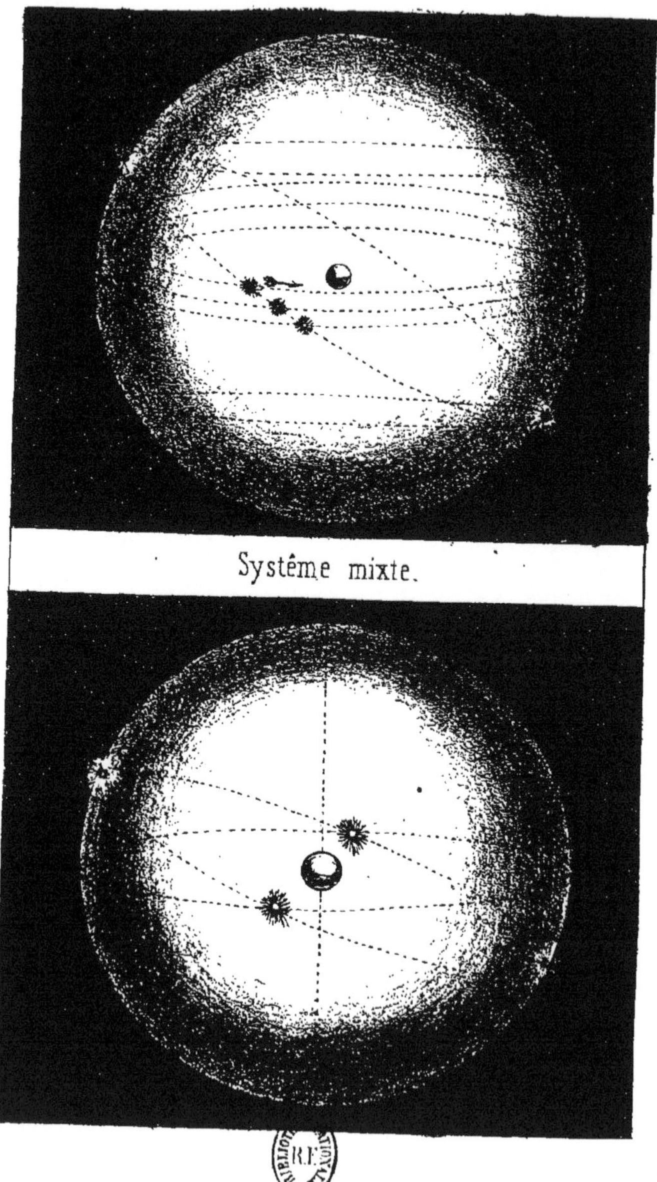

Systême mixte.

Inégalité des jours vrais. Le mouvement diurne de la terre en ascension droite n'est pas constant. En effet, représentons par B'a, ab, bc, cd, etc., des arcs supposés égaux, parcourus par la terre sur l'écliptique. Soient B'KB" l'équateur céleste, P le pôle : en projetant sur l'équateur les arcs d'écliptique, afin d'avoir les mouvements diurnes en ascension droite, représentés par les arcs B'A,

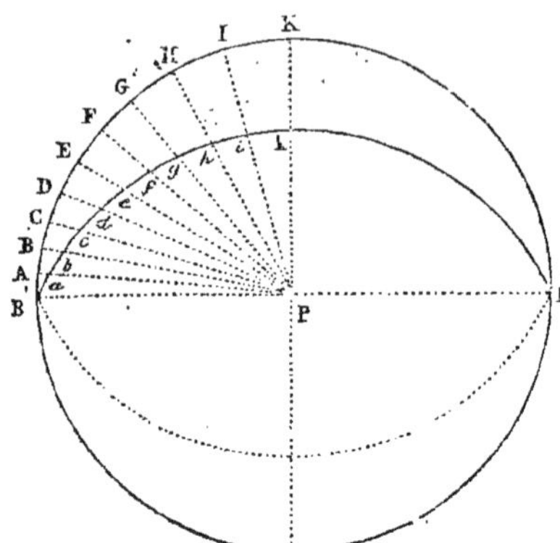

AB, BC, CD, etc., on s'aperçoit que celui B'A est plus petit que B'a, hypoténuse d'un triangle sphérique rectangle, tandis que IK est plus grand que ik, ce dernier étant presque parallèle à l'équateur, et s'en éloignant d'ailleurs d'environ 23° 28'.

Les mouvements diurnes en ascension droite augmenteraient donc depuis l'équinoxe jusqu'aux solstices, si les arcs parcourus sur l'écliptique étaient égaux, ce qui est peu éloigné de la vérité. Réduits en temps, ils donneront des résultats inégaux, qui, ajoutés au jour sidéral pour constituer les jours solaires, leur attribueront des durées inégales.

Cette inégalité provenant de deux causes, savoir, l'inclinaison de l'écliptique sur l'équateur, et de la position excentrique occupée par le soleil, disparaîtrait, si ces deux causes étaient enlevées. Or, comme il est indispensable que l'unité de temps soit constante, on a pour la former imaginé une terre fictive parcourant d'un mouvement uniforme l'équateur ayant le soleil au centre, ce qui revient à dire que la durée du jour solaire se compose de celle du jour sidéral, augmentée de 3 minutes 56 secondes, nombre qui s'obtient par la réduction en temps du quotient de la division de 360 degrés par 365 j. $\frac{1}{4}$: c'est ce qu'on nomme le jour moyen. On le divise en 24 parties égales nommées heures moyennes ; et par suite on dit que le jour sidéral se compose de 23 heures 56 minutes 4 secondes solaires. On convertit donc en temps les durées des révolutions terrestres, en observant que, puisque 360 degrés sont décrits en 24 heures, un degré l'est en $\frac{360}{24}$ ou 4^m, et, par suite, une minute de degré en 4 secondes de temps.

Le mouvement diurne moyen en ascension droite étant la moyenne des arcs tels BC, CD, DE, etc., est plus petit que le plus grand IK, plus grand que le plus petit B'A.

Il résulte de cette observation que la durée du jour moyen est plus grande que celle du jour vrai aux équinoxes, et plus petite aux solstices; et qu'entre un équinoxe et le solstice suivant, il y a un jour vrai, sensiblement égal au jour moyen.

Quoique la différence entre la durée du jour vrai et celle du jour moyen, quantité inconstante, soit toujours très-petite, entre une somme de jours vrais et celle de pareil nombre de jours moyens les différences accumulées peuvent former un temps notable. On nomme équation du temps la différence qui existe chaque jour entre le midi vrai et l'heure temps moyen au même instant.

Le temps moyen est tantôt en avance, tantôt en retard sur le temps vrai. L'équation du temps augmente tant que le jour moyen est de plus de durée que le jour vrai, et cet accroissement atteint son maximum lorsque le jour moyen est égal au jour vrai.

Quatre fois dans l'année l'équation du temps est nulle. C'est vers le milieu d'avril et de juin, dans les premiers jours de septembre et les derniers jours de décembre, pour notre époque.

La valeur maximum de l'équation du temps est d'environ 16 minutes 20 secondes.

L'année, qui devrait se composer de 365 jours$\frac{1}{4}$ solaires environ, n'en renferme que 365; le $\frac{1}{4}$ de jour négligé se retrouve en ajoutant un jour au mois de février de chaque quatrième année, prenant alors le nom de bissextile.

Mais cette addition d'un jour à chaque quatrième année étant trop grande parce que la partie négligée annuellement est moindre que $\frac{1}{4}$ de jour, on ne rend pas bissextile la première des années de chaque siècle, qui aurait dû l'être.

Le jour nommé civil a pour point de départ minuit, et les heures s'y partagent en deux groupes de 12 heures, les premières nommées du matin, les secondes du soir.

Le jour astronomique se compte de midi en midi, et les heures consécutivement de 1 à 24, sans désignations particulières.

Le jour sidéral commence au moment du passage du méridien par le point équinoxial du printemps.

On nomme temps civil une somme de jours civils, et temps astronomique une somme de jours astronomiques.

Le temps astronomique n'a commencé que 12 heures après le temps civil.

En conséquence, le 17 mai, 8 heures 45 minutes matin (temps civil), correspond au 16 mai, 20 heures 45 minutes (temps astronomique).

Le 17 juin (temps civil), 5 heures 42 minutes du soir, correspond au 17 juin, 5 heures 42 minutes (temps astronomique).

L'écliptique céleste a été divisée en 12 parties égales, qui tirent leurs noms des constellations qui y répondent :

Le Bélier, le Taureau, les Gémeaux, l'Écrevisse, le Lion, la Vierge, la Balance, le Scorpion, le Sagittaire, le Capricorne, le Verseau, les Poissons.

On nomme zodiaque une zone céleste ayant 9 degrés de largeur de part et d'autre de l'écliptique : elle renferme toutes les planètes connues des anciens.

On dit que le soleil entre dans un des douze signes du zodiaque lorsqu'il paraît dans cette constellation, qu'il accompagne dans sa rotation apparente autour de la terre.

Cela signifie que, pour un observateur placé dans le soleil, la terre correspond au signe opposé.

D'après l'hypothèse admise du parallélisme de l'axe, et par conséquent de la fixité de l'équateur céleste, les ascensions droites et déclinaisons des étoiles devraient demeurer constantes ; et cependant ces éléments varient d'une quantité appréciable dans la durée d'une année.

D'anciens zodiaques placent le soleil dans le signe du Bélier, lors de l'équinoxe de printemps, ce qui n'est plus de nos jours.

Il doit donc exister d'autres mouvements moins sensibles que ceux déjà analysés, et qui, par cette raison, ont échappé plus longtemps aux investigations de l'homme.

La terre, en tournant autour du soleil dans l'écliptique immuable de grandeur et de position, doit ressentir une attraction plus considérable à l'équateur qu'au pôle, à raison de sa forme aplatie.

Cette cause doit modifier chaque jour la direction de l'axe terrestre.

Ainsi, lorsque l'année est accomplie, la terre se retrouve au même point de l'écliptique; mais son axe ne se superpose pas à sa position ancienne, avec laquelle il fait un angle de 50 secondes environ.

L'équateur a dû suivre le mouvement de l'axe, et par suite les points équinoxiaux marcher de 50 secondes sur l'écliptique. Ce mouvement, qui a lieu de l'est à l'ouest, se nomme précession des équinoxes.

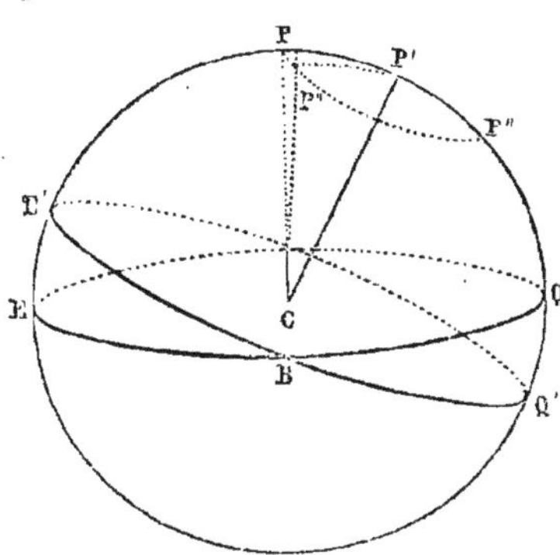

Ainsi E'Q' représentant l'écliptique céleste immuable, CP' son axe, P' son pôle, EQ la position de l'équateur céleste au commencement d'une année, CP son axe, P son pôle, au commencement de l'année suivante l'axe de l'équateur aura pris la position CP'', formant avec CP un angle de 50 secondes environ, mesuré par l'arc PP''.

L'inclinaison de l'écliptique sur l'équateur étant restée la même, les angles PCP', P''CP' sont toujours restés de 23 degrés 28 minutes. Donc le point P' est le pôle de l'arc PP''.

L'extrémité de l'axe du monde décrit donc une circonférence autour du pôle de l'écliptique, dans un nombre d'années exprimé par le quotient de 360 degrés par 50 secondes, ou 25867 ans.

Les points équinoxiaux doivent suivre le même mouvement; chacun d'eux parcourt l'écliptique en 25867 ans, en sorte que les points équinoxiaux prendront la place des solsticiaux, et réciproquement.

Il est donc facile de conclure de là que le point équinoxial se déplace d'un signe ou 30 degrés en 2155 ans.

On voit aussi pourquoi, les points équinoxiaux se déplaçant en présence des étoiles immobiles, les ascensions droites et déclinaisons de ces astres doivent se modifier continuellement, dans des limites d'ailleurs fort restreintes.

Le pôle est aujourd'hui à 1 degré 30 minutes de l'étoile nommée polaire. Cette étoile étant fixe, et placée à peu près sur la circonférence PP″P‴ que décrit le pôle terrestre autour de P′, sa distance au pôle se modifie annuellement ; elle deviendra en mininum de 30 minutes environ, puis, après un grand nombre d'années, aura pris une valeur telle, que cet astre perdra le nom de polaire.

Il a été admis, dans l'explication précédente, que l'inclinaison 23 degrés 28 minutes demeurait constante. Mais il n'en est point ainsi. Elle se modifie légèrement chaque année par suite de l'attraction lunaire, et revient à la valeur 23 degrés 28 minutes au bout de 19 années, laps de temps nécessaire à la lune pour revenir à la même date dans la même position à l'égard de la terre ou du soleil. Le pôle du monde décrit donc finalement autour du pôle de l'écliptique une courbe légèrement sinueuse.

Combien n'a-t-il pas fallu de siècles, aux hommes d'intelligence et souvent de génie, pour parvenir à lever ce coin du voile qui cache les lois auxquelles obéit l'univers !

En songeant que tant d'efforts réunis n'ont pu conduire qu'à la découverte de quelques-uns des faits relatifs à notre planète microscopique, l'esprit s'abîme dans la sublime contemplation de l'ouvrage du Créateur.

DE LA LUNE.

La lune est un corps opaque recevant la lumière du soleil, et la réfléchissant.

Son diamètre est de 347 myriamètres $\frac{1}{2}$; son volume, la quarante-neuvième partie de celui de la terre, et sa masse cent fois moins grande.

Il en résulte que l'attraction qu'elle exerce sur notre globe n'est que la centième partie de celle qu'elle en reçoit.

Sa distance moyenne à la terre est de 38,196 myriamètres environ, ou 60 rayons terrestres.

Observée avec l'instrument nommé micromètre, qui sert à mesurer les petites distances angulaires, on voit le demi-diamètre changer dans un assez court espace de temps. La distance de la lune à la terre se modifie donc incessamment.

La lune ne reste pas un instant dans la même position à l'égard des étoiles, ce qui annonce qu'elle jouit d'un mouvement propre, tantôt passant entre le soleil et la terre, tantôt les laissant d'un même côté. Elle semble donc tourner autour de la terre.

Mais cette dernière circulant elle-même autour du soleil, on ne peut satisfaire à ce double mouvement qu'en admettant que la lune décrit autour du soleil une courbe à double courbure, ainsi que l'indique cette figure :

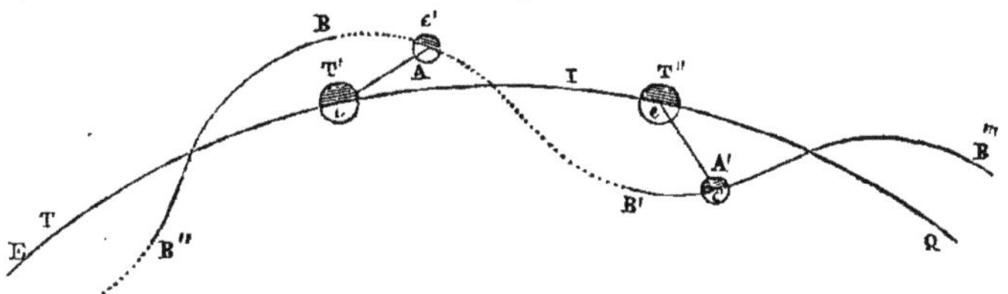

EIQ est un arc d'écliptique ; B″BB′B‴ une partie de l'orbite lunaire. En la parcourant, la lune occupe, par rapport à la terre, toutes les positions successives.

L'arc lunaire de B″ en B est au-dessus du plan de l'écliptique, de B en B′ au-dessous. Les points B″BB′ se nomment nœuds de la lune. Ce sont les points où son orbite perce le plan de l'écliptique ; et le temps que la lune met à parcourir l'arc B″BB′ se nomme mois lunaire ou lunaison. La terre a, dans ce temps, parcouru un arc analogue TT′T″.

Lorsque la lune est à ses nœuds B″, B′, c'est la partie non éclairée de son disque qui est tournée vers la terre : ce sont deux nouvelles lunes. Lorsque cet astre arrive à son nœud B, il tourne vers la terre sa partie éclairée, c'est la pleine lune ; dans le passage de B″ en B, la lune n'a pu passer de nouvelle à pleine qu'en se présentant sous la forme d'un croissant s'élargissant progressivement ; de B en B′ il se reforme en se rétrécissant progressivement.

On voit qu'à l'époque des nœuds seulement, les centres des trois astres, soleil, terre, lune, se trouvent dans le plan de l'écliptique. Nous ferons plus tard usage de cette remarque.

Après douze révolutions, telles que B″BB′ autour de la terre, la révolution autour du soleil n'est point achevée ; il s'en manque de onze jours environ. Ainsi, le dernier nœud de la douzième révolution est de onze jours en retard sur le point B″. Ce fait explique pourquoi les phases de la lune ne se renouvellent pas tous les ans aux mêmes dates. Les nœuds d'une année ne se confondent pas avec ceux de la précédente, et il faut 19 ans pour que l'orbite reprenne sensiblement les mêmes nœuds et la même position.

Cette période remarquable a reçu le nom de cycle d'or.

Des taches de formes bien déterminées, et qui, vues au télescope, ont l'apparence d'immenses vallées entourées de montagnes qui y projettent leur ombre, s'aperçoivent sur le disque lunaire dans des positions invariables. Cette observation prouve que la terre ne voit jamais qu'un des hémisphères de la lune, et que l'autre lui est inconnu. On ne peut expliquer cette apparence qu'en admettant que la lune tourne autour d'un axe, dans le même temps qu'elle met à accomplir sa révolution apparente autour de la terre, ou pour aller du nœud B″ au nœud B′.

Cela revient à supposer qu'une droite cA tourne autour de la courbe EIQ, le long de laquelle glisse son extrémité c; et qu'à son autre extrémité e' la lune est fixée d'une manière invariable, la longueur ce' se modifiant. Cette variation de distance de la lune à la terre provient des différences d'attraction que fait éprouver le soleil, dont elle est plus loin lors de la pleine lune que de la nouvelle.

La figure fait voir que le point A, qui était tourné vers le soleil, étant venu à l'opposé en A′, a réellement accompli une demi-révolution.

La droite ce' perçant toujours la surface lunaire au même point, la terre doit apparaître à l'habitant lunaire comme une lune fixe de très-grand volume, ayant ses phases dans une période de 14 jours environ ; seulement la terre sera pleine lorsque la lune était nouvelle, et réciproquement.

Celui qui habite l'hémisphère inconnu de la lune doit entreprendre un voyage s'il veut voir la terre.

Enfin, un point du disque lunaire doit avoir son jour de 14 fois 24 heures, et sa nuit aussi, ce qui produit, pendant cette dernière période, un froid très-intense.

Pour suivre les divers phénomènes que la lune présente dans son cours, il sera plus simple d'étudier son mouvement dans le système où l'on admet que le soleil parcourt l'écliptique. Alors elle décrira autour de la terre, dont l'axe est immobile, une ellipse ayant pour excentricité 2102 myriamètres.

Le point de l'orbite le plus rapproché de la terre se nomme périgée, et le plus éloigné apogée, la différence de distance de l'apogée au périgée étant de 4204 myriamètres, double de l'excentricité.

Pour connaître la durée de sa révolution autour de la terre, dont l'axe est supposé fixe, il suffirait de constater le temps qui s'écoule entre deux passages du méridien simultanément par une étoile et le centre de la lune.

On trouve ainsi 27 jours 7 heures 43 minutes 4 secondes.

Mais la terre ne s'est pas bornée à tourner autour de son axe; elle a avancé dans l'espace d'un arc TT'. La révolution lunaire n'est donc point encore complète, et il faut, pour qu'elle soit achevée, que le plan du méridien, pour revenir parallèle à sa position de départ, parcoure encore une distance angulaire qui est de 7 secondes.

On dit en conséquence que la durée de la révolution lunaire s'obtient en ajoutant 7 secondes au temps qui s'écoule entre deux passages simultanés du centre de la lune et d'une étoile dans le plan du méridien. Elle est de 27 jours 7 heures 43 minutes 11 secondes, et nommée sidérale.

La lune accomplissant dans ce temps une révolution équivalente à 360°, parcourra dans un jour un arc de 13° 10′ 35″, et, dans une heure, 32′ 56″,5.

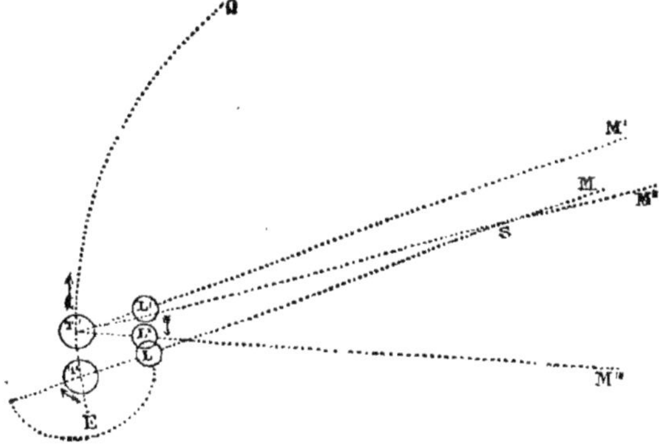

Pour constater le temps qui s'écoule entre deux passages consécutifs de la lune au méridien, on observe que, si un certain jour son centre est dans le plan du méridien à midi après le jour sidéral accompli, la terre aura son centre en T' lorsque le méridien sera revenu parallèle à sa position de la veille.

La terre ayant encore tourné de la distance angulaire mesurée par TT', égale à 59' 8", le jour solaire sera accompli, et le plan du méridien repassera par le soleil. Il rencontrerait de nouveau la lune, si cette planète n'avait pas de mouvement propre; mais elle a dû avancer de 13° 10' 35", et il faudra par suite un nouveau mouvement de rotation du méridien, représenté par l'angle ST'L", ayant pour mesure (13° 10' 35") — (59' 8"), ou M'T'M''' — M'T'M'. Le résultat est donc de 12° 11' 27", ou en temps 48^m 43^s. Mais comme on doit tenir compte du nouvel arc que pendant ce temps la lune aura parcouru, il en résulte 50^m 28^s, qui, ajoutés à 24^h, composent la durée du jour lunaire, ou le temps qui s'écoule entre deux passages consécutifs du centre de la lune dans le plan d'un méridien.

Cette quantité, 50^m 28^s, dont l'heure du passage de la lune au méridien retarde chaque jour, a été trouvée en attribuant à la lune une vitesse uniforme. Comme il n'en est point ainsi, on ne doit regarder le résultat précédent que comme une moyenne, suffisante d'ailleurs pour l'emploi qu'on en fera plus tard.

La vitesse de la lune est maximum lors de la conjonction ou nouvelle lune, et minimum lors de l'opposition ou pleine lune.

On a trouvé précédemment la durée de la révolution sidérale de la lune; mais, de même qu'après avoir eu le jour sidéral on a préféré le jour solaire, de même aussi on cherche le temps qui s'écoule entre deux passages simultanés des centres de la lune et du soleil dans le plan du méridien.

Il doit être égal : 1° à 27^j 7^h 43^m 11^s;

          2° à 2^j 1^h 2^m 50^s, temps qu'il faut à la lune pour parcourir un arc égal à celui qu'a décrit la terre en 27^j 7^h 34^m 11^s;

          3° à » 3^h 35^m 27^s, temps que met de nouveau la lune pour parcourir un arc égal à celui décrit par la terre dans le temps précédent.

Continuant ce calcul tant qu'il donnera des secondes, et sommant, on obtient 29 jours 12 heures 44 minutes 3 secondes.

Cette période se nomme révolution synodique, mois lunaire ou lunaison. On voit que 12 de ces lunaisons diffèrent de l'année de 10 jours 21 heures environ.

Phases et mouvements des nœuds, dans l'hypothèse de la fixité de l'axe terrestre (système apparent).

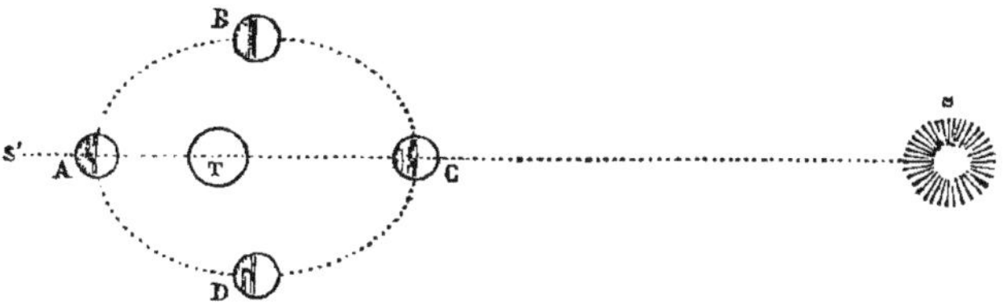

Soient T la terre, S le soleil, SS' le plan du méridien, ABCD l'orbite lunaire.

Lorsque la lune est en C, on dit qu'il y a nouvelle lune ou conjonction. L'astre tourne vers la terre son hémisphère obscur. Il est alors invisible, et passe au méridien en même temps que le soleil, mais non devant lui nécessairement, le plan de l'orbite lunaire ne se confondant pas avec celui de l'écliptique, et formant avec lui un dièdre d'environ 5 degrés.

Lorsque la lune est arrivée en D, la terre aperçoit la moitié de l'hémisphère éclairé; c'est le premier quartier.

Le soleil tournant, dans ce système, en même temps que la lune, s'en trouve dans ce cas à 90 degrés. La lune passe donc au méridien lors du coucher du soleil aux équinoxes, et nous éclaire pendant la première moitié de la nuit.

Du 14ᵉ au 15ᵉ jour, la lune se trouve en A ; elle est alors pleine ou en opposition. Étant à 180 degrés du soleil, elle se lève aux environs de son coucher, et tourne toute la nuit vers la terre son hémisphère éclairé.

Arrivée en B à 270 degrés du soleil, c'est le dernier quartier. Elle se lève vers minuit.

En passant de C en D dans l'espace de 7 jours environ, la partie éclairée présente un croissant étroit dont les cornes sont tournées à l'opposé du soleil, et qui s'élargit de plus en plus jusqu'à devenir

égal à un demi-cercle. De D en A le cercle se complète ; de A
pour revenir en C, les mêmes apparences que celles produites en
A se renouvellent.

Le plan de l'orbite lunaire coupe celui de l'écliptique suivant
une droite qu'on nomme ligne des nœuds ; elle passe par le centre
de la terre.

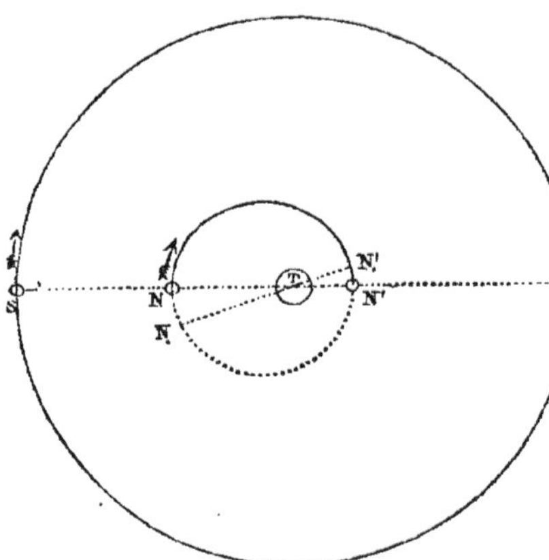

Les points où l'orbite
lunaire perce le plan
de l'écliptique se nom-
ment nœuds : ce sont
les points N,N'.

La droite NN' se dé-
place à chaque lunai-
son, et au bout d'une
année elle prend la po-
sition N,N,', formant
avec NN' un angle de
19 degrés 20 minutes
environ. Ce déplace-
ment est connu sous le
nom de rétrogradation
des nœuds par suite du sens dans lequel il s'opère, et qu'indique
la figure.

L'axe de la lune fait, avec le plan de l'écliptique, un angle de
88 degrés. Cette inclinaison produit sur les taches de la lune un
phénomène d'oscillation de haut en bas, qui permet de voir tantôt
un des pôles de la lune, tantôt l'autre. Ce phénomène est connu
sous le nom de libration en latitude.

La lune est dépourvue d'atmosphère, et par suite ne peut renfermer de liquide qui s'évaporerait instantanément, de même
qu'on voit l'eau d'un récipient disparaître lorsqu'on enlève l'air
de la cloche qui le recouvre. Elle possède enfin, dans l'hémisphère
observé, des montagnes quatre fois plus élevées que les plus hautes
de notre globe.

Éclipses.

Les eclipses proviennent, soit du passage de la lune entre la terre
et le soleil, soit de celui de la terre entre
le soleil et la lune. Les centres de la terre
et du soleil étant constamment dans le
plan de l'écliptique, il faut, pour qu'une
éclipse s'accomplisse, que le centre de la
lune soit dans ce plan, ou s'en éloigne
peu ; ce qui n'a lieu qu'aux nœuds, c'est-
à-dire lors de la conjonction et de l'opposition.

A la nouvelle lune, on observe l'éclipse
de soleil, si la terre est rendue à un point
convenable de son orbite. Le retour du
même accord de position ayant lieu après
une période de 233 lunaisons, les éclipses
se renouvellent après ce laps de temps,
plusieurs pouvant être observées dans le
cours d'une année, qui comprend douze
nouvelles lunes.

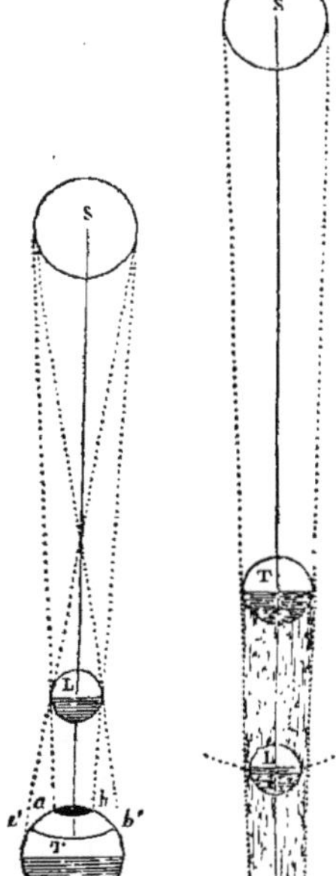

L'éclipse de lune, qui a toujours lieu
lors de l'opposition, est due à l'immersion
du satellite dans le cône d'ombre que la
terre traîne après elle, et dont l'axe est
dans le plan de l'écliptique. Cette figure représente les particula-
rités de l'éclipse de soleil. Les habitants de la zone ab ont l'éclipse
totale ; ceux qui habitent de ab en $a'b'$ l'ont partielle, et enfin, au
delà de $a'b'$, elle est invisible.

Lors de l'éclipse de soleil, la lune pénètre dans le cône de rayons
solaires ayant pour base la terre ; et dans l'éclipse de lune, la terre
entre dans le cône ayant pour base la lune.

L'angle au sommet du premier de ces cônes étant plus grand
que l'angle au sommet du second, il y a dans un même espace de
temps plus de chances de productions d'éclipse de soleil que de
lune.

Des marées.

On nomme marées les fluctuations périodiques et régulières des eaux de l'Océan, qui s'élèvent et s'abaissent alternativement.

Le retour du phénomène de la haute mer a lieu deux fois, non dans un jour, mais dans 24 heures 50 minutes 30 secondes, temps approximatif qui s'écoule entre deux passages consécutifs de la lune au méridien. Il est hors de doute, par conséquent, que la lune ne soit, sinon le seul, au moins le principal agent.

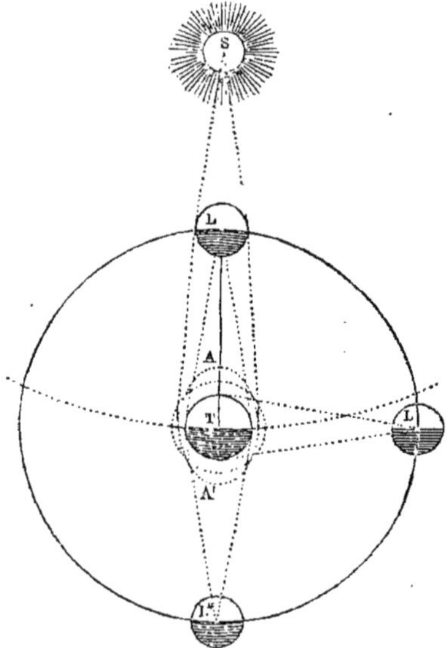

Lorsque la lune passe dans la partie supérieure du méridien, elle exerce son action attractive sur tous les points de la surface de la terre, mais plus énergiquement sur ceux qui lui sont soumis immédiatement, puisque les attractions varient en raison inverse des carrés des distances. Les parties solides résistent, celles liquides sont soulevées au-dessus de leur niveau naturel, et cette action se propageant, élève les eaux en **A**.

Le même effet se reproduit en A'. Le centre de la terre, subissant une attraction plus considérable que les points de sa surface, s'en éloigne pour ainsi dire, et, par suite, les eaux prennent la forme d'un sphéroïde dont le grand axe passe par les centres des deux planètes.

Le phénomène se renouvelle deux fois par jour en un même lieu, en vertu du mouvement de rotation de la terre.

Ce qu'on vient de dire de l'action de la lune s'applique aussi au soleil, qui produit des marées plus faibles que les précédentes, par suite de la diminution d'attraction provenant de la grande distance de l'astre.

Les marées lunaires et solaires se combinent entre elles pour former la marée totale : elle est donc maximum lors des syzygies, et minimum à l'époque des quadratures.

Les marées sont d'ailleurs d'autant plus fortes dans un lieu, que les eaux y ont plus de profondeur et d'étendue. Aussi sont-elles peu sensibles dans la Méditerranée.

Elles ne se produisent pas à l'instant même du passage de la lune au méridien, l'action de soulèvement qui se développe de proche en proche, et non instantanément, employant un certain temps à se manifester. A Saint-Malo, la marée arrive six heures après le passage au méridien ; et au cap de Bonne-Espérance, une heure trois quarts seulement après cet instant.

L'heure de la pleine mer, le jour de la syzygie se nomme établissement du port.

On a pour le Havre 9 heures 26 minutes, et pour Honfleur 10 heures 30 minutes. Cette différence pour des lieux si voisins tient à des causes locales, qui ont une grande influence sur l'heure de la marée et sa hauteur.

DES PLANÈTES.

Les planètes sont des corps opaques qui circulent comme la terre autour du soleil, dans des orbites inclinées à l'écliptique. L'œil les distingue des étoiles par la nature de leur lumière uniforme et tranquille, alors que celle des étoiles est tremblante et scintillante.

Leurs distances relatives, et leurs positions à l'égard des étoiles, changent par suite de leurs mouvements propres.

Cinq d'entre elles étaient connues des anciens, savoir : Mercure, Vénus, Mars, Jupiter, et Saturne. Il y en a cinq autres invisibles à l'œil, et dont la plus importante est Uranus.

Elles ont des phases comme la lune, mais on ne les observe que pour Mercure et Vénus ; celles des autres sont insensibles, par suite de leur grande distance au soleil.

Mercure.

Cette planète se présente sous l'apparence d'une étoile de moyenne grandeur. Elle se montre à l'horizon le matin, un peu avant le lever du soleil ; et le soir, un peu après son coucher. Presque toujours engagée dans ses rayons, elle est difficile à observer sans instruments.

Quelquefois elle passe devant le soleil, et y produit une tache noire ; d'autres fois elle passe derrière. Elle tourne donc autour de cet astre, et accomplit ce mouvement en 88 jours, dans une orbite dont le plan est incliné de 7 degrés environ sur celui de l'écliptique.

Sa distance moyenne au soleil est de 5,922,600 myriamètres. Son diamètre est de 508 myriamètres, et son volume dix fois moindre que celui de la terre. Le retour de certaines taches dans la même position, après 24 heures, prouve qu'elle emploie ce temps pour accomplir une rotation autour de son axe.

Décrivant son orbite entre la terre et le soleil, elle prend par ce motif le nom de planète inférieure.

Vénus.

Cette planète, dont la lumière est d'une grande vivacité, se nomme vulgairement étoile du matin lorsqu'elle précède le lever du soleil, étoile du berger lorsqu'elle brille après son coucher.

D'un diamètre à peu près égal à celui de la terre, elle tourne autour d'un axe en 23 heures, et autour du soleil, dont elle est distante de 11,066,973 myriamètres, en 225 jours.

Elle est, par la même raison que la précédente, nommée planète inférieure. La chaleur et la lumière y sont une fois plus intenses que sur la terre.

La plus grande durée de son apparition, le matin ou le soir, est de 4 heures au plus.

Mars.

Cette planète, de couleur rougeâtre, ne passe jamais entre la terre et le soleil.

Elle tourne autour d'un axe en 24 heures $\frac{1}{2}$, et en 687 jours autour du soleil, dont elle est distante de 23,312,492 myriamètres.

Son diamètre est de 659 myriamètres.

Il y a peu de chose à dire sur les quatre télescopiques Vesta, Junon, Cérès, Pallas.

Les dimensions de Pallas sont presque égales à celles de la lune; les trois autres sont beaucoup plus petites.

D'après certains astronomes, elles devraient être considérées comme les débris d'une même planète. D'après d'autres, cette opinion est peu admissible, deux des fragments ayant une atmosphère, que les deux autres ne possèdent pas.

Jupiter.

Cette planète se montre à nous sous l'aspect d'une belle étoile se levant au moment du coucher du soleil.

Son diamètre est de 13,831 myriamètres, onze fois plus grand environ que celui de la terre. Elle tourne autour de son axe en 10 heures, et accomplit sa révolution autour du soleil en 4,332 jours.

Son équateur étant sensiblement dans le plan de l'écliptique pendant son jour de 10 heures, la durée de la présence du soleil est sensiblement constante.

Sa distance au soleil est de 79,502,473 myriamètres, ou cinq fois plus grande environ que celle de la terre; ce qui fait que la chaleur et la lumière doivent y avoir une intensité 27 fois moindres que sur notre globe.

Elle est accompagnée de quatre satellites ou lunes qui s'éclipsent en passant dans le cylindre d'ombre qu'elle traîne après elle.

Ces lunes tournent dans le même sens que tous les astres.

Traversée par des bandes obscures faciles à constater avec une bonne lunette, elle doit son grand éclat à l'atmosphère qui l'environne, et réfléchit vivement la lumière.

Saturne.

Cette planète, dont le diamètre est de 12,737 myriamètres, tourne autour de son axe en 10 heures $\frac{1}{2}$, et en 10,759 jours autour du soleil, dont elle est distante de 145,943,427 myriamètres.

Aussi la chaleur et la lumière doivent y être 90 fois moindres que sur la terre.

Accompagné de sept satellites, Saturne est en outre entouré d'un vaste anneau formé de deux autres étroits, plats et concentriques.

L'anneau situé dans le plan de l'équateur de la planète est incliné de 23 degrés 28 minutes sur l'écliptique, et tourne en même temps que la planète et dans le même sens. La plus grande ouverture de l'anneau est donc de 23 degrés 28 minutes pour la terre, qui passe dans son plan tous les quinze ans environ.

Il se présente alors sur son tranchant, et paraît comme un filet lumineux traversant la planète, sur la surface de laquelle il projette son ombre.

Cet anneau doit offrir aux habitants de Saturne le spectacle d'un arc partageant le ciel en deux bandes, et conservant toujours à l'égard des étoiles la même position.

Uranus.

Cette planète, découverte par Herschell dont elle a longtemps porté le nom, est à 293,490,567 myriamètres du soleil, distance 19 fois plus grande que celle de la terre au même astre.

Ainsi la chaleur et la lumière versées par le soleil doivent y être environ 300 fois moindres que sur notre globe.

Quoique son diamètre soit de 5,525 myriamètres, son éloignement lui donne l'apparence d'une très-petite étoile.

Cette planète est accompagnée de satellites, dont deux bien constatés circulent de l'orient à l'occident, dans un plan presque perpendiculaire à l'écliptique.

Ces deux lois, directement contraires à celles suivies par les autres satellites, annoncent, soit le voisinage d'une cause perturbatrice puissante, soit la limite de notre système planétaire.

Grandeurs comparatives de la Terre, d'Uranus, de Saturne, de Jupiter, et du Soleil.

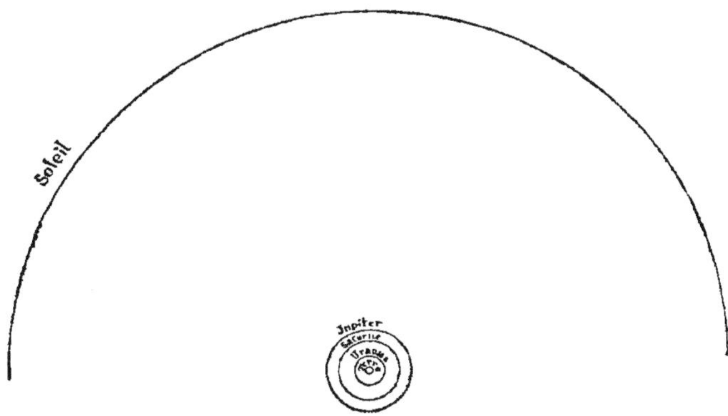

Comètes.

La comète ou astre chevelu se compose ordinairement d'un noyau terminé d'une manière indécise, et accompagné d'une traînée diffuse, nommée queue.

La chevelure, dirigée à l'opposé du soleil, embrasse quelquefois un arc immense, s'élargit en s'éloignant de la tête, et se courbe vers la partie de l'orbite que l'astre vient de décrire.

On sait peu de chose sur la constitution intime de ces corps, en admettant même qu'on puisse leur donner ce nom.

Leurs mouvements comparés présentent de grandes irrégularités; ils ont lieu dans toutes les directions, et dans des plans qui ont avec l'écliptique des inclinaisons diverses.

Cependant, chacune d'elles en particulier semble décrire une ellipse de très-grande excentricité, dont le soleil serait le foyer commun.

Lorsqu'une comète apparaît, elle présente l'aspect d'une nébulosité avec queue peu sensible.

En s'approchant du soleil, le mouvement s'accélère, la queue se développe rapidement et semble se diviser en deux branches, après avoir dépassé le soleil. Elle atteint alors son plus grand éclat, et la queue sa longueur maximum.

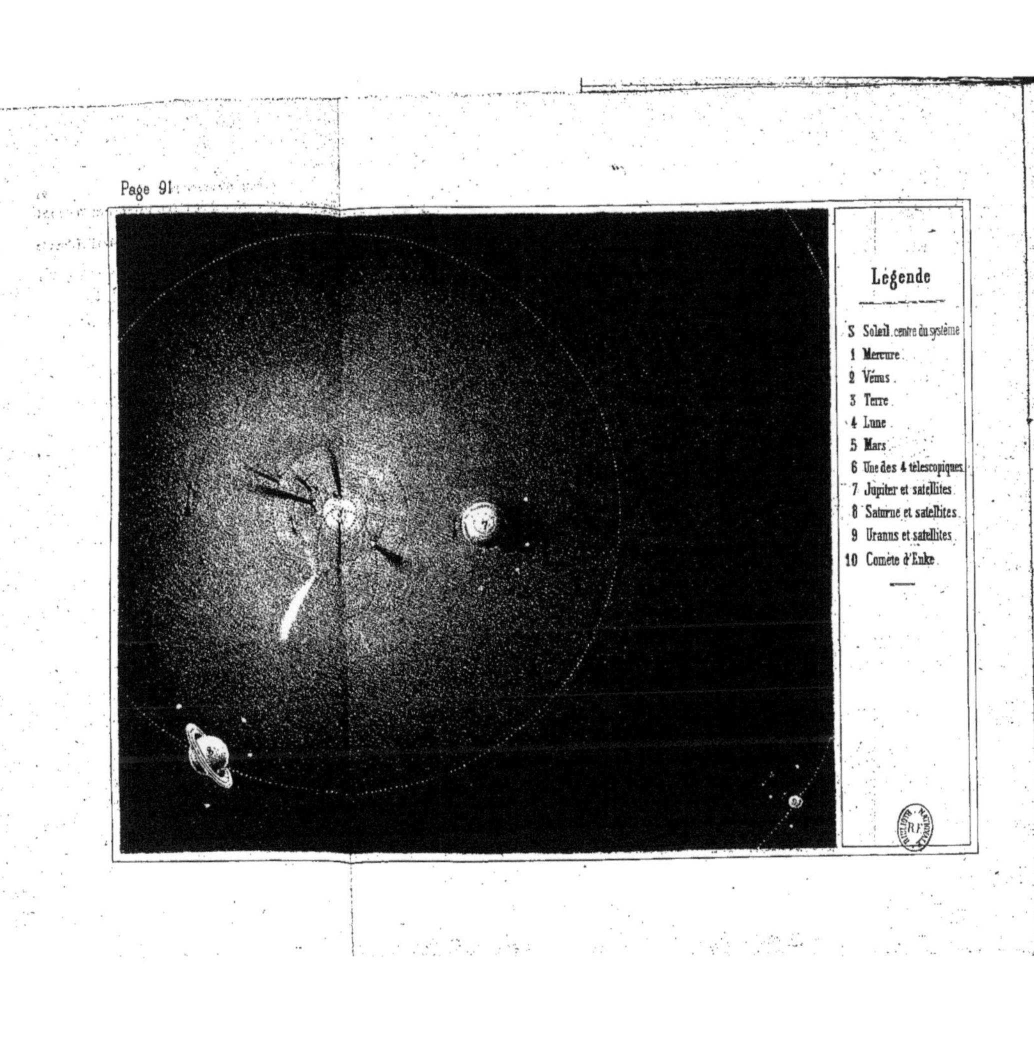

Légende
S Soleil, centre du système
1 Mercure
2 Vénus
3 Terre
4 Lune
5 Mars
6 Une des 4 télescopiques
7 Jupiter et satellites
8 Saturne et satellites
9 Uranus et satellites
10 Comète d'Enke

Le nombre des comètes déjà observées est d'environ 700 ; 125 d'entre elles ont eu leurs orbites calculées.

Les comètes périodiques, au nombre de trois, sont celles dont le retour a été constaté.

La première, celle de Halley, a pour période 75 ou 76 ans. Elle parut la dernière fois en 1835.

La comète d'Encke fait son retour après 1207 jours.

Celle de Biella fait sa révolution en 6 ans $\frac{3}{4}$; elle passa, en 1832, un mois après la terre, au même point de l'espace.

On a cherché, dans la figure 4, à représenter l'ensemble des mouvements des planètes, en conservant les relations de grandeur et de distance, le soleil excepté, réduit à un point.

———

Les principales figures d'astronomie existent à l'école du Havre ; elles sont exécutées sur toile à une grande échelle.

NAVIGATION

PAR ESTIME.

L'astronomie nautique a pour but principal d'assigner le point
de la surface du globe auquel répond le navire à un moment donné.
Elle y parvient au moyen de la détermination des coordonnées
nommées latitude et longitude.

Les observations ne se distinguent de celles faites à terre, dans
les mêmes circonstances, que par la nature de l'instrument dont
le navigateur doit se servir, à cause de la mobilité du pont du
navire.

Les calculs ne tendent pas vers une exactitude aussi grande que
ceux effectués dans un observatoire.

Pourvu que les approximations soient suffisantes pour rendre
l'erreur sans danger, le marin s'en contente.

Il commence par se procurer une solution grossière nommée estime, et, à l'aide d'observations subséquentes, il la corrige alors de
manière à lui donner la rigueur nécessaire.

Obligé de traiter ce sujet en l'absence de toute analyse algébrique, de laquelle le problème dépend essentiellement, on s'adres-
sera à la géométrie ; et c'est en interrogeant la figure qu'on lui de-
mandera la marche à suivre en toute circonstance, proscrivant
surtout les recettes déguisées sous le nom de règles, que la pratique
de la mer donnera au capitaine, mais qu'il doit trouver, et non apprendre.

Connaître la direction suivie, la longueur du chemin parcouru,
et la position du point de départ, tels sont les éléments du problème
à résoudre pour fixer le point où l'on est rendu, lorsqu'on veut se
contenter des ressources d'ici-bas, et ne pas demander aux astres la
solution.

La détermination de l'angle constant sous lequel la route croise tous les méridiens, lorsque le navire converge vers un point fixe de l'horizon, assignera la direction.

Si l'aiguille de la boussole se dirigeait vers le vrai nord du monde, il suffirait d'observer l'angle formé par cette ligne et celle parallèle à la quille, représentée par la ligne de foi.

Pour s'assurer que la ligne de foi est parallèle à la quille, il faut relever les deux bossoirs, et voir si les angles comptés bâbord et tribord sont égaux; à défaut des bossoirs, qui dans tous les navires ne sont pas visibles de la place occupée à l'arrière par le compas, on relèvera le premier hauban de chaque bord. C'est une vérification que l'on néglige trop dans la marine marchande.

Mais l'aiguille donnant seulement la direction du méridien magnétique, c'est en combinant l'observation faite avec l'angle nommé variation qu'on peut obtenir le véritable angle de route.

Il faut donc analyser d'abord les moyens employés dans l'observation du premier de ces deux angles, et ensuite les règles à suivre pour le corriger de la variation.

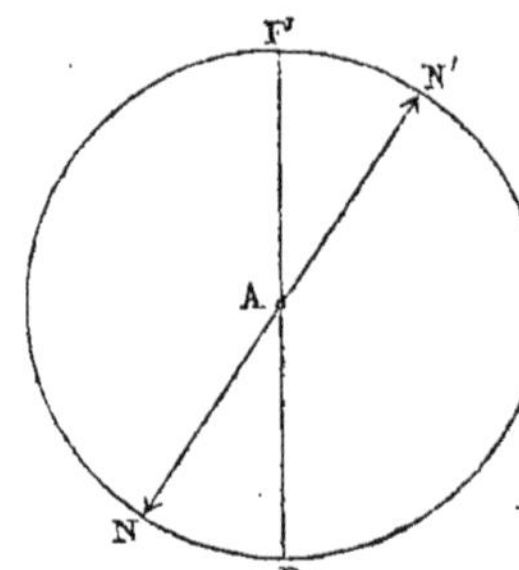

FF′ étant la ligne de foi, et NN′ l'aiguille, il suffirait de lire l'arc variable F′N′ pour se procurer la route au compas.

Pour faciliter la lecture des degrés de cet arc, on a divisé la circonférence du disque que porte l'aiguille en quatre arcs égaux ou quadrants, dont les extrémités portent les noms de nord, sud, est, ouest, ou points cardinaux.

Les points milieux de ces quadrants reçoivent des désignations composées des noms des points cardinaux entre lesquels ils sont placés, les mots nord et sud étant toujours en tête. Ainsi, le nord-ouest est à demi-distance du nord à l'ouest. Ces arcs nouveaux portent le nom d'octants.

Les points milieux de ces nouveaux arcs portent eux-mêmes des noms composés de ceux de leurs extrémités, en énonçant toujours le point cardinal le premier. Ainsi, le sud-sud-est est le point milieu de l'arc qui va du sud au sud-est.

La circonférence est ainsi partagée en 16 parties égales, de 22 degrés 30 minutes chacune.

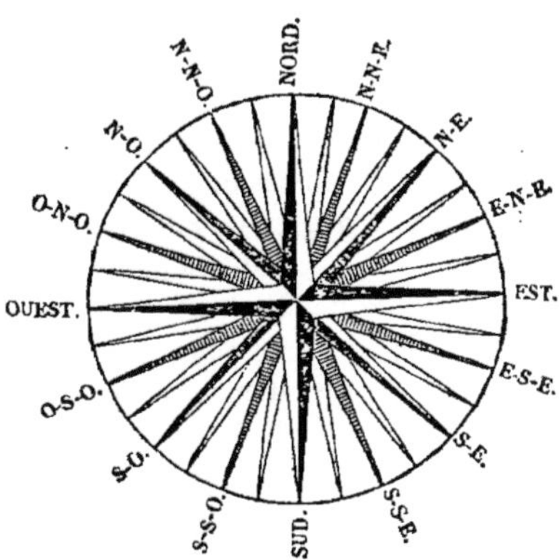

Les points milieux de ces divisions fournissent des arcs nouveaux de 11 degrés 15 minutes, nommés quarts, dont les noms se forment de ceux des extrémités de l'octant auquel ils appartiennent, en les séparant par le mot quart, et commençant par le nom de l'octant le plus rapproché.

Ainsi, la division située entre le sud et le sud-sud-est se nomme sud $\frac{1}{4}$ sud-est, parce qu'elle est entre le sud et le sud-est, d'un quart en partant du sud au sud-est.

Les rayons de ces trente-deux points de divisions se nomment rumbs de vent; et l'énonciation, ainsi que la lecture des angles de route, devient plus facile en groupant ainsi les degrés en collections de 11 degrés 15 minutes, sous le nom de quarts d'octant, employés comme unités angulaires du second ordre.

Au lieu donc de dire que la route au compas est de 33 degrés 45 minutes du nord vers l'ouest, on dit qu'on a fait trois quarts du nord à l'ouest, ou qu'on a couru le nord-ouest $\frac{1}{4}$ nord.

Il est bon de remarquer que les mots nord et sud, est et ouest, remplissent en astronomie l'office des signes $+$ et $-$; en algèbre ils indiquent par leur opposition un changement de sens.

Soient donc FF′ la ligne de foi, N′S′ l'aiguille, FAN′ l'angle de route au compas de 35 degrés 45 minutes, ou l'aire de vent suivie le nord-ouest ¼ nord, on doit compter cet angle à partir du méridien vrai, dont il faut, par suite, trouver la position sur la figure.

La variation est-elle de 11 degrés 15 minutes nord-est?

Cela veut dire que l'aiguille est entre le nord et l'est du monde, à un quart du nord. Le méridien réel est donc NS, et l'angle de route corrigé FAN de 2 quarts; la vraie route suivie est donc le nord-nord-ouest, ou route au compas moins variation.

La variation est-elle de 11 degrés 15 minutes nord-ouest?

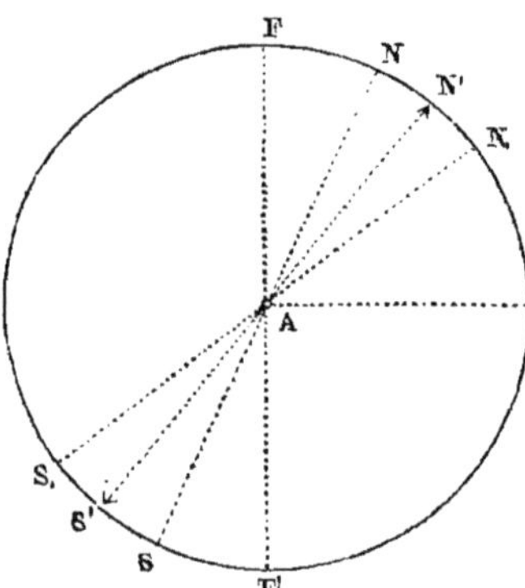

L'aiguille doit donc être entre le nord et l'ouest du monde, à un quart du nord. Le vrai méridien occupe donc la position N S . Le véritable angle de route est égal à FAN , composé de FAN' + N'AN , ou route au compas plus variation. La route faite est donc de 4 quarts du nord à l'ouest, ou le nord-ouest.

C'est en résolvant plusieurs questions de cette espèce, et variant les données, que l'on peut se créer une règle pratique.

Si, réciproquement, on donnait l'aire de vent réelle sur laquelle on doit se diriger, il faudrait calculer la route à suivre au compas pour utiliser cet instrument.

La route à suivre doit-elle être au nord-est, la variation étant 11 degrés 15 minutes nord-ouest? La quille FF' doit être entre le nord et l'est du monde, à 45 degrés du nord.

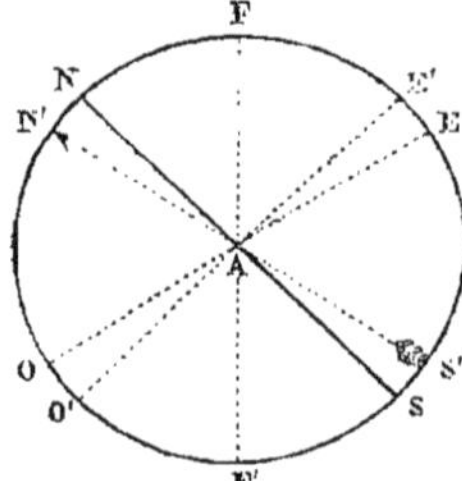

D'après le nom donné à la variation, le nord de l'aiguille doit être entre le nord et l'ouest du monde, à un quart du nord. N'S' sera donc sa position, et l'on aura pour route au compas l'angle N'AF, formé de l'angle véritable augmenté de la variation. Le rumb suivi sera donc le nord-est ¼ est.

Il ne faut pas perdre de vue que la ligne nord et sud ne se déplace pas, et que celle FF' change seule de direction.

On a jusqu'ici regardé la ligne de foi comme étant la trace de la route, ce qui n'est vrai que dans des circonstances exceptionnelles.

On a expliqué précédemment comment la force d'impulsion du vent se décomposait en deux autres, l'une dans le sens de la quille, l'autre qui lui était perpendiculaire.

Cette dernière, dont la grandeur dépend de la direction du vent, ne saurait être détruite entièrement par la résistance du liquide.

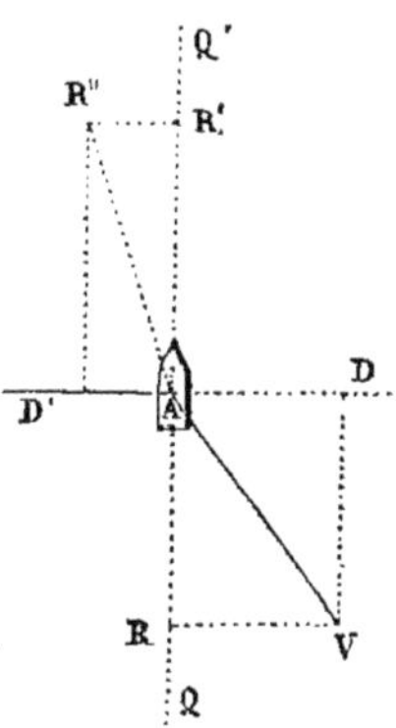

QQ' étant la direction de la quille, et VA celle du vent, les deux composantes de VA sont RA et DA. La première imprime la vitesse dans le sens QQ'; la seconde force la quille à marcher parallèlement à elle-même en refoulant l'eau, et le navire est dans le même état que s'il était tiré par les forces R'A, D'A, formées des précédentes diminuées de la résistance du fluide, très-considérable dans le sens perpendiculaire à la quille.

AR'' est donc la direction réelle dans laquelle la marche a lieu, et l'angle R''AR' a reçu le nom de dérive.

Comme, jusqu'à présent, l'axe du navire a été regardé comme la direction de la route, et qu'il n'en est point ainsi, il faudra modifier l'angle de route précédemment calculé, pour tenir compte de la dérive qui se produit toujours dans le sens opposé à la direction dans laquelle le vent souffle.

La figure fait voir que la composante qui produit la dérive est d'autant moindre que l'angle VAQ est plus petit, et qu'elle s'annule seulement lorsque le vent vient de l'arrière.

On mesure la dérive au moyen du sillage du navire. Il suffit en effet de savoir à quel rumb du compas cette ligne correspond, ce qu'on appelle la relever, pour connaître l'angle qu'elle forme avec la ligne de foi ou la quille.

Exemple d'une route corrigée de la variation et de la dérive.

Les vents étant au nord-ouest, on a fait route au nord 22° vers l'est avec 10° de dérive, dans des parages où la variation est de 19° nord-ouest. On demande la route corrigée.

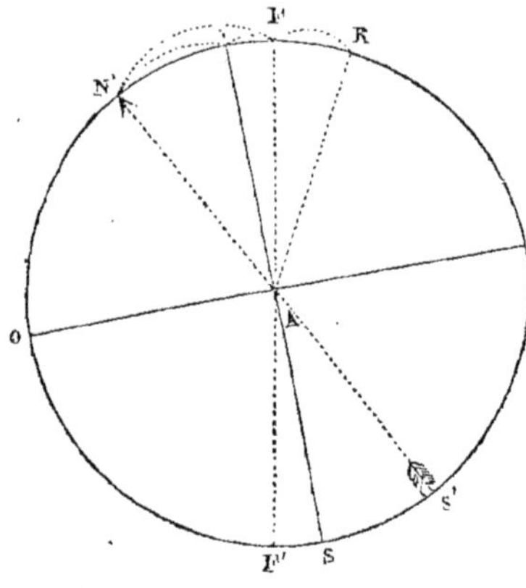

Soit FF' la ligne de foi. L'arc FN' étant pris de 22°, N'S' sera la direction de l'aiguille.

La variation étant de 19° nord-ouest, le nord de l'aiguille doit tomber entre l'ouest et le nord du monde, qui se trouvera donc en prenant N'N égal à 19°.

L'angle FAN, formé par la quille et le méridien réel, sera donc égal à N'AF — N'AN, ou 22° — 19°, ou 3°.

Mais puisque la quille fait avec la véritable route un angle de 10° dans l'est, le vent venant du nord-ouest, il faut prendre de F en allant vers E un arc de 10°, et AR sera la direction réelle du chemin parcouru. L'angle corrigé sera donc

$$\text{NAR} = \text{NAF} + \text{dérive, ou } 3° + 10°, \text{ ou } 13°.$$

On exprimera cet angle par nord 13° est.

Ce qui veut dire enfin que, dans les circonstances du problème, la route observée au compas étant de 22° nord-est, est en réalité 13° nord-est.

Il est clair qu'on aurait pu faire simultanément les deux corrections. Les arcs à combiner étant N'F, N'N, FR et NR, il suffisait de poser NR = N'F + FR — NN' = N'F — (NN' — FR), ou

$$\text{route corrigée} = \text{route au compas} — (\text{variation} — \text{dérive})$$
$$= 22° — (19° — 10°) = 22° — 9° = 13°.$$

2ᶜ *Exemple.* Les vents étant au nord-est, on a gouverné au nord 25° ouest avec 13° de dérive. La variation ayant été recoonue de 20° nord-ouest, on demande la route corrigée.

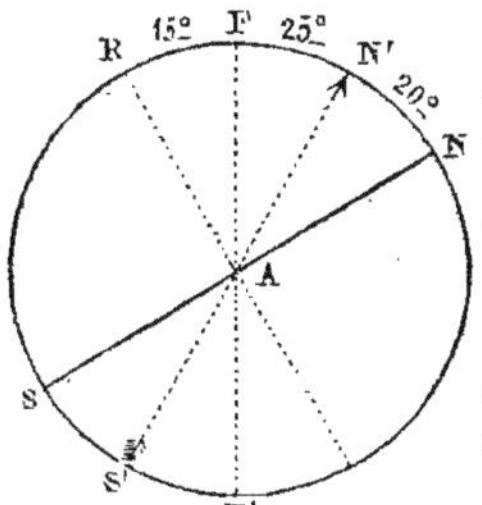

Après avoir porté sur la figure, à partir de la ligne de foi, les arcs 25° et 15°, et, à partir du point N', l'arc de 20° dans les sens assignés par les données,

On aura : route corrigée NR = route au compas FN' + variation N'N + dérive RF, ou = 25° + 20° + 5°, ou 60° du nord vers l'ouest.

———

Après la direction obtenue, l'élément à déterminer, c'est l'étendue de la route.

On a choisi pour unité de distance la lieue marine de 5555^m,7, 20e partie du degré terrestre moyen.

Le mille, tiers de la lieue, est formé de 1851^m,9.

Le degré ou 60' correspondant à 20 lieues, la minute correspond à $\frac{20\ \text{lieues}}{60}$ ou $\frac{1}{3}$ lieue ou 1 mille.

Telle est la raison qui a fait diviser la lieue marine en trois parties égales.

Un navire aura filé ou parcouru autant de minutes à l'heure qu'il aura parcouru de 120e de mille, ou de fois 15^m,43 par 120e d'heure, ou en 30 secondes.

L'expérience apprend que ce nombre de 15^m,43 doit être modifié et réduit à 14^m,75, par suite de l'impossibilité où l'on est de se procurer un point absolument fixe qui serve d'origine aux longueurs comptées, le bateau de loch marchant toujours un peu dans le sens du navire. Les extrémités des divisions de 14^m,75 étant marquées par des nœuds sur la ligne, on a donné ce nom à ces longueurs, en prenant la partie pour le tout.

Si le sablier n'avait plus la durée de 30 secondes, ni le nœud sa grandeur précitée, on déduirait par le calcul, du nombre des faux nœuds filés pendant la durée du sablier altéré, le nombre des nœuds exacts filés pendant 30 secondes. Voir (*Arithmétique,* page 48.)

———

Ce n'est qu'au moment où l'on va perdre la terre de vue, que l'on commence à tenir compte de la direction de la route et de la vitesse du navire. Il est donc nécessaire de connaître sa position à cet instant, afin qu'en lui rapportant la route estimée, on puisse déterminer postérieurement la position du navire sur le globe.

• Plusieurs moyens sont employés pour déterminer la position du point dit de départ.

Par les relèvements de deux points.

Lorsque l'on distinguera clairement deux points remarquables de la côte, et supposés marqués sur la carte, on les relèvera au compas, en corrigeant chacune de ces deux directions de la variation.

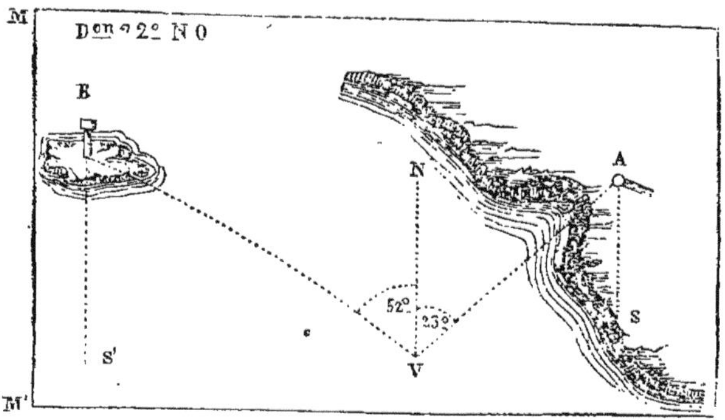

Par les points qui sur la carte représentent ces objets, on conduira les rumbs de vent opposés à ceux relevés, corrigés; et le point de leur rencontre sera, sur la carte, celui où le navire se trouvait au moment de l'opération.

Supposons que le navire étant en V dans des parages où la variation marquée sur la carte est de 22° nord-ouest, la ligne nord et sud étant MM', on ait relevé le point A au nord 45° est, et le point B au nord 30° ouest. Après avoir corrigé ces deux relèvements, on trouvera que le point A répond au nord 23° est du monde, et le point B au nord 52° ouest.

Les angles connus NVA, NVB étant égaux à ceux VAS, VBS' comme alternes internes, si l'on construit ces derniers, le point V de rencontre de leurs côtés AV, BV sera celui de station.

Par un relèvement et la distance au point relevé.

Si l'on n'a en vue qu'un objet terrestre marqué sur la carte, on pourra encore, par le procédé suivant, trouver la position du navire.

On relèvera l'objet au compas, et on estimera au même instant la distance du navire à cet objet.

Après avoir corrigé le relèvement de la variation, on tracera sur la carte, par le point relevé, un rumb opposé au relèvement corrigé, et portant, à partir de ce point, une longueur égale au nombre des milles estimés; l'extrémité fera connaître la position cherchée.

Pour relever l'objet et estimer sa distance, on attend souvent qu'il se trouve sur la ligne nord et sud du monde; il n'est pas nécessaire alors de tracer le relèvement sur la carte, car le navire est sur le méridien du signal. On connaîtra d'ailleurs sa latitude en ajoutant ou retranchant à celle de l'objet relevé un nombre de minutes égal au nombre des milles de la distance estimée.

Cette méthode est très-usitée, et fournit dans une traversée un moyen précieux de rectifier le point, lorsqu'on passe en vue d'une terre. On est alors certain de sa longitude, élément le plus important à connaître avec exactitude.

Exemple. Un navire a relevé le cap Saint-Vincent au nord du monde, à 5 milles de distance : on demande sa longitude et sa latitude au moment du relèvement.

Sur la carte on trouve pour coordonnées 37° 02′ latit. N.,
11° 22′ longit. O.;
Donc, longitude du navire, 11° 22′ O.

La latitude sera de 5′ moindre que celle du cap, puisqu'on se trouve à 5 milles dans le sud de ce point; on a donc

latitude, 36° 57′ N.

Au moyen de deux relèvements d'un même point.

Si l'on n'a toujours en vue qu'un seul point marqué sur la carte, et que sa distance soit telle qu'on ne puisse l'estimer sans s'exposer à commettre une erreur notable, on agira de la manière suivante :

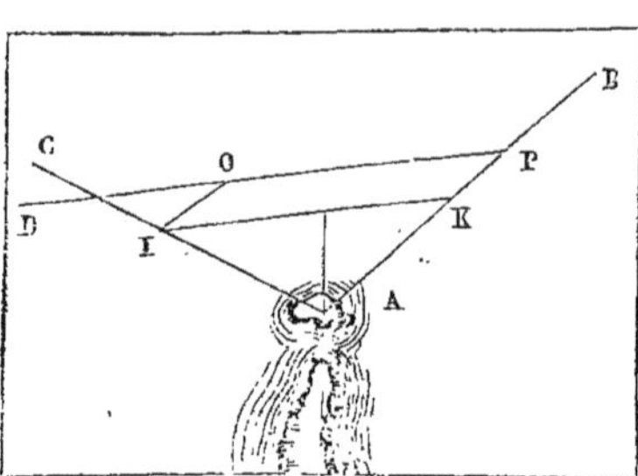

A un instant quelconque on relèvera le point A, et à partir de ce moment on évaluera le plus exactement possible le chemin parcouru jusqu'à ce qu'on effectue un second relèvement; ces deux angles, corrigés de la variation, permettront de placer sur la carte les deux droites AB, AC, qui passent par les deux stations du navire. On connaît de plus la direction de la route faite, et sa longueur. Si donc, d'un point P quelconque de AB, on trace une droite indéfinie PD dans la direction suivie, et qu'on porte dessus une longueur PO égale au nombre des milles de la route, une parallèle à AB conduite par le point O coupera AC en un point I, qui sera la position du navire lors de la seconde observation. Le point K sera le lieu de la première, et le triangle IAK répondra seul aux données du problème.

Problèmes des routes.

Cartes.

Dans tout ce qui a été dit précédemment, il a été parlé des cartes, dont la construction va nous occuper.

Pour représenter les positions relatives de différents points du globe, on a besoin d'une figure plane traversée par des lignes, images d'un système de méridiens et de parallèles analogues, autant que possible, à ceux de la terre.

Mais la surface terrestre n'est pas développable ou planifiable.

Ne pouvant donc parvenir à l'expression rigoureuse de la vérité, on cherche à en approcher à l'aide de conventions qui, sans répondre à toutes les exigences, seront la conséquence du but principal que doit atteindre la construction de la figure nommée carte.

Cette ébauche étant tracée, on parvient par des modifications successives, n'altérant pas l'idée première, à la rapprocher. le plus possible du vrai système terrestre.

Un bâtiment se dirigeant vers un point de l'horizon sans cesse variable, mais répondant au même rumb de vent, trace sur la mer une ligne courbe nommée loxodromie, qui croise sous un même angle tous les méridiens qu'elle traverse.

Le marin dépourvu de ressources cherche à représenter cette direction sur sa carte par une ligne droite, la plus simple à construire parmi toutes les lignes.

Il ne peut atteindre ce résultat qu'en représentant par des droites parallèles équidistantes les méridiens de la terre équidistants les uns des autres.

Comme corollaire de cette première convention, il doit figurer les parallèles par des droites perpendiculaires aux premières.

La première idée qui se présente au point de vue de leur espacement, c'est de les séparer par des intervalles égaux à ceux des méridiens, puisque sur la terre les degrés de méridien sont égaux à ceux d'équateur.

La carte serait alors formée d'un faisceau de droites parallèles, croisé par un autre faisceau de même espèce perpendiculaire au premier ; et sa surface présenterait l'aspect d'un réseau de carrés égaux, destiné à représenter celui des trapèzes sphériques inégaux dont la terre est couverte.

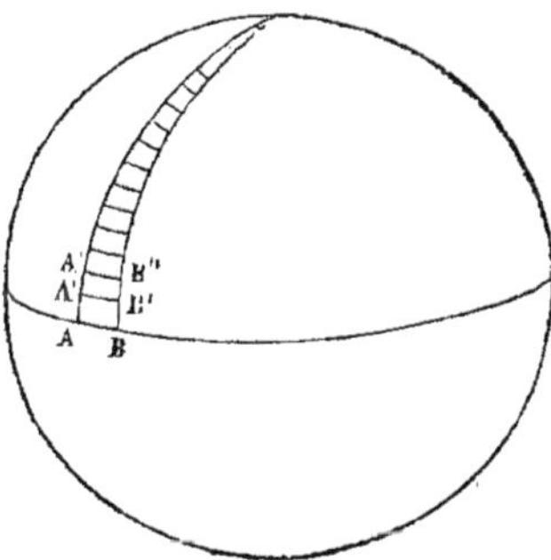

En comparant ce qui se passerait sur une telle carte entre deux méridiens consécutifs, à ce qui a lieu sur la terre, on reconnaît que les arcs de parallèles seraient égaux entre eux et à celui d'équateur, alors que sur la terre ils diminuent en se rapprochant du pôle ; il en résulterait que le rapport entre un arc de parallèle et celui semblable d'équateur, qui décroît sur le globe, serait constant sur la carte.

Ne pouvant rétablir cette relation importante par la diminution des degrés de parallèles, on y parvient par l'accroissement successif des degrés de méridien.

Par suite, les méridiens conservent leur équidistance, et les parallèles s'éloignent les uns des autres de plus en plus en s'approchant du pôle; les carrés primitifs se transforment alors en rectangles de bases égales et de hauteurs grandissantes.

Il y avait en effet nécessité, du moment où la carte avait été dilatée en largeur, de lui faire subir la même opération en hauteur, pour conserver aux contours terrestres leur configuration.

Mais cet accroissement des divisions du méridien, nommé alors échelle des latitudes croissantes, ne doit pas être arbitraire, mais soumis à une loi dépendante de celle du décroissement des arcs de parallèles terrestres. Il est donc nécessaire de rechercher cette dernière.

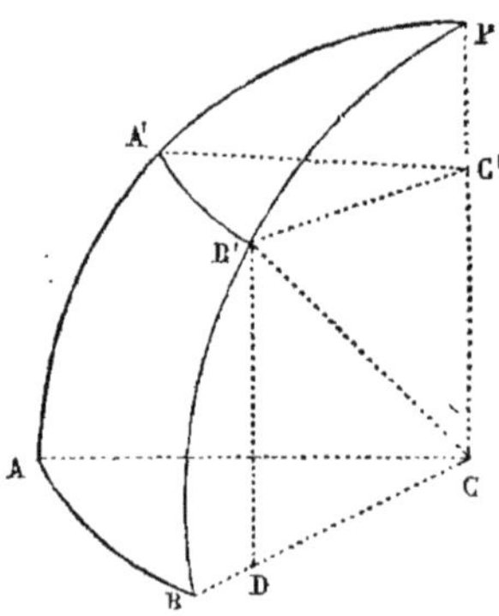

Or, on reconnaît qu'un arc AB d'équateur, et un arc A'B' de parallèle compris entre les mêmes méridiens que le précédent, étant donnés, leur rapport de grandeur est le même que celui de leurs circonférences, dont ils sont tous deux la même fraction.

Mais le rapport des circonférences est égal à celui de leurs rayons CB, C'B' ou CB' et CD, égal lui-même à celui du rayon des tables au cosinus de l'angle de latitude B'CB. On a donc $r : \cos. L :: AB : A'B'$.

Cette formule s'énonce ainsi :

Le rayon des tables est au cosinus de la latitude d'un parallèle, comme un arc d'équateur est à l'arc semblable de ce parallèle.

On peut aussi remplacer le rapport $r : \cos. L$ par celui équivalent $\sec. L : r$.

On a donc les expressions $AB = A'B' \times \dfrac{r}{\cos. L} = A'B' \times \dfrac{\sec. L}{r}$,

$$A'B' = AB \times \frac{\cos. L}{r} = AB \times \frac{r}{\sec. L}.$$

La seconde apprend que les arcs de parallèle décroissent comme les cosinus de leurs latitudes ; et la première, qu'en prenant A′B′ constant, ainsi que cela a lieu sur la carte, les arcs de méridien doivent croître comme les sécantes des latitudes des parallèles correspondants.

Mais la distance d'un arc de méridien à l'équateur, auquel il est perpendiculaire, n'a de signification possible qu'autant que l'arc de méridien est d'un nombre de minutes assez petit pour que les sécantes des distances de ces extrémités à l'équateur diffèrent entre elles d'une grandeur qu'on ne puisse exprimer en ligne, au moyen de l'unité de longueur choisie pour établir la carte, qui prend, par suite de cette modification, le nom de réduite. Cela ne veut pas dire qu'elle est réduite, mais qu'il faudra réduire les distances entre les points qu'elle représente, pour avoir leur distance réelle sur la terre.

Pour construire une carte réduite, on prendra donc une droite indéfinie, sur laquelle on portera des parties égales, telles que AB, pour représenter soit une, soit cinq, soit dix minutes d'équateur.

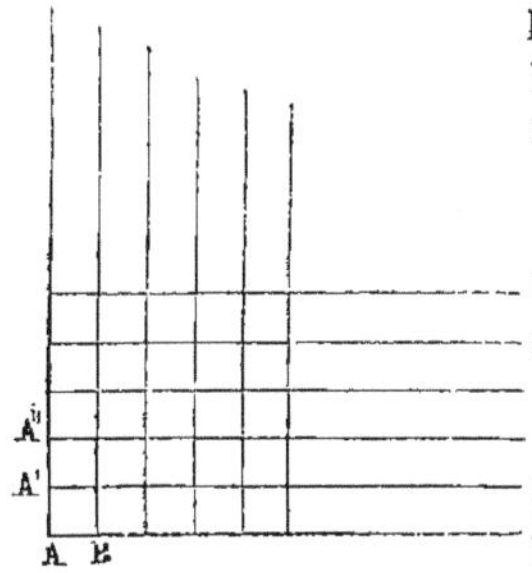

Des droites perpendiculaires à la première, élevées par ces points de division, seront des méridiens.

Si la carte doit s'étendre de la latitude 32 degrés à celle 34 degrés, et que AB représente 5 minutes, on calculera AA′, première division de 5 minutes de méridien, par la formule

$$AA' = AB \times \frac{r}{\cos.\,(32°\,2'\,30'')},$$

qui permettra de connaître de combien de fois et parties de fois AB, AA′ doit être formé.

On procédera de la même manière pour la détermination des graduations suivantes du méridien.

Il n'y aura plus qu'à conduire des parallèles à AB par ces points de division.

On a construit des tables sous le nom de tables des latitudes

croissantes, et qui font connaître par quel nombre il faut multiplier une minute d'équateur pour obtenir la longueur de l'arc de
méridien, depuis l'équateur jusqu'à celui du parallèle à tracer.

Ainsi, le nombre 2655,4, correspondant à 40 degrés 25 minutes,
indique combien il faut prendre de minutes d'équateur pour
composer la longueur de l'arc de méridien devant représenter 40
degrés 25 minutes.

Pour obtenir la longueur de la minute de méridien depuis 52 degrés 20 minutes jusqu'à 52 degrés 21 minutes, il faudrait faire la
différence entre les deux latitudes croissantes correspondantes ;
le reste serait le facteur par lequel il faudrait multiplier la minute d'équateur pour avoir la longueur de celle cherchée de méridien.

On peut également se rendre compte, par une construction graphique, de la recherche des divisions successives d'un méridien
gradué.

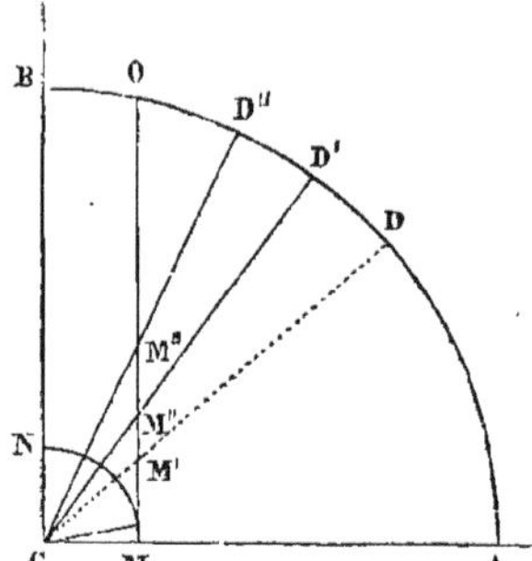

Il suffit de joindre le centre C
d'une circonférence avec les points
de division de degré en degré,
par exemple, et d'élever à l'extrémité de CM, destiné à représenter un degré d'équateur, une
perpendiculaire à CA, pour que
les distances du point C aux différents points de OM représentent les degrés consécutifs de
l'échelle des latitudes.

Vers l'équateur, la carte a reçu une dilatation très-faible en largeur, et, par suite, les divisions du méridien doivent conserver
dans une certaine étendue une longueur sinon constante en nombre, au moins constante en lignes. On se borne alors à chercher
la longueur de la minute de méridien qui correspond à la moitié
de l'étendue que la carte doit avoir en latitude.

On donne ensuite aux autres minutes, tant au-dessus qu'au-dessous de celle-là, la même étendue qu'elle : c'est la carte plate.

Par de hautes latitudes, les minutes successives de méridien, ou
au moins les arcs de 5 en 5 minutes, augmentent sensiblement, et

la figure peut être considérée comme le résultat de la juxtaposition de cartes plates de 5 minutes d'étendue en hauteur.

Les cartes marines, dans le voisinage des pôles, ne sauraient plus être utilisées, les minutes de méridien devenant alors d'une immense étendue par rapport à celles d'équateur.

On reconnaît aussi que deux îles de même étendue sur la terre, l'une voisine de l'équateur, l'autre s'en éloignant, n'auraient pas la même étendue sur la carte, puisque la première n'ayant pas subi d'accroissement sensible, la seconde eût été considérablement dilatée.

Aussi, la carte marine n'est-elle pas destinée à la comparaison immédiate des surfaces ou longueurs. Il faut exécuter une opération de réduction.

Ainsi, la distance entre deux points de la carte, amenée sur l'échelle des longitudes, accuse plus de milles qu'il n'en existe sur le globe.

La carte marine se nomme aussi développement cylindrique, parce qu'on peut la considérer comme étant le développement de la surface d'un cylindre circonscrit à la sphère terrestre, et la touchant suivant l'équateur (*).

(*) En dilatant la carte en largeur, le parallèle très-voisin du pôle a obtenu les dimensions de l'équateur; et l'on peut dire par suite qu'on a élargi indéfiniment, puisqu'à un parallèle de rayon nul on en a substitué un de rayon fini.

Il faut donc agrandir en hauteur et rendre infini le méridien dont le rayon était fini.

Cette condition satisfaite par le parallélisme des méridiens, force leurs graduations à s'accroître en s'éloignant de l'équateur, puisque c'est ainsi que les divisions des parallèles se sont accrues en passant de la terre à la carte.

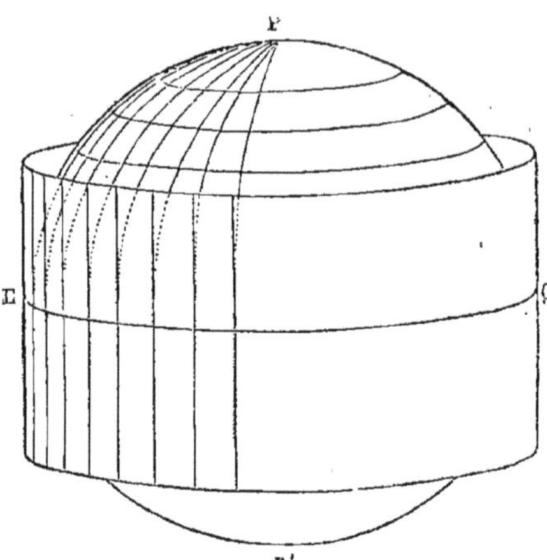

Les plans des mé-
ridiens couperont la
surface de ce cylindre
suivant des génératri-
ces droites parallèles,
et qui resteront telles
lorsqu'on développera
la surface de ce cylin-
dre; l'équateur se trans-
formera alors en une
droite perpendiculaire
à celles qui représen-
tent les méridiens.

Les parallèles cylin-
driques, qui devien-
draient aussi, sur le
développement, des droites perpendiculaires aux méridiens, seraient tous plus grands que ceux sphériques correspondants; et
cet accroissement serait d'autant plus grand, que ces parallèles
s'éloigneraient de l'équateur.

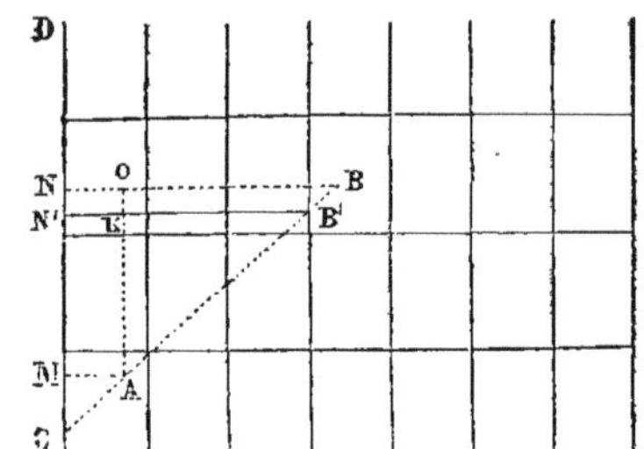

Si A et B représen-
tent sur une carte, l'un
le point de départ, l'au-
tre celui d'arrivée, DCB
sera l'angle de route; le
nombre de minutes de
MN représentera le chan-
gement en latitude, le
nombre de minutes de
BO sera le changement
en longitude, mais AB ne représentera pas la longueur de la route.

En effet, MN n'est pas la longueur du changement en latitude,
mais bien cette longueur accrue. Il faudrait, pour avoir la vraie
longueur du changement en latitude, compter le nombre des minutes croissantes de M en N', et prendre, à partir du point M, la
longueur MN comprenant ce même nombre de minutes, mais
prises sur l'équateur. Une parallèle N'B' à NB, conduite par ce
point, détermine le point B'; et la droite B'A, portée sur l'échelle
des longitudes, fait connaître le nombre des milles de la route.

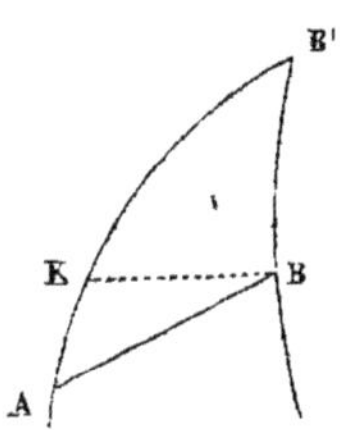

On se rend facilement compte de cette opération en considérant la figure sphérique dans laquelle AB est la longueur de la route, AK le changement en latitude, et KAB l'angle de route.

En passant de cette figure à celle de la carte, on voit que AK a été agrandi de manière à devenir AO, KB aussi, de manière à devenir changement en longitude : donc AB a dû augmenter, et la similitude des triangles AKB', AOB fait voir que, de même que AO est égal à AK multiplié par un certain facteur qui a rendu KB' égal au changement en longitude, AB' ou la longueur de la route a été multipliée par ce même facteur.

Dans tout problème de route il existe six éléments, savoir :

1° Longitude et latitude du point de départ.

2° Longitude et latitude du point d'arrivée.

3° Angle de route.

4° Longueur de la route.

On a cherché des formules approximatives propres à lier entre eux ces six éléments.

Soit CD la route ou ligne loxodromique formant avec tous les

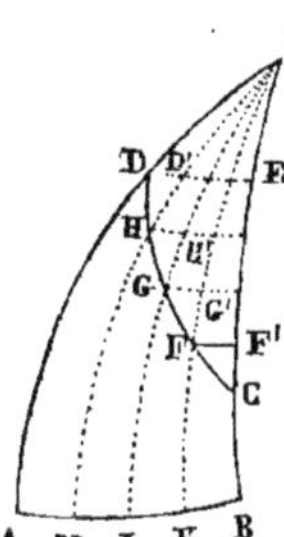

méridiens qu'elle traverse un angle constant, DCP l'angle de route, PA, PB les méridiens de départ et d'arrivée, AB le changement en longitude, CE le changement en latitude.

Si la ligne CD est conçue partagée en parties assez petites pour que chacune d'elles puisse être considérée comme droite, et que, par les points de division, on imagine des méridiens et des parallèles, les triangles FF'C, GG'F, HH'G, DD'H, sensiblement rectilignes rectangles, fourniront les proportions

$$r : \cos. V :: CF : CF';$$
$$r : \cos. V :: FG : FG';$$
$$r : \cos. V :: GH : GH';$$
$$r : \cos. V :: HD : HD'.$$

On en déduira, à cause du premier rapport commun, la suite proportionnelle

$$r : \cos. V :: CF : CF' :: FG : FG' :: GH : GH' :: HD : HD';$$

et, par un componendo connu,

$$r : \cos. V :: CF + FG + GH + HD : CF' + FG' + GH' + HD',$$

ou $\qquad r : \cos. V ::$ long^r route : long^r chang^t latitude,

ou

$r : \cos.V ::$ nombre de milles de la route : nombre de minutes ch^t lat., formule qui lie entre eux les quatre éléments : angles de route, milles de la route, latitude de départ, latitude d'arrivée.

Il faut actuellement trouver une formule dans laquelle intervienne le changement en longitude.

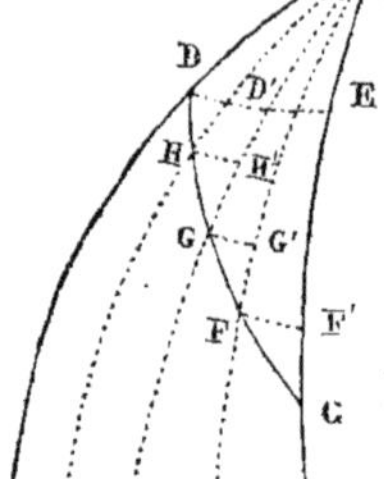

Les mêmes triangles que précédemment fournissent les proportions

$$r : \tan. V :: CF' : F'F ;$$
$$r : \tan. V :: FG' : G'G ;$$
$$r : \tan. V :: GH' : H'H ;$$
$$r : \tan. V :: HD' : D'D.$$

On substituera aux derniers termes de ces proportions, qui représentent des arcs parallèles à l'équateur, leurs valeurs en fonction des arcs semblables d'équateur.

On a, d'après un théorème démontré,

$$F'F = BK \times \frac{r}{\text{séc. } L} ; \quad G'G = KL \times \frac{r}{\text{séc. } L'} ; \quad H'H = LN \times \frac{r}{\text{séc. } L''}.$$

Les proportions précédentes deviennent donc

$$r : \tan. V :: CF' : BK \times \frac{r}{\text{séc. } L} ;$$

$$r : \tan. V :: FG' : KL \times \frac{r}{\text{séc. } L'} ;$$

$$r : \tan. V :: GH' : LN \times \frac{r}{\text{séc. } L''} ;$$

$$r : \tan. V :: HH' : AN \times \frac{r}{\text{séc. } L'''}.$$

Et si on isole, dans les seconds rapports, les facteurs BK, KL, LN, AN, elles deviennent

$$r : \text{tang. V} :: CF' \times \frac{\text{séc. L}}{r} : BK ;$$

$$r : \text{tang. V} :: FG' \times \frac{\text{séc. L}'}{r} : KL ;$$

$$r : \text{tang. V} :: GH' \times \frac{\text{séc. L}''}{r} : LN ;$$

$$r : \text{tang. V} :: HD' \times \frac{\text{séc. L}'''}{r} : AN ;$$

d'où l'on déduit la suite proportionnelle

$$r : \text{tang. V} :: CF' \times \frac{\text{séc. L}}{r} : BK :: FG' \times \frac{\text{séc. L}'}{r} : KL :: \text{etc.};$$

et par un componendo :

$$r : \text{tang. V} :: CF' \times \frac{\text{séc. L}}{r} + FG' \times \frac{\text{séc. L}'}{r} + GH' \times \frac{\text{séc. L}''}{r}$$

$$+ HD' \times \frac{\text{séc. L}'''}{r} : BK + KL + LN + AN.$$

Le troisième terme représente la somme des changements partiels en latitude croissante, ou le changement total en latitude croissante ; le quatrième terme représente le changement en longitude. On a donc enfin

$$r : \text{tang. V} :: \text{nombre de minutes du chang}^t \text{ lat. croissantes} : \text{nombre de minutes chang}^t \text{ longitude}.$$

On a donc les deux formules

$$r : \cos. V :: m : \text{chang}^t \text{ lat. ;}$$
$$r : \text{tang. V} :: \text{ch}^t \text{ lat. croiss}^e : \text{ch}^t \text{ long.}$$

Elles ne renferment pas les latitudes et longitudes isolées des points de départ et d'arrivée, mais seulement les différences entre les coordonnées de même espèce; elles ne pourront servir à déterminer l'une d'elles que lorsqu'on connaîtra l'autre.

Elles contiennent implicitement d'ailleurs les six éléments énumérés précédemment, et ne permettront d'en éliminer que deux, d'où il suit qu'il faut toujours quatre données.

Voici donc le tableau des problèmes à résoudre, dressé dans le but d'examiner si les deux formules précédentes sont suffisantes dans tous les cas. On y a représenté par L, L', les latitudes des points de départ et d'arrivée, et par L_0 L'_0 leurs longitudes.

	Données.		Inconnues.
(1)	L_a, L_o, V, M ;		L'_a, L'_o ;
(2)	L_a, L_o, V, L'_a ;		M, L'_o ;
(3)	L_a, L_o, V, L'_o ;		M, L'_a ;
(4)	L_a, L_o, M, L'_a ;		V, L'_o ;
(5)	L_a, L_o, M, L'_o ;		V, L'_a ;
(6)	L_a, L_o, L'_a, L'_o ;		M, V ;
(7)	L_a, L'_a, V, M ;		L_o, L'_o ;
(8)	L_o, L'_o, V, M.		L_a, L'_a.

Premier problème.

La formule (1), $r : \cos. V :: M : \mathrm{chang}^t$ lat., fera connaître chang^t latitude, qui, combiné avec la latitude de départ, fera connaître celle d'arrivée:

Prenant dans les tables les latitudes croissantes de départ et d'arrivée, et les retranchant, on se procurera ainsi le changement en latitude croissante.

Alors la formule (2), $r : \mathrm{tang}. V :: \mathrm{ch}^t$ lat. croiss^e : ch^t long., fera connaître le changement en longitude, qui, combiné avec la longitude de départ, fera connaître celle d'arrivée.

Deuxième problème.

La formule (1) donnera **M**.
La formule (2) fournira chang^t long.

Troisième problème.

La formule (2) donnera chang^t latitude croissante, qui, combiné avec la latitude croissante de départ, fera connaître celle croissante d'arrivée, et par suite la latitude de ce point.
La formule (1) fournira alors **M**.

Quatrième problème.

La formule (1) donne **V**.
Celle (2) fournit le chang^t long., et, par suite, la longitude d'arrivée.

Cinquième problème.

Il est insoluble par les formules précédentes, car on connaît seulement chang[t] long. et M parmi les termes qui entrent dans les relations (1) et (2); chacune d'elles renferme donc deux inconnues.

Sixième problème.

La formule (2) fera connaître V.

V étant connu, la formule (1) fournira M.

Ce problème est celui que nous avons déjà résolu sur la carte par une construction graphique, lorsqu'on avait demandé la distance entre deux points marqués sur la carte.

Septième problème.

Les données sont surabondantes, car tous les éléments de la formule (1) sont connus. Le problème ne sera donc possible qu'autant que la formule (1) sera satisfaite par les données.

Si cette condition est remplie, la formule (2) fera connaître le changement en longitude, qui ne déterminera ni celle de départ ni celle d'arrivée, mais seulement leur différence. Le problème sera alors indéterminé.

Huitième problème.

La formule (1) fournira le chang[t] latitude.

La formule (2) fera connaître le chang[t] latitude croissante.

Ces deux éléments doivent suffire pour déterminer chacune des deux latitudes; mais les procédés à employer pour les obtenir ne sont pas du ressort des théories élémentaires.

PROBLÈMES DE ROUTE RÉSOLUS PAR UNE CONSTRUCTION GRAPHIQUE.

La nature des formules (1) et (2) fait reconnaître que les éléments qu'elles renferment appartiennent à deux triangles rectili-

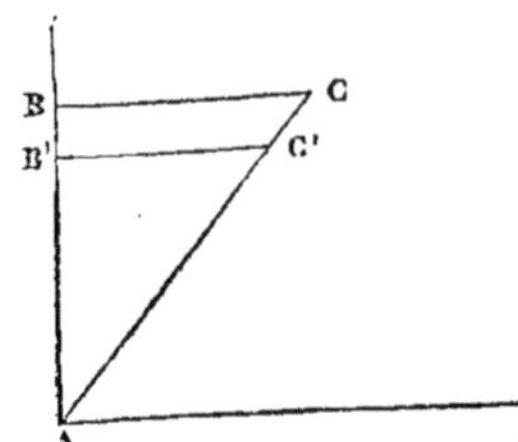

gnes rectangles semblables BAC, B′A′C′, dans lesquels BAC est l'angle V, AC′ la longueur de la route, AB′ le changement en latitude, AB le changement en latitude croissante, et BC le changement en longitude.

Car le triangle AB′C′ fournit la proportion

r : cos. B′AC′ :: AC′ : AB′, ou r : cos. V :: M : chang^t latitude.

Celui ABC donne la proportion

r : tang. V :: AB : BC, ou r : tang. V :: ch^t lat. cr^e : ch^t long.

La résolution graphique de tous les problèmes de route revient donc à la construction de ces deux triangles au moyen des données de la question.

Premier problème. Données, L$_a$, L$_o$, V, M.

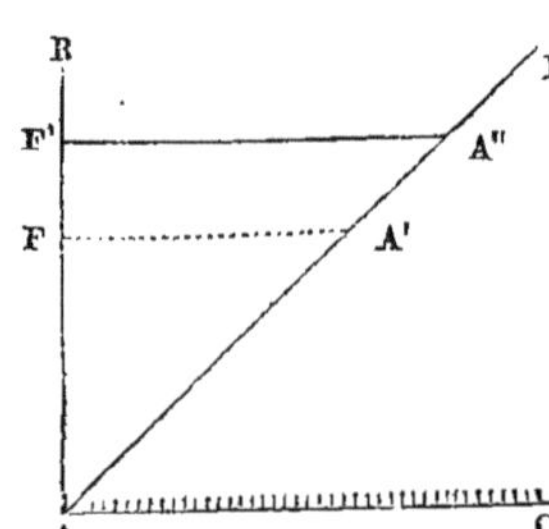

Après avoir tracé la droite AD, formant avec AB un angle égal à celui donné V, on portera sur AD autant de divisions en minutes de l'échelle AC, qu'il y a de milles dans la route. Soit AA′. La droite A′F, parallèle à AC, coupera BA au point F. AF, mesuré sur l'échelle AC, fera connaître le nombre de minutes du changement en latitude, qui, combiné avec latitude de départ par addition ou soustraction, suivant que la route suivie a dû l'augmenter ou la diminuer, donnera latitude d'arrivée.

La différence entre les latitudes croissantes de départ et d'arrivée, éléments fournis par la table, fera connaître AF′, et la parallèle F′A″ déterminera chang^t long.

Deuxième problème. Données, L_a. L_o, V, L'_a.

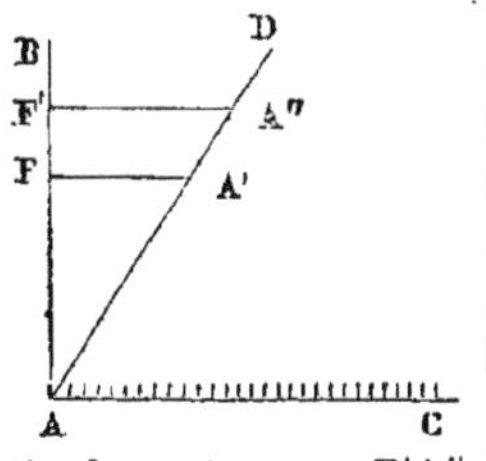

Après avoir tracé AD dans la direction donnée, on fera la différence entre les latitudes connues de départ et d'arrivée. Elle sera prise sur l'échelle AC, et portée de A en F. La parallèle FA′ fournira l'extrémité A′ de la route AA′, qui, portée sur l'échelle AC, fera connaître M.

Prenant AF′ égal au changement en latitude croissante, F′A″ fournira le changement en longitude.

Troisième problème. Données, L_a, L_o, V, L'_o.

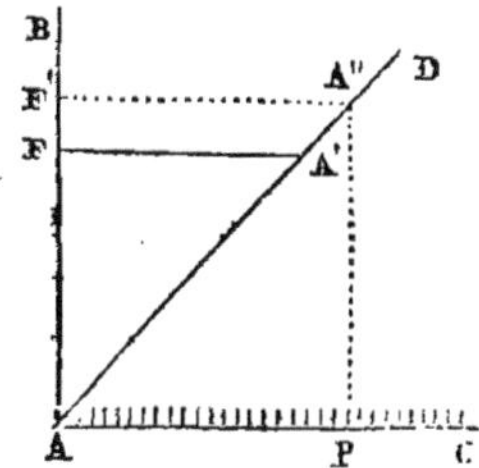

Traçant AD dans la direction connue de la route avec un rapporteur, on prendra AP égal au chang^t longitude, et la parallèle PA″ fera connaître le point A″.

AF′ représentera alors le changement en latitude croissante; connaissant les latitudes croissantes des points de départ et d'arrivée, on en déduira les latitudes simples, dont la différence sera portée de A en F; la parallèle FA′, à l'échelle des longitudes, fera connaître la longueur AA′ de la route.

Quatrième problème. Données, L_a, L_o, M, L'_a.

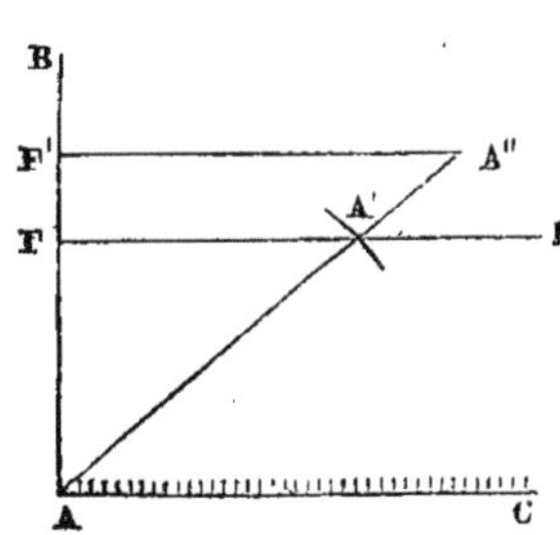

On prend AF $=$ chang^t latitude, et par le point F on trace la parallèle indéfinie FK à AC.

Du point A comme centre, avec un rayon égal M, on décrit un arc de cercle qui coupe FK en A′. L'angle FAA′ sera l'inconnue V. AF′, chang^t en latitude croissante, étant porté de A vers B, la parallèle F′A″ sera le changement en longitude.

Cinquième problème. Données, L_a, L_o, M, L'_o.

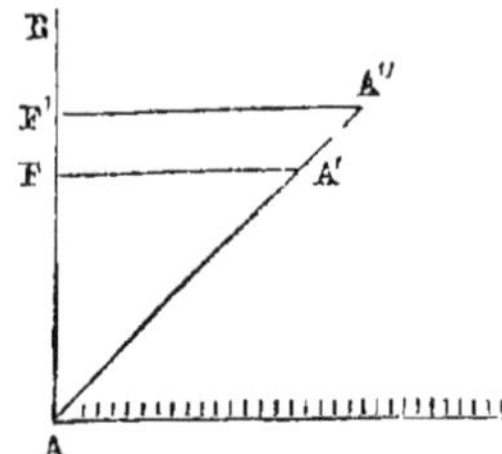

Aucun des deux triangles FAA′, FAA″ ne peut se construire d'après ces données, ne connaissant que AA′ et F′A″, c'est-à-dire un seul élément de chacun d'eux, outre l'angle droit ; et la quantité L_a donnée reste sans emploi, puisqu'elle n'entre isolée dans aucune partie de la construction.

Sixième problème. Données, L_a, L_o, L'_a, L'_o.

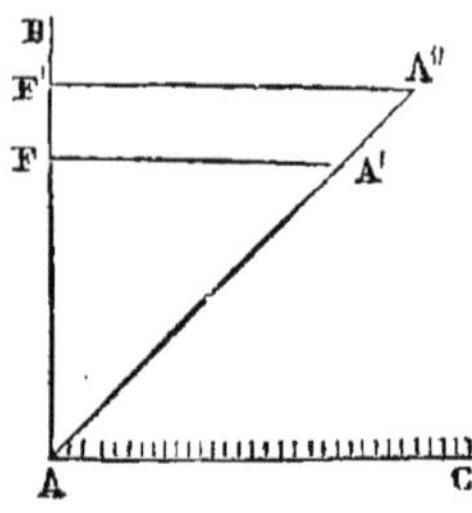

Ayant porté AF′ égal au changement en latitude croissante, et conduit la parallèle F′A″ égale au changement longitude, l'angle F′AA″ sera l'angle de route V.

AF étant pris égal au changement latitude, et la parallèle FA′ à l'échelle des longitudes étant tracée, AA′ sera la route M.

Septième problème. Données, L_c, L'_a, V, M.

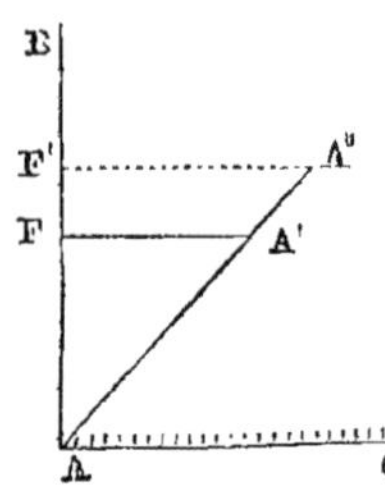

On connaît dans le triangle rectangle, AF, AA′ et l'angle FAA′. Pour que le problème soit possible, il est donc nécessaire que ces trois éléments puissent faire partie d'un triangle rectangle. Si cette première condition est satisfaite, alors on trouvera F′A″ changement en longitude, qui ne fera connaître ni celle de départ, ni celle d'arrivée. Ce problème est donc impossible ou indéterminé.

8.

Huitième problème. Données, L_o, L'_o, V, M.

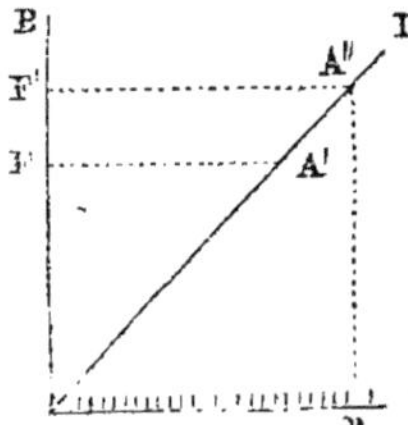

Après avoir construit au rapporteur l'angle BAD $=$ V, et pris AA′ $=$ M, la parallèle A′F déterminera AF chang[t] en latitude. AP étant le changement en longitude, au moyen des parallèles PA″, A″F′, on déterminera AF′ chang[t] en latitude croissante.

Mais tout en concevant, d'après ce résultat, que, connaissant deux fonctions des deux latitudes, savoir, chang[t] latitude et chang[t] latitude croissante, il est possible de déterminer chacune d'elles, on ne connaît pas, par ce qui précède, le moyen de parvenir à la solution.

Si l'on exécute ces problèmes sur une carte, on peut se passer du rapporteur, puisqu'il suffit de conduire une parallèle au rumb donné, qui fait partie de ceux que la carte contient; et les échelles étant graduées et numérotées, il n'y a pas besoin de rapporter au compas les lignes obtenues sur l'échelle des longitudes, à moins que ce ne soit la longueur de la route.

La méthode graphique qui vient d'être exposée exige, 1° une règle; 2° un compas; 3° une échelle graduée; 4° un rapporteur, soit pour mesurer l'angle de route obtenu, soit pour faire un angle égal à celui donné du rumb.

Pour éviter au navigateur l'embarras de tous ces instruments, on a tracé d'avance un quart de circonférence de grand rayon, gradué de 12 en 12 minutes, et servant de rapporteur fixe.

Sur les côtés de l'angle droit, on a pris, à partir de son sommet, des points de division équidistants. Des droites parallèles aux côtés, et conduites par ces points, dispensent de l'emploi du compas, pour rapporter sur l'échelle inférieure les longueurs qui lui sont parallèles.

Des quadrants concentriques aux premiers, et ayant pour rayons les distances du sommet de l'angle aux points de division des côtés, rapportent les longueurs des routes sur l'échelle inférieure.

Enfin, une échelle de latitudes croissantes, imprimée en marge, et qu'on ne peut utiliser qu'à l'aide du compas, permet de porter

QUARTIER DE RÉDUCTION.

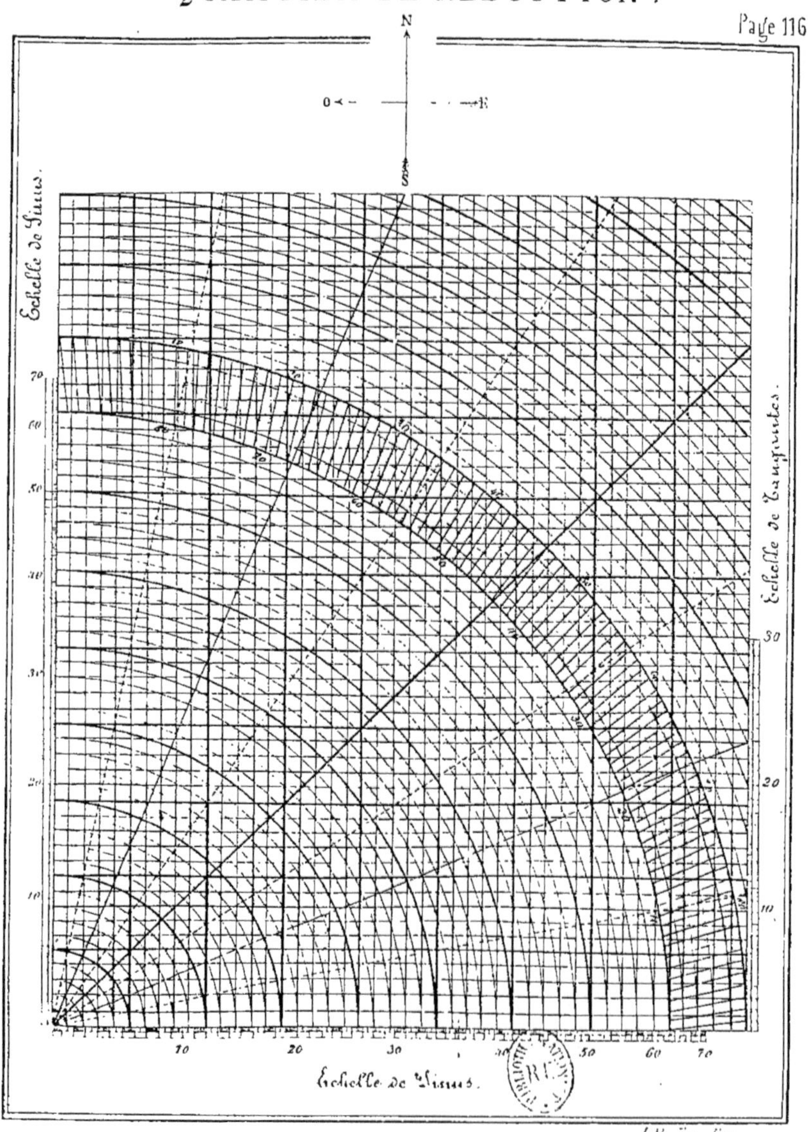

sur l'échelle verticale les changements en latitudes croissantes.
Enfin, un fil fixé au sommet de l'angle peut se tendre dans toutes
les directions.

Cet instrument, nommé quartier, sert à résoudre les problèmes
en suivant la même marche que par le procédé graphique, et considérant d'ailleurs chaque division de l'échelle comme représentant
une, deux ou trois minutes, suivant l'étendue des éléments du problème à résoudre.

Ce procédé a sur le précédent l'avantage de la promptitude et
d'une plus grande exactitude, l'arc gradué donnant des angles
de 12 en 12 minutes; ce que ne fait pas le rapporteur ordinaire.

On peut trouver des formules qui renferment un autre auxiliaire que le changement en latitude croissante. Moins exactes,
elles le sont cependant suffisamment dans certaines limites, et
permettent d'utiliser le quartier sans l'emploi du compas.

Reprenons la figure qui a servi à trouver les deux formules de
résolution.

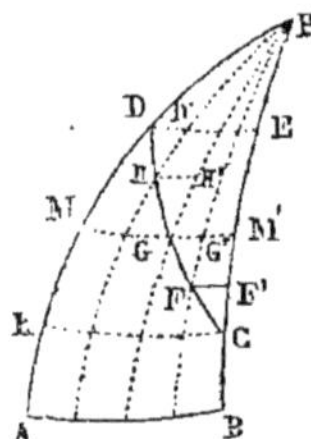

Les chemins très-petits FF′, GG′, HH′, DD′,
courus parallèlement à l'équateur, se nomment
chemins est et ouest, dont la somme constitue
le chemin total est et ouest, correspondant à la
route suivie.

Tel est le nouvel auxiliaire que l'on va substituer aux latitudes croissantes.

Les triangles sphériques CFF′, FGG′, GHH′, etc., donnent les
proportions r : tang.V :: CF′ : F′F; r : tang.V :: FG′ : G′G, etc.;
d'où l'on déduit la suite proportionnelle

r : tang. V :: CF′ : F′F :: FG′ : G′G :: GH′ : H′H :: HD′ : D′D ;

et, par un componendo,

r : tang. V :: CF′+FG′+GH′+HD′ : FF′+GG′+HH′+DD′ ,

ou la proportion

(3) r : tang. V :: chang^t latitude : chemin est et ouest.

Des mêmes triangles, et par un procédé analogue, on déduit

(4) r : sin. V :: M : chem. est et ouest.

Dans aucune de ces deux formules n'entre le chang^t long.; et, de même que dans la formule (2), chang^t long. était lié avec l'auxiliaire chang^t latitude croissante, il faut chercher à le lier ici avec le nouvel auxiliaire chem. est et ouest.

A cet effet, la figure montre que l'on a toujours

$$DE < DD' + HH' + GG' + FF' < \text{chem. E. O.};$$
$$CK > DD' + HH' + GG' + FF' > \text{chem. E. O.}$$

Et comme l'arc DE ne peut prendre la valeur CK qu'en passant par tous les états de grandeur compris entre ces deux limites, il existe donc un arc parallèle à l'équateur, intermédiaire à ceux DE et CK, qui a pour valeur le chemin est et ouest.

Quelle est la position qu'il occupe? C'est ce qu'on ne saurait établir rigoureusement; mais on admet qu'il passe par le point M milieu de DK, ayant pour latitude la demi-somme de celles de départ et d'arrivée; on la nomme latitude moyenne.

En comparant l'arc MM' à celui AB d'équateur qui lui est semblable, on a, d'après un principe connu,

$$r : \cos. \text{AM} :: \text{AB} : \text{MM'},$$

ou

$$(5) \quad r : \cos. \left(\frac{L_a + L'_a}{2} \right) :: \text{chang}^t \text{ long.} : \text{chem. E. O.},$$

qu'on traduit ainsi : Le rayon des tables est au cosinus de la moyenne latitude, comme le chang^t longitude est au chemin est et ouest.

Si le rumb suivi était l'est ou l'ouest, ou, en d'autres termes, si $V = 90°$, elle devient $r : \cos. L :: \text{chang}^t \text{ long.} : M$.

Ayant actuellement à notre disposition quatre formules dans lesquelles n'entre pas le changement en latitude croissante, il convient de les faire concourir à la résolution des problèmes de route par le quartier.

Ces formules sont :

(4) $r : \sin. V :: M : \text{chem. E. O.}$;
(1) $r : \cos. V :: M : \text{chang}^t \text{ lat.}$;
(3) $r : \text{tang}. V :: \text{chang}^t \text{ lat.} : \text{chem. E. O.}$;
(5) $r : \cos. L_m :: \text{chang}^t \text{ long.} : \text{chem. E. O.}$

La construction géométrique de ces formules donne naissance

aux deux triangles dissemblables ABC, ADO, dans lesquels les éléments ont les significations suivantes :

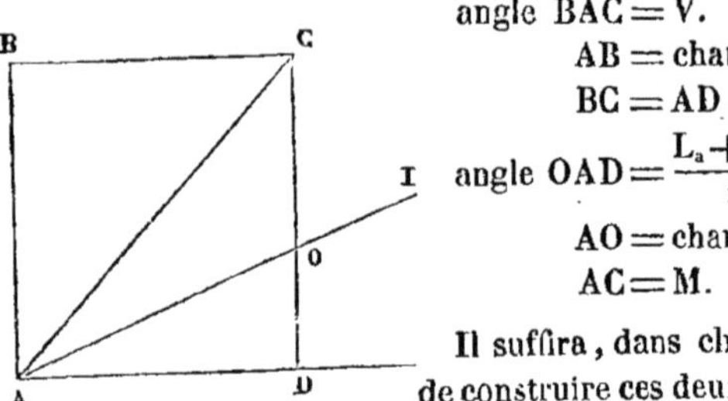

angle $BAC = V.$

$AB = $ chang^t latitude.

$BC = AD = $ chem. E. O.

angle $OAD = \dfrac{L_a + L'_o}{2} = L_m.$

$AO = $ chang^t longitude.

$AC = M.$

Il suffira, dans chaque problème, de construire ces deux triangles; et la connaissance de deux des éléments de chacun d'eux suffira, puisqu'ils sont rectangles.

Problème. Données, L_a, L_o, V, M.

On tendra le fil fixé au sommet de l'angle droit sur la division de l'arc gradué, qui donnera angle $BAC = V.$

On comptera sur AC autant d'intervalles compris entre les arcs concentriques qu'il y a de milles dans la route, si une des divisions de l'échelle a été choisie pour longueur de la minute. On aura ainsi le point d'arrivée C. Le nombre d'intervalles du quartier compris entre C et AD donnera le nombre des minutes du changement en latitude. Prenant alors la moyenne entre les latitudes des points A et C, on tendra le fil en AO, de manière à faire un angle IAD égal à cette latitude moyenne; et la partie de cette droite, comprise entre le centre A du quartier et la perpendiculaire CD à l'échelle des longitudes, sera composée d'autant d'intervalles circulaires qu'il y a de minutes dans le changement en longitude.

CAS PARTICULIERS.

Si, dans les formules

r : cos. V :: M : chang^t latitude,

r : tang. V :: chang^t lat. croiss^e : chang^t long., on suppose $V = 0$, c'est-à-dire que la route soit dans la direction nord et sud, elles deviendront

$$r : r :: M : \text{chang}^t \text{ latitude};$$

donc $M = \text{chang}^t$ latitude;

$$r : 0 :: \text{chang}^t \text{ lat. croiss}^e : \text{chang}^t \text{ long.};$$

donc chang^t long. $= 0$;
résultats que la figure donnait *à priori*, et qui font reconnaître la vérité des formules.

Dans l'hypothèse $V = 90°$, on obtient

$$r : 0 :: M : \text{chang}^t \text{ lat.};$$

donc chang^t lat. $= 0$;

$$r : \infty :: \text{chang}^t \text{ lat. croiss}^e : \text{chang}^t \text{ long.}$$

Mais chang^t lat. $\text{croiss}^e = 0$, puisque chang^t lat. $= 0$;

donc chang^t long. $= \dfrac{\infty \times 0}{r}$, forme difficile à interpréter.

Pour éviter cette difficulté, si on remplace tang. V par sa valeur $\dfrac{r \sin. V}{\cos. V}$, on aura

$$r : r \frac{\sin. V}{\cos. V} :: \text{chang}^t \text{ lat. croiss}^e. : \text{chang}^t \text{ long.};$$

remplaçant dans le second terme $\dfrac{r}{\cos. V}$ par sa valeur $\dfrac{M}{\text{ch}^t\text{lat.}}$, la formule devient

$$r : \frac{M}{\text{ch}^t \text{ lat.}} \times \sin. V :: \text{ch}^t \text{ lat. cr}^e : \text{ch}^t \text{ long.}$$

Mais, dans l'hypothèse actuelle, $\sin. V = r$; on aura donc

$$r : \frac{rM}{\text{ch}^t \text{ lat.}} :: \text{ch}^t \text{ lat. cr}^e : \text{ch}^t \text{ long.};$$

ou $\text{ch}^t. \text{ lat.} : M :: \text{ch}^t \text{ lat. cr}^e : \text{ch}^t \text{ long.};$

donc $\text{ch}^t \text{ long.} = M \times \dfrac{\text{ch}^t \text{ lat. cr}^e}{\text{ch}^t \text{ lat.}} = M \times \dfrac{\text{séc. L}}{\text{R}}.$

Si, dans la formule empirique, on remplaçait chem. E. O. par M, on trouverait le même résultat; ce qui devait être, puisque V étant égal à $90°$, M a été couru E. O.

Exemples de problèmes de route.

Un navire étant parti d'un lieu situé par $\begin{cases} 36° & 21' \text{ lat. N.,} \\ 40° & 57' \text{ long. O.,} \end{cases}$ a fait 130 milles dans le S. 50° E.

Les vents étaient au N. E., la dérive de 10°, la variation de 22° N. O. ; il s'agit de déterminer le point d'arrivée.

En corrigeant la route au compas de la dérive et de la variation, on trouvera qu'elle correspond au S. 62° E.

Les éléments à introduire dans les formules sont donc

$$V = 62°; \quad M = 130°;$$

on trouve alors ch^t lat. $= \dfrac{130 \times \cos. 62°}{r}$, ou, appliquant les logarithmes,

$$\text{log. ch}^t \text{ lat.} = \text{log. } 130 + \text{log. cos. } 62° - 10$$
$$\text{log. } 130 = 2{,}113943$$
$$\text{log. cos. } 62° = 9{,}671609$$
$$\text{somme} - 10 \qquad 1{,}785551\ldots\ldots 61'{,}45$$

Ainsi, le chang^t en lat. est de 1° 1';

lat. de départ	36° 21' N.	lat. cr^e	2344,00
ch^t lat.	1° 01' S.		
latitude arrivée	35° 20' N.	lat. cr^c	2268,75
		ch^t lat. cr^e	75,25

En introduisant ce résultat dans la formule (2), on aura

$$\text{ch}^t \text{ long.} = \frac{75{,}25 \times \text{tang. } 62}{r};$$

et effectuant,

$$\text{log. } 75{,}25 = 1{,}876507$$
$$\text{log. tang. } 62° = 10{,}274326$$
$$\text{somme} - 10 = 2{,}150833 \quad \text{ch}^t \text{ long.} = 141'{,}5 = 2° 21'{,}5$$
$$\text{long. de départ} \quad 40° 57' \text{ O.}$$
$$\text{ch}_1 \text{ long.} \quad 2° 21' \text{ E.}$$
$$\text{long. arrivée} \quad 38° 36' \text{ O.}$$

Tables de point.

On peut éviter le calcul, et même les constructions graphiques, en utilisant une table dans laquelle sont insérés les éléments d'un triangle rectangle.

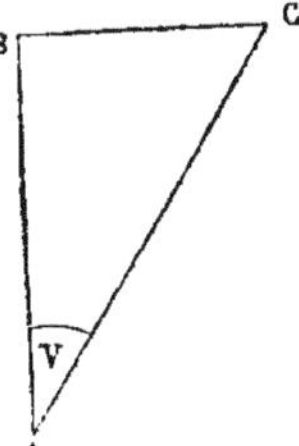

Pour la construire, on a pu faire passer un angle V d'un triangle rectangle par tous les états de grandeur de zéro à 90°, et aussi les valeurs de AC ou M de 1 à 240, et calculer les valeurs correspondantes de AB ou chang^t lat., et BC chem. E. O.

Ces tables sont disposées de la manière suivante :

Milles courus.	ANGLES DE ROUTE.					
	1°		2°		3°	
	N. S.	E. O.	N. S.	E. O.	N. S.	E. O.
1	1,0	0,0	1,0	0,0	1,0	0,1
2	2,0	0,0	2,0	0,1	2,0	0,1
3	3,0	0,1	3,0	0,1	3,0	0,2
4	4,0	0,1	4,0	0,1	4,0	0,2
5	5,0	0,1	5,0	0,2	5,0	0,3

En tête de la page sont inscrits les angles de route, et dans la première colonne à gauche, les milles courus. Pour avoir les chemins N. S., E. et O., il suffit de prendre la route dans la colonne horizontale, et les milles dans celle verticale; à l'intersection des deux colonnes horizontale et verticale correspondantes se trouvent les deux éléments cherchés. On voit que l'angle de route est l'angle aigu d'un triangle rectangle, les milles courus l'hypoténuse, et les milles N. et S. le côté adjacent à l'angle aigu.

Pour trouver le changement en longitude correspondant aux milles à l'est ou à l'ouest, il s'agit de déterminer l'hypoténuse BO d'un triangle rectangle BAD, dans lequel on connaît l'angle aigu B et le côté adjacent BA.

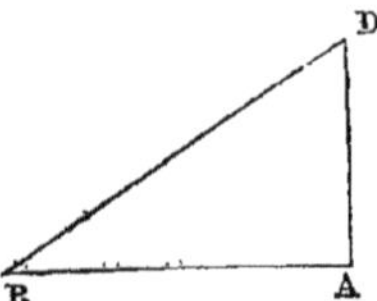

D'après la remarque faite ci-dessus, la table précédente peut servir à cette détermination.

Il suffira de chercher l'angle aigu, c'est-à-dire la latitude moyenne en tête de la page, de prendre le côté de l'angle droit dans la colonne N. et S.; et l'on trouvera, dans la colonne des milles, l'hypoténuse du triangle, c'est-à-dire le changement en longitude.

Problème composé.

Lorsqu'on a couru plusieurs routes, au lieu de faire un problème particulier pour chacune d'elles, on cherche, soit dans la table, soit sur le quartier, les milles nord et sud, ainsi que les milles est et ouest correspondant à chacune d'elles; on voit alors de combien de milles le navire s'est déplacé sur la ligne nord et sud ainsi que sur la ligne est et ouest, et l'on considère ces deux éléments comme provenant d'une seule route. Le problème rentre alors dans le précédent, et s'achève de même.

Exemple. Un navire est parti de 46° 30′ latitude nord, et de 40° longitude ouest; il a couru les routes suivantes :

N. N. O.	15 milles	11° de dérive	tribord;
S. E. ¼ S.	25 milles	17°	id.	bâbord;
S. O.	62 milles	15°	id.	tribord;
N. E. ¼ E.	54 milles	18°	id.	tribord;
O. S. O.	75 milles	10°	id.	bâbord.

La variation était de 20° N. E.

DISPOSITION DU CALCUL.

Routes suivies.	Variation.	Dérive.	Routes corrigées.	Chemin.	N.	S.	E.	O.
N. N. O.		11° T.	N. ¼ N. E. 2° N.	15	14,82	"	2,28	"
S. E. ¼ S.		17° B.	S. E. ¼ S. 3° S.	25	"	21,49	12,79	"
S. O.	20° N. E.	15° T.	O. ¼ S. O. 1° O.	62	"	10,77	"	61,06
N. E. ¼ E.		18° T.	E. 4° S.	54	"	4,01	53,85	"
O. S. O.		10° B.	O. ¼ S. O. 1° S.	75	"	16,23	"	73,22
					14,82	52,50	68,92	134,28
						14,82		68,92
						37,68		65,36

Si le navire marchait dans les eaux d'un courant, il serait entraîné par elles dans leur direction avec la vitesse dont elles se meuvent.

Le déplacement que le navire éprouvera par cette cause pourra être considéré comme une route faite dans la direction du courant.

Exemple. Un navire a fait les routes suivantes :

Au N. 50° E., avec 15° de dérive bâbord, 35 milles;

Au S. 40° E., avec. 5° de dérive tribord, 40 milles :

La variation, dans ces parages, étant de 20° N. O.

De plus, il a été reconnu qu'il existait un courant portant dans le O. S. O., avec une vitesse de $\frac{1}{2}$ mille par heure.

Le navire a employé 18 heures à faire ces deux routes.

Quel est le déplacement N. S., le déplacement E. O.?

Il est clair qu'il aura été drossé de 9 milles dans l'ouest-sud-ouest.

On doit donc ajouter cette route aux deux précédentes.

	Route suivie.	Dérive.	Variation.	Route corrigée.	Milles.	N.	S.	E.	O.
1re route.	N. 56° E.	15° B.	20° N. O.	N. 22° E.	35	32,7	•	12,5	»
2e route.	S. 40° E.	5° T.		S. 55° E.	40		23,0	32,8	
Courant.				O. S. O.	9		3,5		7,7
						32,7	26,5	45,3	7,7
Route directe, N. 80° 3′ E.						26,5		7.7	
Milles, ... 38.						6,2		37,6	

Ayant navigué quelque temps sur l'estime, il sera bon de chercher à s'assurer du degré de confiance qu'on doit accorder à ses résultats; et les erreurs ne se manifestant le plus ordinairement que par l'influence qu'elles exercent sur la latitude, c'est ce dernier élément qu'on doit chercher à se procurer par une méthode indépendante.

A cet effet, on prendra, un certain jour où l'état du ciel le permettra, la hauteur méridienne du soleil; et, de cette distance du bord inférieur de l'astre à l'horizon visible, on déduira, par des corrections successives qui seront analysées plus tard, la distance du centre du soleil à l'horizon rationnel. Le complément de cet arc sera la distance zénithale.

Or, en analysant, à l'aide d'une figure, les trois positions principales que peut occuper le soleil à midi ou dans le méridien, on
reconnaît que c'est par une combinaison des deux arcs représentant
l'un la distance zénithale, l'autre la déclinaison, qu'on se procure
l'arc EZ, mesure de la latitude.

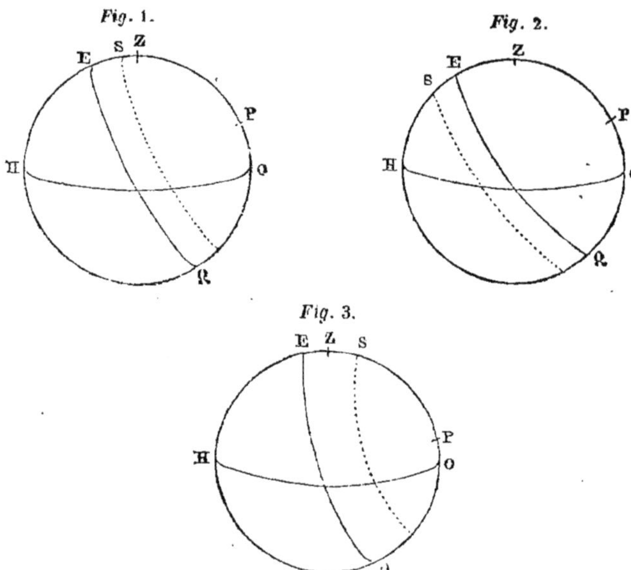

Dans la fig. 1, $ZE = SZ + SE$, ou lat. $=$ dist. zénith. $+$ déclin.
Dans la fig. 2, $ZE = SZ - SE$, ou lat. $=$ dist. zénith. $-$ déclin.
Dans la fig. 3, $ZE = ES - ZS$, ou lat. $=$ décl. $-$ dist. zénith.

La *Connaissance des temps* fournissant la déclinaison du soleil
chaque jour au midi de Paris, et cet élément variant très-peu en
24 heures, on pourra, avec la longitude estimée, obtenir l'heure
de Paris correspondante au midi du lieu de l'observation, et, par
suite, la déclinaison avec un grand degré d'exactitude. La combinant donc avec la distance zénithale dont la recherche vient d'être
expliquée, on aura la latitude du lieu, qu'on pourra regarder
comme exacte.

C'est en la comparant à celle fournie par l'estime, qu'on va pouvoir discuter cette dernière.

Cette différence des deux latitudes est-elle considérable? Il y a nécessairement une erreur dans l'estime; mais sur lequel des deux éléments porte-t-elle? Suspectera-t-on le rumb de vent, ou l'estimation des milles parcourus?

Le choix n'est pas indifférent, et l'on devra se laisser guider par les considérations suivantes :

A-t-on couru sur un rumb de vent très-voisin du nord ou du sud, c'est-à-dire depuis le nord-nord-est jusqu'au nord-nord-ouest, ou du sud-sud-est jusqu'au sud-sud-ouest?

On remarquera qu'une grande erreur commise sur un pareil rumb de vent, le nombre des milles restant le même, n'en produirait qu'une très-légère sur la latitude, tandis que, dans les mêmes circonstances, une erreur de quelques milles produirait plusieurs minutes de différence en latitude. Il faut donc, dans ce cas, attribuer l'erreur à l'évaluation des milles, plutôt qu'à la direction de la route. Alors on résoudra le problème suivant :

Connaissant l'angle de route, le point de départ et la latitude d'arrivée, trouver la longueur de la route et la longitude d'arrivée, qui, par là, se trouvera rectifiée.

Ainsi, supposons qu'ayant couru au sud-sud-est du monde, on évalue la route à 45 milles.

En faisant le point par estime, on trouve 41′,5 de changement en latitude, alors que l'observation de la hauteur méridienne donne un changement en latitude de 45′; il y a donc une erreur qui en produit une de 3′5 sur le changement en latitude. Or, le quartier fait voir qu'il suffit d'une erreur de 3′,7 sur la route pour produire l'erreur de 3′,5 en latitude, alors qu'il faudrait admettre sur le rumb de vent une erreur de deux quarts pour arriver au même résultat.

Donc, lorsque le rumb de vent ne s'écartera au plus que de deux quarts du nord ou du sud, une erreur sur le changement en latitude devra être attribuée à l'évaluation inexacte du nombre des milles courus.

Si, au contraire, le rumb de vent était entre l'est-nord-est et l'est-sud-est, ou entre l'ouest-sud-ouest et l'ouest-nord-ouest, il suffirait d'une petite erreur sur la direction pour en produire une assez grande sur le changement latitude, alors qu'en supposant la direction bien appréciée, il faudrait, pour affecter la latitude de la même erreur, en commettre une considérable sur le nombre des milles courus.

On devra alors, pour corriger la longitude donnée par l'estime, résoudre le problème dans lequel on connaît le point de départ, la latitude d'arrivée, et le nombre des milles de la route.

On voit actuellement pourquoi on a discuté complétement le problème des routes, en supposant quatre des éléments connus, et cherchant à découvrir les deux autres.

La considération du rumb de vent suivi ne doit pas seule décider le choix de la correction; l'allure du bâtiment, l'état de la mer, l'intensité du vent, peuvent aussi donner d'excellents indices sur la nature de l'erreur commise sur l'estime. On sait, par exemple, qu'un fort vent chasse devant lui les molécules d'eau, et occasionne un courant que les marins nomment la poussée de la houle, de telle sorte que si un navire fait route vent arrière, avec forte brise et la mer un peu houleuse, il parcourra un chemin plus grand que celui estimé au loch; et comme la direction du courant n'altère pas, dans ce cas, celle de la route, on sera en droit de conclure que c'est le chemin qui est en erreur.

Exemple. On a fait route au O. S. O. du monde avec un gros vent de N. E.; on a couru 150 milles dans cette direction. La différence des latitudes de la veille et du jour a été trouvée par l'observation de 64 milles : on demande la longitude d'arrivée.

Par le point, on ne trouve que 58′ de changement en latitude; et comme les circonstances font penser qu'il y a fausse appréciation du chemin, on conservera la direction, et, résolvant alors le problème en connaissant le point de départ, la latitude d'arrivée et l'angle de route, on trouvera 166,5 pour nombre des milles courus; on calculera ensuite la longitude par les règles connues.

Si, dans les mêmes circonstances, le navire faisait route sur la perpendiculaire au vent, le courant n'aurait pas d'influence sur les milles estimés, mais bien sur le rumb suivi.

On a gouverné à l'E. N. E. du monde avec un fort vent de S. O., et on a estimé 160 milles dans cette direction : la différence entre la latitude de la veille et celle donnée le jour par l'observation a été de 52 minutes.

On remarque de suite que la direction du vent et de la houle tendent à augmenter les milles estimés, ainsi que le changement en latitude.

Or, au lieu de trouver une augmentation, on trouve une diminution, puisque, par l'estime, le changement latitude serait 61′,5. L'erreur d'estime dépend donc d'une autre cause que de la poussée de la houle. Aussi regardera-t-on cette erreur comme provenant de la direction.

En général, on diminuera les chances d'erreur en faisant concourir toutes les considérations précédentes.

Ainsi, on commencera par supposer le rumb de vent exact, et on cherchera alors les milles courus. Une moyenne entre ce nombre de milles et ceux estimés sera regardée comme l'expression du vrai chemin parcouru, avec lequel on calculera le rumb de vent, et, avec ce dernier élément, la longitude d'arrivée.

Exemple. On a fait route au N. N. O. avec forte brise de N. E., et on a couru 130 milles dans cette direction; on a trouvé par l'observation que le changement en latitude était de 108 minutes.

On demande la longitude d'arrivée.

Le point fait par estime donne 120 minutes de changement en latitude. Il y a donc erreur de 12 minutes.

Les deux règles précitées étant, dans le cas présent, en désaccord, on appliquera la correction composée.

On considérera d'abord la direction comme exacte, et alors on trouvera $116^m,7$ pour chemin parcouru. La moyenne entre ces milles calculés et ceux estimés étant $123^m,3$, on considérera actuellement cette route comme exacte, et, s'en servant alors pour résoudre le problème, on trouvera que la route probable est le N. N. O. $\frac{1}{2}$ O., et de là on déduira la longitude d'arrivée.

On appliquera encore la correction composée, lorsque la route suivie sera entre le nord et l'est, ou toute autre analogue.

Application au problème composé.

Lorsqu'on a suivi plusieurs routes dans les 24 heures, on trouve le point estimé au moyen du problème composé.

Si la latitude obtenue ainsi ne s'accorde pas avec celle de l'observation, on appliquera les problèmes de correction, en considérant la route directe donnée par le problème composé comme la route unique suivie.

Règle à suivre. Si la route directe est comprise entre le N. N. E. et le N. N. O., ou le S. S. E. et le S. S. O., on corrigera en regardant l'erreur comme portant sur les milles.

Si, au contraire, la route est comprise entre l'est-nord-est et l'est-sud-est, ou entre l'ouest-sud-ouest et l'ouest-nord-ouest, on regardera l'erreur comme provenant de la direction.

Enfin, si le rumb n'est pas compris dans les précédents, on fera la correction composée.

Le navigateur fait à la mer le moins de calculs possible, surtout à bord des navires de faible tonnage, où le personnel peu nombreux oblige le capitaine ou les officiers à une surveillance de tous les instants. Il faut donc leur créer les moyens les plus prompts possibles de trouver les résultats de leurs observations, et parmi celles-ci nous rangerons toutes celles qu'un triangle sphérique rectangle permet de résoudre, savoir :

1° L'heure du lever vrai du soleil;
2° Sa distance au point d'est à ce moment;
3° L'heure à laquelle il passe au 1er vertical;
4° La hauteur qu'il a à cet instant;
5° L'heure à laquelle son angle de position est droit;
6° La hauteur de l'astre à cet instant.

Tous ces problèmes peuvent se résoudre par le quartier : c'est pourquoi on lui ajoute certaines échelles bien autrement utiles que celles de latitude croissante, que la table remplace avec avantage. Observons d'ailleurs que, pour les usages auxquels ces problèmes sont destinés, une rigueur mathématique serait sans utilité.

Analysons, par des figures, chacun des six problèmes précités.

Premier problème.

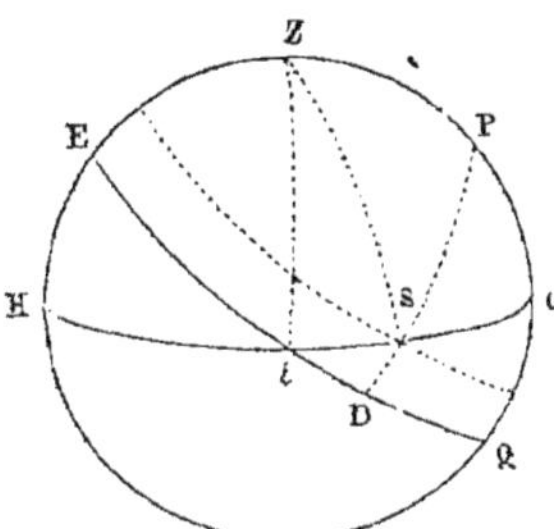

S étant la position du centre du soleil au moment de son lever vrai, les arcs ꞒD et SꞒ feront connaître, le premier, le complément à 6 heures de l'heure du lever dans le cas de la figure; l'autre, la distance du soleil au point d'est.

Les données de la question sont :

1° SD, déclinaison du soleil pour l'heure présumée du lever;

2° L'angle SꞒD, complément de la latitude fournie par l'estime.

On applique au triangle sphérique rectangle ꞒSD les deux formules

r : tang. SꞒD :: sin. ꞒD : tang. SD, ou r : cot. L :: sin. ꞒD : tang. d;

r : sin. SꞒD :: sin. ꞒS : sin. SD, ou r : cos. L :: sin. ꞒS : sin. d.

L'arc ꞒS, mesure de l'angle au zénith ꞒZS, se nomme amplitude ortive.

Si donc on ajoutait sur la ligne horizontale inférieure du quartier une échelle de sinus, en prenant pour rayon celui du quartier, et, sur le côté vertical à droite, une échelle de tangentes de 0° à 30°, on reconnaît que, pour résoudre le premier problème, il suffirait de tendre le fil de manière à ce qu'il forme avec la ligne horizontale inférieure un angle égal au complément de la latitude. En prenant sur l'échelle des tangentes une longueur égale à celle de la déclinaison, et menant par son extrémité une parallèle à la ligne est et ouest jusqu'à la rencontre du fil, le pied de la perpendiculaire abaissée de ce point sur l'échelle des sinus ferait connaître celui de ꞒD, et par suite ꞒD lui-même. Pour le second problème, tendant le fil de la même manière, prenant sur le côté nord et sud une longueur égale à sin. d, et conduisant par son extrémité une ligne parallèle à celle est et ouest, elle coupera le fil en un point, et l'on voit que la longueur du fil rapportée sur l'échelle des sinus fera connaître le sinus de ꞒS, et par suite ꞒS lui-même, qu'on nomme amplitude ortive.

On voit qu'ici la ligne est et ouest du quartier a rempli l'office de l'équateur, le fil celui de l'horizon, et le centre du quartier le vrai point d'est.

Deuxième problème.

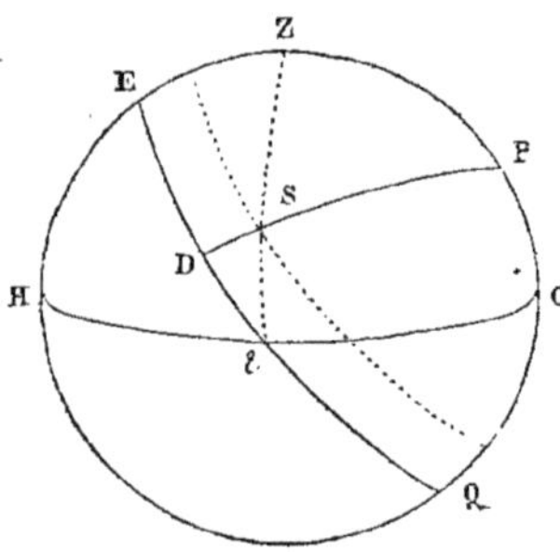

Le soleil est en S dans le premier vertical, et l'on déduit du triangle sphérique rectangle $S\mathcal{E}D$ les deux formules

$$r : \text{tang.}\, S\mathcal{E}D :: \sin.\, \mathcal{E}D : \text{tang.}\, SD,$$

ou $r : \text{tang.}\, L :: \sin.\, \mathcal{E}D : \text{tang.}\, d$;

et $r : \sin.\, S\mathcal{E}D :: \sin\, \mathcal{E}S : \sin.\, SD,$

ou $r : \sin.\, L :: \sin.\, \mathcal{E}S : \sin.\, d.$

On voit que ces deux formules répondent à deux triangles rectilignes rectangles ayant un angle aigu égal à L, et le premier pour côtés de l'angle droit sin. $\mathcal{E}D$ et tang. SD, ou tang. d, et le second pour hypoténuse sin. $\mathcal{E}S$, et pour côté opposé à L, sin. d. On les résoudra donc par le quartier comme les précédents, avec les mêmes échelles; et la ligne E. O. du quartier représentant l'équateur, le fil tiendra la place du premier vertical. L'arc $\mathcal{E}D$, ajouté à 6 heures, donnera, dans le cas de la figure, l'heure du passage, et $S\mathcal{E}$ la hauteur du soleil à cet instant.

Troisième problème.

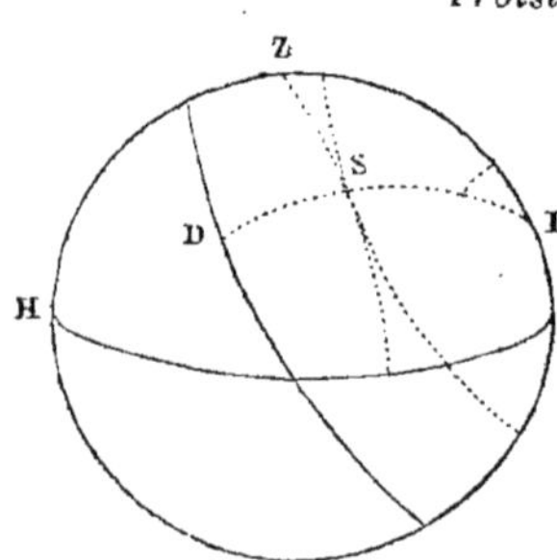

Le soleil étant en S lorsque l'angle de position est droit, on déduit du triangle sphérique rectangle ZSP les proportions

$$r : \cos.\, P :: \text{tang.}\, PZ : \text{tang.}\, PS,$$

ou $r : \cos.\, P :: \text{tang. du com}^t \text{ lat.}$

$: \text{tang. du com}^t$ déclinaison;

et $r : \cos.\, PS :: \cos.\, ZS : \cos.\, PZ$;

ou $r : \sin.\, \text{com}^t$ déclin. $:: \sin.\, H : \sin.\, L.$

On voit que la première, dans laquelle l'inconnue est l'angle P, revient à la résolution d'un triangle rectiligne rectangle dont l'hy-

9.

poténuse est une tangente, et le côté de l'angle droit adjacent aussi. Il faudrait avoir deux échelles de tangentes, alors qu'une seule suffisait pour les problèmes précédents, et dans des limites assez restreintes, tandis qu'elles devraient être, pour ce dernier cas, très-étendues. On évite cette difficulté en commençant par obtenir la hauteur du soleil par la seconde formule, dans laquelle l'inconnue est H. Elle revient également à la construction d'un triangle rectiligne rectangle dont un des angles aigus est d, et le côté opposé sin. L.

Une fois H connu, alors on pourra, au triangle ZSP, appliquer la formule

$$r : \sin. P :: \sin. PZ : \sin. H,$$

qu'on construira à l'aide des échelles.

Il serait donc bien, afin d'éviter l'emploi du compas, de placer deux échelles de sinus de 0° à 90° le long de la ligne E. O. et de la ligne N. S. du quartier, et une échelle de tangentes de 0° à 30°. sur la bordure du quartier parallèle à la ligne N. S.

Le calcul de l'heure du lever a quelque importance ; car si, par suite d'une faute de calcul ou d'un oubli, on avait corrigé à faux la route de la variation, on pourrait commettre une erreur grave dans son estime, ainsi que le fait s'est présenté. La durée des nuits constatée permet alors de reconnaître que la latitude ne pouvant être comprise entre certaines limites que l'estime lui assigne cependant, il y a dans l'opération une faute grave qu'il doit être facile de reconnaître.

Nous compléterons la navigation à l'estime par le calcul de l'heure de la marée dans un port quelconque, et nous serons obligés, par suite, de donner quelques explications sur les éléments lunaires fournis par la *Connaissance des temps*.

DES MARÉES.

Les marées, ainsi qu'on l'a expliqué précédemment, sont dues aux actions attractives combinées de la lune et du soleil.

La résultante de ces deux forces dépend donc, dans sa grandeur et dans sa direction, des positions relatives de la lune, du soleil, de la terre.

Étudions d'abord le phénomène comme dû à la lune, qui est la cause la plus influente; on rétablira ensuite le soleil, et on trouvera les modifications apportées par sa présence aux résultats obtenus.

La distance de la lune à la surface des eaux d'un lieu est minimum à l'instant du passage de l'astre au méridien.

A ce moment donc l'action de soulèvement est maximum.

Mais comme l'effet ne peut se communiquer que de proche en proche, lorsqu'il se développe en I pour parvenir en A, il s'écoule toujours, entre l'heure de la marée lunaire et celle du passage de la lune au méridien, un temps qui dépend de la latitude du lieu et des causes locales qui facilitent ou contrarient le mouvement du liquide.

Ce retard, à peu près constant dans un même lieu, est regardé comme tel, et connu sous le nom d'*établissement du port*. Des causes accidentelles, telles que des travaux humains, peuvent seules le modifier.

On le déduit d'observations faites le jour de la nouvelle et de la pleine lune, époques auxquelles l'astre passe au méridien supérieur vers midi ou vers minuit.

Pour trouver l'heure de la marée un jour quelconque, il suffirait donc de calculer l'heure du passage de la lune au méridien, et d'y ajouter l'établissement du port.

Calcul de l'heure du passage de la lune au méridien.

Le soleil passe tous les jours à chaque méridien à midi ; et, par suite, l'heure du passage de la lune au méridien de chaque lieu serait différente de midi, mais toujours la même si la lune était immobile comme le soleil. Mais puisqu'elle a un mouvement en ascension droite dont la moyenne par heure est de $2^m,1$, en multipliant ce nombre par la longitude exprimée en heures et parties décimales, on obtiendrait la modification à faire subir à l'heure du passage au méridien de Paris, pour avoir celle au méridien du lieu. Cette quantité, additive pour une longitude ouest, sera soustractive pour une longitude est.

Exemple. On demande l'heure du passage de la lune au méridien d'un lieu situé par 40° 29′ longitude ouest, le 24 avril 1850.

Long. en temps, $2^h,7$.

Retard horaire moyen, $2^m, 1$

  Multiplicateur $2 , 7$
$$\overline{5^m, 67}$$

Passage de $\mathbb{C}$ au méridien de Paris, le 24 avril, temps astronomique moyen , $10^h 53^m 00^s$

    Correction $+$ $5^m 39^s$

Passage $\mathbb{C}$ au méridien du lieu, temps astronomique moyen le 24 avril , $10^h 58^m 39^s$

  Temps civil moyen le 24 avril, $10^h 58^m 39^s$ soir.

   Équation du temps $+$ 2^m

    Temps vrai le 24 , $11^h 0^m 39^s$ soir.

Cette méthode, très-prompte, est suffisamment exacte lorsque le calcul du passage a pour but la recherche de l'heure de la marée.

Si on voulait obtenir cette heure plus exactement, on opérerait de la manière suivante :

Heure du passage $\mathbb{C}$ à Paris, temps astronomique moyen,

le 24 , $10^h 53^m$

le 25 , $11^h 41^m$

Retard pour parcourir 360°, ou en 24^h, 48^m

Retard pour 1^h, . $\dfrac{48^m}{24}$ ou $\dfrac{60 \times 48^s}{24}$ ou $48^s \times 2,5.$

Retard pour $2^h,7$, longitude en temps, $48^s \times 2,5 \times 2,7$ ou $5^m 24^s.$

    $10^h 53^m$

Heure du passage au lieu le 24, t. a. m., $+$ $5^m 24^s$
    $10^h 58^m 24^s$

 Équation du temps, $+$ $1^m 57^s$

Passage le 24, temps astronomique vrai, $11^h 00^m 21^s.$

La méthode qui vient d'être employée pour obtenir une partie proportionnelle se recommande aux marins par sa simplicité ; elle évite la méthode des parties aliquotes et donne promptement le résultat ; car, pour multiplier 48^s par 2,5, il suffisait d'écrire

$$
\begin{array}{r}
48^s \\
48^s \\
24^s \\
\hline
120^s \text{ ou } 2^m.
\end{array}
$$

Elle s'applique également à la recherche de la déclinaison $\mathbb{C}$ pour une heure quelconque ; car supposons que la déclinaison ayant augmenté dans 24^h de $18^m\ 17^s$, on demande de combien elle aura varié en $5^h\ 29^m$?

On posera

$$
\begin{array}{ll}
\text{ch}^t \text{ en } 24^h, & 18^m\ 17^s \\
\text{en } 1^h, & \dfrac{18^m\ 17^s}{24} \text{ ou } 18^s\ 17^t \\
& \qquad\quad 18^s\ 17^t \\
& \qquad\quad\ \ 9^s\ \ 8^t \\
& \qquad\quad\overline{45^s\ 42^t \text{ ou } 45^s,7.}
\end{array}
$$

Donc la variation pour $5^h\ 29^m$ sera $45^s,7 \times 5,5$, ou $251^s,35$, et enfin $4^m\ 11^s,35$.

On trouve dans la table des passages des cases vides qui veulent dire que la lune, qui met plus de 24 heures à revenir dans le plan du méridien supérieur, y est arrivée avant le commencement du jour astronomique.

Lorsqu'on se rencontre dans ce cas pour calculer l'heure d'une marée, il ne faut pas oublier que, comme on doit toujours ajouter l'heure de l'établissement du port, on obtiendra toujours, en prenant le passage pour le jour précédent, une heure qui sera pour le jour proposé, mais en temps astronomique.

Si le calcul conduisait en temps civil au jour suivant, celui pour lequel le calcul est fait, il conviendrait de prendre le passage antéprécédent pour n'être pas obligé, une fois le calcul fini, de rétrograder.

Calcul de l'heure de la marée.

Trouver l'heure de la pleine mer, le 24 avril 1850, dans un port situé par 40° 29′ longitude ouest, dont l'établissement est 5^h 20^m.

Heure calculée du passage lune, temps vrai, le 24,

$$11^h\ 00^m\ 39^s \text{ soir.}$$

Établissement,	5^h 20^m	
	16^h 20^m 39^s	
ou le 25,	4^h 20^m 39^s matin.	
Correction,	+ 16^m 30^s	
	4^h 37^m 09^s.	

Donc, pour avoir une marée du 24, il faudrait retrancher à ce résultat 12^h 25^m, intervalle moyen qui sépare deux marées consécutives, l'une du matin, l'autre du soir ; on trouverait alors

$$16^h\ 47^m\ 9^s$$
$$-\ 12^h\ 25^m$$

Heure marée le 24,   4^h 12^m 9^s soir.

On aurait évité cette rétrogradation en prenant l'heure du passage pour le 23 avril.

La correction de 16^m 30^s précédemment employée est fournie par une table dans laquelle on entre avec l'heure du passage de la lune au méridien, et la parallaxe horizontale.

Les nombres, tantôt additifs, tantôt soustractifs, donnés par cette table, sont dus à la distance de la lune à son apogée, ainsi qu'à la distance luni-solaire ; par là, l'influence solaire se trouve rétablie, et le calcul complété.

Avant de procéder à la rectification des résultats de l'estime, il faut établir quelques principes astronomiques, et apprendre quelles sont les ressources offertes au marin par le Bureau des longitudes, et renfermées dans un travail publié chaque année sous le nom de *Connaissance des temps.*

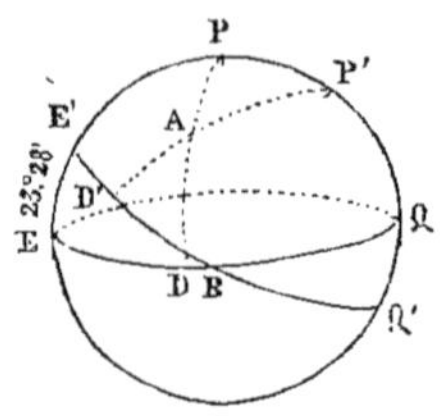

EQ étant l'équateur, E'Q' l'écliptique, P le pôle de l'équateur, P' celui de l'écliptique, distant du premier de 23° 28', et B le point équinoxial du printemps, l'arc AD a été nommé déclinaison de l'astre, A et BQFD ascension droite. Ces deux coordonnées suffisent pour déterminer la position du point A.

L'arc AD' est nommé latitude, et BD' longitude du même astre A ; et ce nouveau système de coordonnées, qui fixe également sa position, peut se déduire du premier supposé connu.

En effet, dans le triangle sphérique PAP', le côté PA est le complément de la déclinaison, celui PP' est de 23° 28', et l'angle APP' a pour mesure l'arc DQ, égal à 90° + BD, ou 90° + suppl* à 360° de l'ascension droite.

On pourra donc calculer le côté AP', suppl^t de l'arc de latitude, et l'angle PP'A mesuré par E'D', complément de la longitude.

Réciproquement, si l'on connaissait les coordonnées latitude et longitude, on pourrait déduire du même triangle, dans lequel on connaîtrait dans ce cas PP', P'A, et l'angle PP'A, les valeurs du côté PA, complément de la déclinaison, et de l'angle APP', duquel on déduirait l'ascension droite.

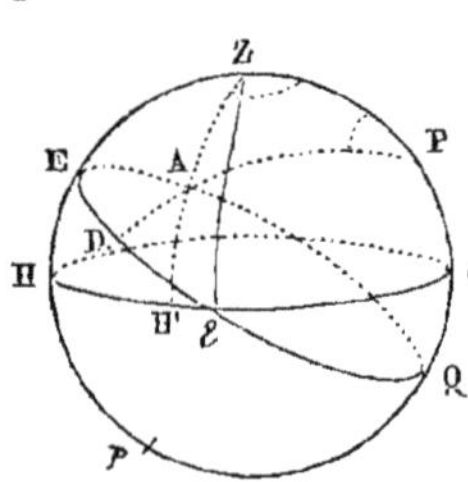

Si la circonférence HEZPOQP' représente le méridien d'un lieu, HO l'horizon rationnel, EQ l'équateur, ℰ le vrai point d'est, Z le zénith, P le pôle ; ZH est le vertical de l'astre A, AH' sa hauteur, AZ sa distance zénithale, AD sa déclinaison, AP sa distance polaire.

ZℰC se nomme le premier vertical, AZP l'angle azimutal, ℰZH' l'angle d'amplitude, mesuré par Hℰ, ZPA, l'angle horaire.

Le premier de ces angles a son sommet au zénith, et, pour côtés, le vertical de l'astre et la partie abaissée du méridien.

Le second, qui a le sommet au même point, a pour côtés le premier vertical et le vertical de l'astre. Il est le complément du précédent.

Le troisième, nommé angle horaire, a pour sommet le pôle, et pour côtés le cercle de déclinaison et la partie élevée du méridien.

La hauteur et l'angle azimutal sont deux éléments qui suffisent pour fixer la position d'un astre par rapport à l'horizon, et qui varient avec ce dernier cercle, alors que les coordonnées précédemment analysées étaient fixes.

L'angle azimutal et la hauteur étant des quantités dépendantes de l'horizon, ne peuvent plus, par suite, se déduire de la déclinaison et de l'ascension droite ; il faut y ajouter un nouvel élément, qui est ordinairement la latitude, facile à déduire de l'observation, ainsi qu'on le verra par la suite.

PO, élévation du pôle au-dessus de l'horizon, est l'arc mesure de la latitude. Par suite, les arcs OQ, PZ, EH sont, sur cette figure, des arcs complémentaires de la latitude.

L'angle ZAP se nomme angle de position. Il a son sommet au centre de l'astre, et pour côtés son cercle de déclinaison et son vertical.

Dans ce qui va suivre, on discutera spécialement les éléments solaires, en admettant le système dans lequel la terre étant complétement immobile, le soleil décrit chaque jour, autour d'elle, une circonférence de petit cercle sensiblement parallèle à l'équateur.

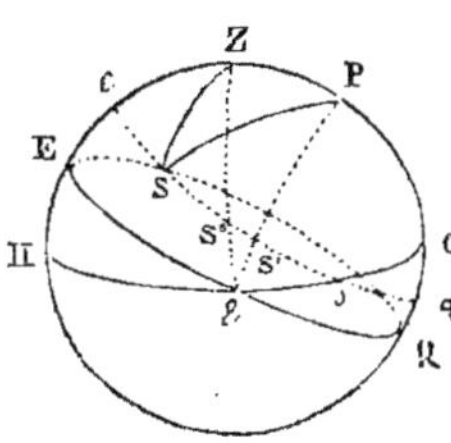

Le soleil, parcourant dans la journée le parallèle qe, se trouve en q à minuit, se lève en s, est rendu à 6 heures dans le cercle PE, nommé cercle de 6 heures, et situé à 90° des parties PQ et PE abaissées et élevées du méridien.

Il passe en s'' dans le premier vertical, et enfin dans le méridien en e au midi vrai.

Si on suppose le soleil rendu en S, on voit que le triangle sphérique ZSP a pour côtés les compléments de la latitude de la déclinaison et de la hauteur, et pour angles ceux nommés horaire, azimutal, et de position.

Il faut suivre chacun de ces angles en particulier, afin d'étudier les variations de grandeur qu'ils subissent dans le courant d'une journée.

Discussion de l'angle horaire.

Le sommet de cet angle est fixe, et indépendant de la position de l'observateur ; égal à 180° à minuit, il devient droit lorsque le soleil passe au cercle de 6 heures, et nul enfin à midi, lorsque le soleil passe au méridien dans sa partie élevée. Ces états particuliers de grandeur se renouvellent chaque jour, indépendamment de la latitude du parallèle décrit par le soleil.

L'angle horaire du soleil exprime, le matin, à quelle distance angulaire cet astre se trouve de la partie élevée du méridien. Comme les heures du matin ont leur point de départ à minuit, il en résulte que c'est le complément à 12 heures de l'angle horaire du matin réduit en temps qui donne l'heure. Après midi, au contraire, les heures du soir ayant pour point de départ midi, l'angle horaire réduit en temps fait connaître l'heure.

Discussion de l'angle azimutal.

L'angle azimutal, dont le sommet et un des côtés sont fixes pour un même horizon, varie chaque jour entre des limites qui dépendent de la déclinaison du soleil et de la latitude du lieu.

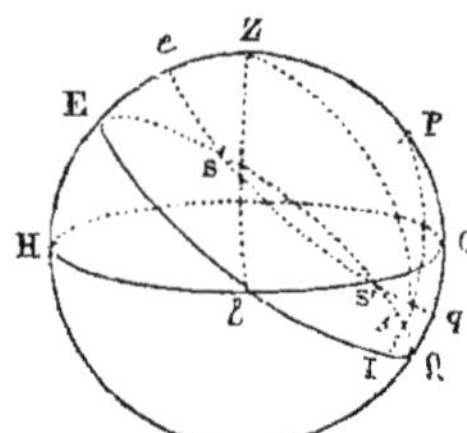

1er *Cas.* Si la déclinaison Ee est moindre que la latitude EZ, et de même dénomination, le soleil passe au méridien, entre le zénith et l'équateur, à midi. Il est en q à minuit, et se lève en s.

Peu après minuit, l'angle s'ZO est très-petit. Il est donc nul à minuit, aigu au lever, droit lorsque le soleil atteint le premier vertical, puis devient obtus, et enfin égal à 180° au moment du passage au méridien supérieur en e, ou à midi.

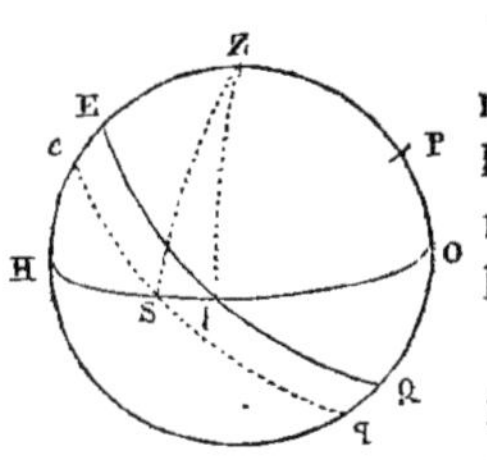

2e Cas. La déclinaison étant de dénomination différente de la latitude, le soleil, parcourant le parallèle *eq*, passe au méridien à midi en *e*, entre l'équateur et l'horizon.

L'angle azimutal est nul à minuit, se forme et grandit jusqu'au point de lever en *s*, où il devient obtus, et continue à grandir jusqu'au moment du passage en *e*, où il devient égal à 180°, les deux arcs qui le composent s'établissant alors dans le prolongement l'un de l'autre.

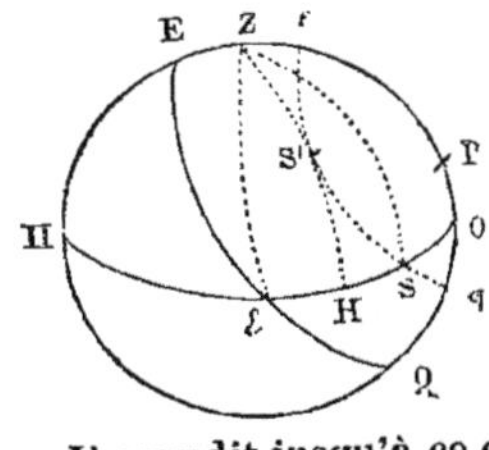

3e Cas. La déclinaison E*e* étant plus grande que la latitude EZ, et de même dénomination, *eq* est le parallèle du soleil, *e* et *q* les positions de cet astre dans le méridien à midi et à minuit. L'angle azimutal, nul à minuit, est aigu au lever; c'est l'angle SZO.

Il grandit jusqu'à ce que le soleil arrive en S′, dans une position telle, que le vertical soit tangent au parallèle. A ce moment, l'angle azimutal, encore aigu, a obtenu sa valeur maximum, et se ferme de plus en plus jusqu'à devenir nul lorsque le soleil arrive en *e*, les deux côtés de l'angle se superposant alors.

On voit que cette particularité ne peut se présenter, en certains temps de l'année, que dans les lieux dont la latitude est moindre que 23° 28′, plus grande déclinaison possible.

Discussion de l'angle de position.

Il est moins facile de suivre sur la figure les variations auxquelles cet angle est soumis, parce que son sommet et ses deux côtés changent à tout moment de situation.

C'est par cette raison qu'on l'exprime en fonction de l'angle azimutal, dont les modifications journalières viennent d'être discutées.

Par suite, on sera dans l'obligation d'établir trois cas correspondant à ceux qu'on a établis pour l'angle azimutal.

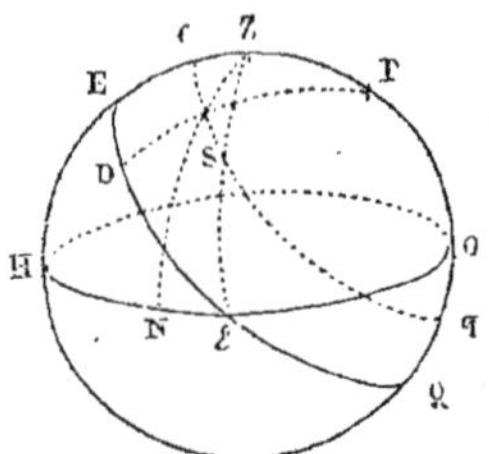

Dans le triangle sphérique ZSP, on a généralement

$$\sin. ZSP : \sin. SZP :: \sin. ZP : \sin. SP ;$$

ou $\qquad \sin. S : \sin. Z :: \cos. L : \cos. d ;$

donc $\qquad \sin. S = \sin. Z \times \dfrac{\cos. L}{\cos. d}.$

Si, comme dans la figure, la latitude est plus grande que la déclinaison, et de même dénomination, le soleil passe au premier vertical deux fois dans la journée; et à ces moments l'angle azimutal devenant droit, son sinus prend sa valeur maximum, qu'atteint aussi en même temps sin. S, en vertu de la formule.

D'ailleurs, l'angle S est constamment aigu dans le courant de la journée, puisqu'il est compris dans l'angle droit, formé par le parallèle et le cercle de déclinaison. L'angle de position, aigu au lever, a donc grandi en restant aigu jusqu'au moment où le soleil a passé dans le premier vertical. A partir de cet instant, il diminue jusqu'à ce que, le soleil passant en e au méridien, il s'annule, les deux côtés se superposant.

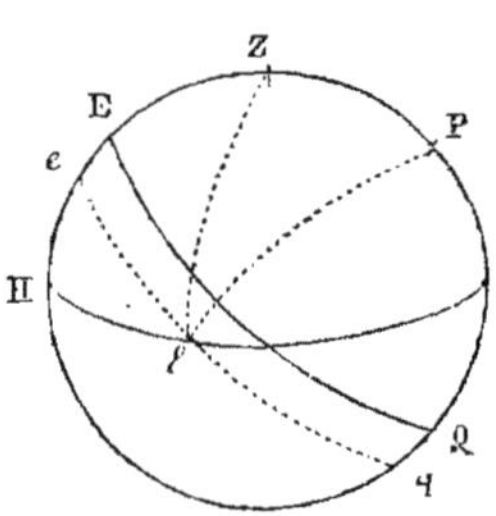

Si la déclinaison est de dénomination différente de la latitude, l'angle azimutal est obtus au lever du soleil, et grandit de plus en plus. Son sinus diminue donc, et avec lui celui de l'angle de position, qui, constamment aigu, devient zéro à midi.

Ainsi, dans ce cas, le maximum de l'angle de position et de son sinus répond au point de lever du soleil.

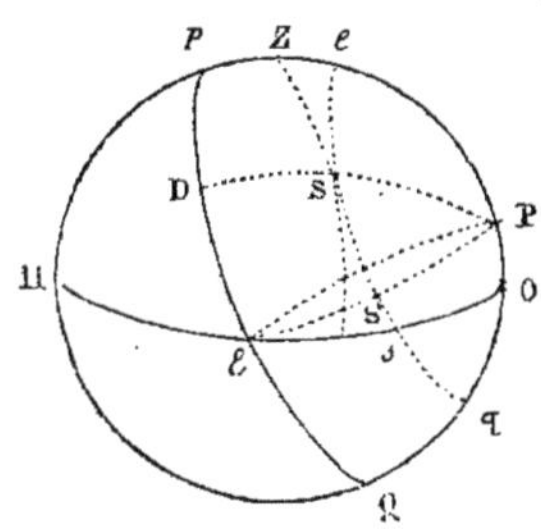

Si la déclinaison est plus grande que la latitude, et de même dénomination, le soleil se lève en *s* avant 6 heures· Son angle de position est aigu à cet instant. Il arrive en S′ au cercle de 6 heures ; et l'angle azimutal restant aigu et grandissant, son sinus aug— mente. Par suite, sin. *s* augmentant, *s* grandit jusqu'au moment où le soleil est arrivé en S, point où le vertical étant tangent au parallèle, l'angle azimutal est devenu maximum.

A ce moment, l'angle de position est droit ; car le cercle de dé- clinaison étant perpendiculaire au parallèle, l'est au vertical, dont l'élément se confond en S avec celui du parallèle. Passé ce point, le sinus de l'angle azimutal diminuant, sin. *s* diminue lui-même ; et, comme cet angle devient égal à 180° lors du passage du so- leil en *e*, il est donc obtus de S en *e*.

Hauteur d'un astre.

Observer la hauteur d'un astre, c'est mesurer l'angle formé dans un plan vertical par le rayon visuel tangent à l'horizon, et celui tangent au bord, soit inférieur, soit supérieur de l'astre.

Cet angle n'est pas celui qui est employé dans les calculs. On doit toujours ramener toute observation à être faite du centre de la terre, et à porter sur le centre de l'astre.

Il faut donc passer,

1° De l'horizon visible à celui sensible ;

2° De celui sensible à l'horizon rationnel ;

3° Du bord de l'astre à son centre.

On doit, en résumé, se procurer l'angle formé par les deux rayons conduits l'un du centre de l'astre au centre de la terre ; l'autre, du centre de la terre parallèlement à l'horizon sensible, dans le plan vertical passant par le premier.

C'est au moyen de modifications successives que l'on déduit, de la hauteur observée d'un des bords, la hauteur vraie du centre.

Passage de l'horizon visible à celui sensible.

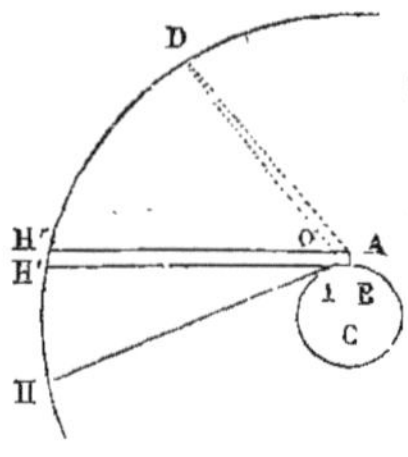

De l'angle DAH, il faut déduire celui DBH', qui se nomme hauteur apparente.

Pour cela, on conduira AH″ parallèle à BH'.

L'angle DOH″ est égal à celui cherché DBH', comme correspondant.

Or, on a DOH″, extérieur au triangle ODA, égal à la somme des deux angles ODA et DAO; mais DAO = DAH — H″AH. On a donc enfin

$$DOH'' = ODA + DAH — H''AH.$$

L'angle ODA, sous lequel on verrait la hauteur AB si l'œil était à l'astre, n'est pas possible à apprécier à cause de sa petitesse; et l'égalité précédente devient alors

hauteur apparente bord = hauteur observée bord — H″AH.

Ce dernier angle, formé par l'horizon apparent et celui sensible, a reçu le nom d'angle de dépression.

Il faut toujours de la hauteur observée retrancher la dépression.

Passage de l'horizon sensible à celui rationnel.

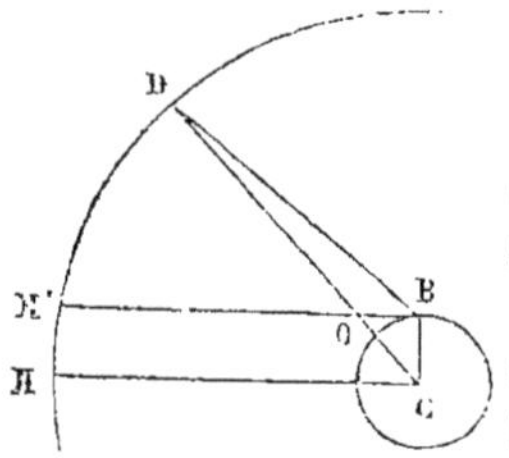

Il faut de l'angle DBH' déduire celui DCH, ou son égal DOH'.

On a l'égalité DOH' = OBD + BDO, ou hauteur vraie bord = hauteur apparente bord + BDO

Cet angle BDO, qu'on doit ajouter à la hauteur apparente, se nomme parallaxe. Il est égal à celui sous lequel on verrait, du bord de l'astre, le rayon de la terre passant par le lieu B de l'observateur.

Par les deux opérations précédentes, la hauteur prise d'un point de la surface est ramenée à celle qu'on eût obtenue par une observation faite du centre de la terre.

Ramener au centre de l'astre.

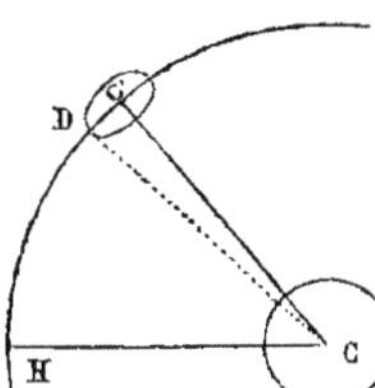

A l'angle précédemment trouvé DCH, il suffira d'ajouter l'angle C'CD, pour avoir enfin celui C'CH.

Ce dernier angle de correction se nomme demi-diamètre central, ou observé du centre. La *Connaissance des temps* le désigne sous le nom de demi-diamètre horizontal. Il est la moitié de l'angle sous lequel on verrait le diamètre de l'astre, seul élément possible à se procurer par observation.

La dernière hauteur trouvée serait celle vraie du centre, si les rayons lumineux affectaient la forme rectiligne; mais comme il n'en est point ainsi, il faut tenir compte de la réfraction qui courbe les rayons lumineux.

Pour introduire ce nouvel élément, on retranchera la réfraction de la hauteur apparente du bord.

Réunissant dans une même formule les corrections successives, on obtient

$$\text{HV} \ominus = \text{hauteur observée } \odot - \text{D} + p\,\odot - \text{R}\,\odot + \tfrac{1}{2}\text{D}_c.$$

Il existe des tables qui font connaître :

1° La dépression; on y entre avec la hauteur de l'œil au-dessus du niveau de la mer ;

2° La parallaxe; elles ont pour entrée la hauteur apparente et l'heure de l'observation ;

3° La réfraction; elles ont pour entrée la hauteur apparente ;

4° Le demi-diamètre central; on y entre au moyen de la date et de l'heure de l'observation.

Si de la formule précédente on déduisait la valeur de la hauteur observée, on obtiendrait

$$\text{hauteur observée } \odot = \text{HV} \ominus + \text{D} - p\,\odot + \text{R}\,\odot - \tfrac{1}{2}\text{D}c.$$

Cette formule sert à revenir de la hauteur calculée du centre d'un astre à la hauteur observée de son bord inférieur.

Il existe une autre formule à l'aide de laquelle on peut corriger les hauteurs.

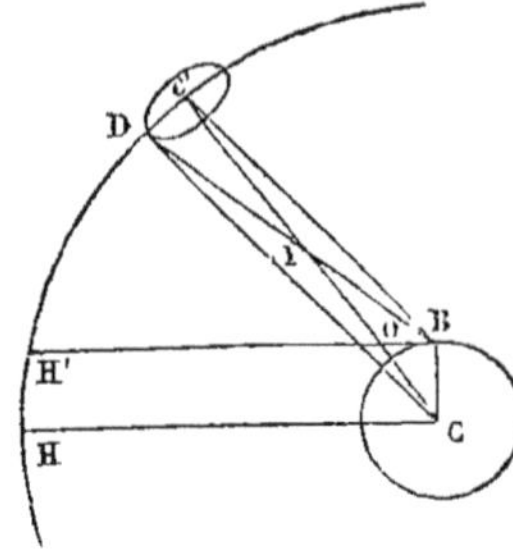

C'CH ou hauteur vraie $=$ C'OH'
$$= \text{OBI} + \text{BIO};$$
mais $\text{BIO} = \text{IC'B} + \text{IBC'}$, comme extérieur au triangle C'IB.

On a donc, en substituant,
hauteur vraie $= \text{OBI} + \text{IC'B} + \text{IBC'}$;
ou   haut. vr. $\ominus$ $=$ haut. app. $\odot$
$$+ p \ominus + \tfrac{1}{2}\text{D}_\text{h};$$
et, en substituant à hauteur apparente $\odot$ sa valeur, hauteur observée $-$ D,
pour tenir compte de la dépression, on aura

$$\text{HV} \ominus = \text{haut. obs. } \odot - \text{D} + p \ominus - \text{R} \underline{\odot} + \tfrac{1}{2}\text{D}_\text{h}.$$

On peut, au moyen de ces formules, calculer approximativement la hauteur apparente du bord inférieur du soleil, lorsque son centre est dans le plan de l'horizon rationnel.

Car, on a

$$\text{haut. observée } \odot = \text{HV} \ominus + \text{D} - p \ominus + \text{R} \underline{\odot} - \tfrac{1}{2}\text{D}_\text{h}.$$

Or, hauteur vraie, dans le cas actuel, est égale à zéro ; et si l'on suppose l'œil élevé de 18 pieds, hauteur pour laquelle la dépression est de 4′ 32″, on trouve

$$\text{hauteur observée } \odot = 4' \; 32'' - 7'' + 33' \; 46'' - 16'$$
$$= 38' \; 18'' - 16' \; 7'' = 22' \; 11''.$$

Or, $22'\,11''$ forment à peu près les $\tfrac{2}{3}$ du diamètre du soleil, ce qui fait dire qu'il faut attendre que la hauteur du bord inférieur du soleil soit environ les deux tiers du diamètre de l'astre, pour que son centre se trouve dans le plan de l'horizon rationnel.

On va discuter en particulier chacune des corrections précédentes, et entrer dans les détails de construction des tables qui les font connaître.

Dépression.

On a nommé ainsi l'angle **HAI** formé par l'horizon visible et celui sensible.

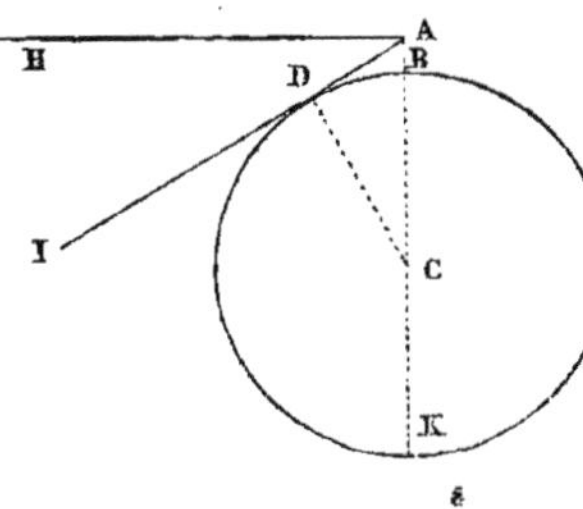

Pour trouver une formule permettant de calculer cet angle en fonction de **AB**, désigné par e, on observe qu'il est égal à celui **ACD**, leurs côtés étant respectivement perpendiculaires. Appliquant au triangle rectiligne rectangle **ACD** une formule connue, on aura

$$r : \tang. C :: CD : DA :: R : DA.$$

Il faut, de cette proportion, éliminer **AD**. La tangente étant moyenne proportionnelle entre la sécante entière et sa partie extérieure, on aura

$$AK : AD :: AD : AB, \text{ ou } 2R + e : AD :: AD : e;$$

d'où
$$AD^2 = (2R + e)e;$$

et par suite, $AD = \sqrt{2Re + e^2}$; et enfin, $AD = \sqrt{2Re}$,

en négligeant e^2, infiniment petit par rapport à $2Re$. Substituant donc, on obtient $\quad r : \tang. C :: R : \sqrt{2Re}$;

d'où $\quad \tang. C = r\,\dfrac{\sqrt{2Re}}{R} = r\sqrt{\dfrac{2Re}{R^2}} = r\sqrt{\dfrac{2e}{R}}$,

et enfin, $\tang. C = r\sqrt{\dfrac{2}{R}}\,\sqrt{e}$, en isolant le seul facteur variable $\sqrt{e}$.

On voit que le facteur $r\sqrt{\dfrac{2}{R}}$ étant constant, la tangente de la dépression suit les variations de la racine carrée de la hauteur de l'œil; et comme l'angle C, étant toujours très-petit, varie proportionnellement à sa tangente, on dit que deux dépressions sont entre elles comme les racines carrées des hauteurs de l'œil.

La dépression calculée par cette formule est toujours un peu trop grande, parce qu'on n'y a pas tenu compte de la réfraction du rayon venant de l'horizon.

On n'insère généralement dans les tables que les 92 centièmes de la dépression ainsi calculée.

On peut calculer les tables de dépression au moyen de la formule $\log.\tan g.\, C = 6{,}7124220 + \log.\sqrt{e}$, e étant exprimé en mètres.

Le logarithme 6,7124220 est celui du facteur $r\sqrt{\dfrac{2}{R}}$, corrigé de la réfraction, R rayon de la terre étant exprimé en mètres, et ayant sa valeur moyenne.

On a calculé l'angle DCA par sa tangente et non par son cosinus, qu'il semblait naturel d'employer, parce que cet angle très-petit a ses variations sensiblement proportionnelles à celles de sa tangente, et qu'il n'en serait pas de même du cosinus.

Parallaxe.

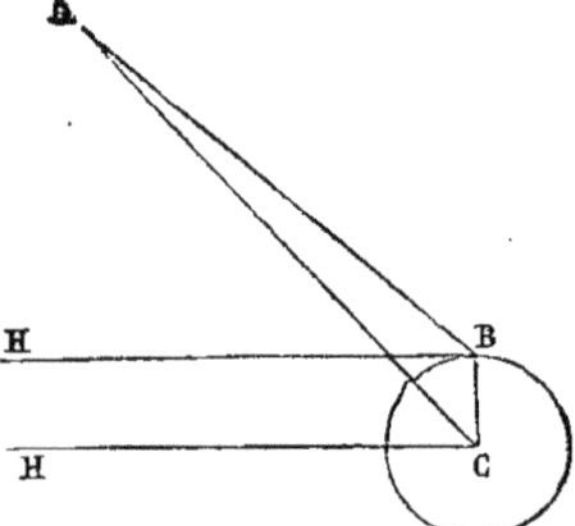

La parallaxe étant égale à l'angle CAB, sous lequel on verrait de l'astre le rayon CB de la terre passant par le lieu B de l'observateur, il s'agit de calculer l'angle A dans le triangle CBA.

Or, on a

sin. A : sin. B :: CB : CA ;

mais l'angle B a pour complémen celui ABH, ou la hauteur apparente ; donc sin. B = cos. h; remplaçant en outre CB par R, et CA par Δ, on obtient

$$\sin. p = \frac{R}{\Delta}\cos. h.$$

Cette formule fait reconnaître que la para .axe varie avec la hauteur apparente de l'astre et sa distance au centre de la terre.

Puisque la hauteur y entre par son cosinus, lorsqu'elle augmente, la parallaxe diminue. Il en est de même lorsque la distance Δ de l'astre au centre de la terre augmente.

Cette formule ne pourrait servir à dresser une table de paral-

10.

laxe qu'autant que la distance Δ au centre de la térre serait connue pour chaque jour.

Les étoiles n'ont pas de parallaxe appréciable, le dénominateur Δ étant pour ces astres infiniment grand.

Au zénith, la parallaxe est nulle, le facteur cos. h étant égal à zéro. Si h devenait égal à zéro, cos. h aurait pour valeur r, et la formule deviendrait $\sin. p = \dfrac{r}{\Delta} \times R$.

Cette valeur, la plus grande de celles que la parallaxe puisse avoir dans le courant d'une journée, se nomme parallaxe horizontale, parce qu'en effet l'astre est à l'horizon lorsque sa hauteur apparente est nulle.

On peut regarder la parallaxe horizontale comme étant le demi-diamètre de la terre vue de l'astre.

On a donc les deux formules

$$\sin. p = \frac{R}{\Delta} \cos. h;$$

$$\sin. P = \frac{R}{\Delta} r.$$

La première de ces parallaxes s'est nommée parallaxe de hauteur.

En substituant à $\dfrac{R}{\Delta}$, dans la première formule, sa valeur déduite de la seconde, on obtient $\sin. p = \dfrac{\sin. P}{r} \cos. h.$

Par suite, on a calculé deux tables.

La première, construite au moyen de la seconde formule, donne les valeurs de la parallaxe horizontale, qui varie seulement avec Δ.

La seconde, calculée au moyen de la première formule, a pour arguments la parallaxe horizontale et la hauteur apparente.

On aurait pu se procurer la parallaxe de hauteur en fonction de la hauteur vraie; car le triangle ABC fournit la proportion

$$\sin. A : \sin. C \text{ ou } \cos. H :: R : BA \text{ ou } \delta;$$

on en déduit $\qquad \sin. p = \dfrac{R}{\delta} \cos. H.$

Mais δ varie continuellement dans une même journée.

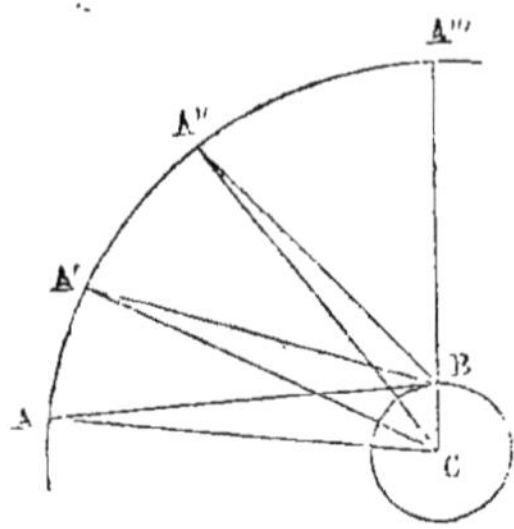

En effet, en supposant que la distance AC, représentée par Δ, ne change pas, les triangles ABC, A′BC, A″BC, ont deux de leurs côtés respectivement égaux ; mais les angles qu'ils comprennent, tels que ACB, A′CB, A″CB, diminuent à mesure que l'astre s'élève ; donc les troisièmes côtés, tels que AB, A′B, A″B, ou les distances au point B de la surface terrestre, diminuent.

Pour discuter la valeur que prend la parallaxe sous l'influence de modifications des éléments qui l'expriment, on pourra établir la proportion

$$\sin. p : \sin. p' :: \cos. h : \cos. h'.$$

Si on suppose $h = h'$, on voit que les parallaxes d'un astre sont à même hauteur, en raison inverse de la distance au centre de la terre.

Si $\Delta = \Delta'$, la proportion devenant $\sin. p : \sin. p' :: R \cos. h : \cos. h'$, apprend que la parallaxe diminue lorsque la hauteur augmente. Comparant la parallaxe en hauteur à celle horizontale, on obtient

$$\sin. p : \sin. P :: \cos. h : r.$$

On substitue souvent le rapport de deux parallaxes à celui de leurs sinus, parce que ces angles, très-petits pour tous les astres, la lune exceptée, sont sensiblement proportionnels à leurs sinus.

Demi-diamètres.

Le demi-diamètre d'un astre se mesure à l'aide d'un instrument nommé héliomètre. Il se compose d'un tube traversé par deux fils, l'un fixe, l'autre mobile, parallèlement au premier, à l'aide d'une vis qui, par chaque tour, le sépare du premier d'une distance qui correspond a un angle d'une minute. Ces deux fils, d'abord réunis, sont dirigés tangentiellement à un bord de l'astre.

Le fil mobile étant alors mis en mouvement, est amené tangentiellement au bord opposé. Le nombre de tours et fractions de tours de la vis donne le nombre de minutes et fractions de minute du diamètre de l'astre.

Le calcul apprend que, pour qu'un objet soutende un angle d'une seconde, il faut qu'il soit à une distance de l'œil égale à 206265 fois sa grandeur. Or, l'angle formé par deux rayons terrestres partant des extrémités d'un diamètre, et dirigés vers la même étoile, n'est pas d'une seconde.

Une étoile est donc à une distance de la terre qui surpasse 206265 diamètres terrestres.

Des observations suivies donnent pour diamètre apparent du soleil, le 1er janvier, 32' 35″, et, le 1er juillet, 31' 31″.

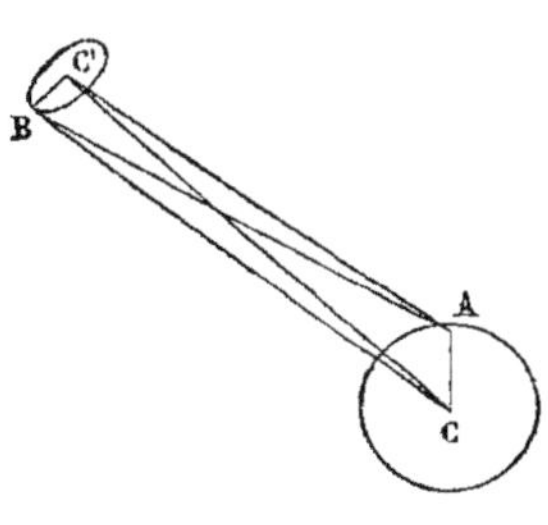

D'après ce qui a été expliqué précédemment, l'angle BAC′ est le demi-diamètre en hauteur, et celui BCC′ le demi-diamètre central.

Si au triangle BAC′, rectangle en B, on applique une formule connue, on obtient

$$r : \sin. BAC' :: AC' : C'B,$$

ou

$$r : \sin. \tfrac{1}{2}D_h :: \delta : R',$$

en nommant R′ le rayon de l'astre;

donc

$$\sin. \tfrac{1}{2}D_h = r \times \frac{R'}{\delta}.$$

Pour une autre distance, on aurait

$$\sin. \tfrac{1}{2}D_h = r \times \frac{R'}{\delta'}.$$

Donc, les sinus des demi-diamètres en hauteur d'un même astre sont entre eux en raison inverse de ses distances à l'œil.

On substitue au rapport des sinus celui des demi-diamètres, qui a sensiblement la même valeur.

Le triangle BCC′ donnerait, pour le demi-diamètre central,

$$\sin. \tfrac{1}{2}D_c = \frac{R'}{\Delta} \times r.$$

De la distance connue d'un astre au centre de la terre, et de son demi-diamètre mesuré comme il a été dit précédemment, on pourrait, à l'aide de cette formule, déduire la grandeur du rayon R′.

Bien que les tangentes menées à deux bords opposés n'embrassent pas le diamètre, cependant on peut négliger la petite erreur qui en résulte, par suite de la grande distance de l'astre à la terre.

Entre le demi-diamètre central d'un astre et son demi-diamètre en hauteur, on a la relation

$$\sin. \tfrac{1}{2}D_c : \sin. \tfrac{1}{2}D_h :: \delta : \Delta :: \cos. H : \cos. h.$$

Le demi-diamètre central est donc toujours moindre que celui en hauteur ; mais leur différence s'efface à mesure que Δ augmente.

La lune est le seul astre pour lequel il soit nécessaire de les distinguer l'un de l'autre ; car, pour le soleil, dont la distance à la terre est de 38460 rayons terrestres, il ne peut y avoir entre Δ et δ que la différence maximum d'un rayon, et le rapport $\dfrac{38460}{38459}$ est sensiblement égal à l'unité.

Si, dans la formule $\sin. \tfrac{1}{2}D_h = \dfrac{R'}{\delta} \times r$, on substitue à δ sa valeur déduite de la formule $\sin. p_h = \dfrac{R}{\delta} \cos. H$, on obtient

$$\sin. \tfrac{1}{2}D_h = \dfrac{R' \times r}{\dfrac{R \cos. H}{\sin. p_h}} \times \dfrac{R' \times r \times \sin. p_h}{R \cos. H}.$$

Pour une autre hauteur, on aurait

$$\sin. \tfrac{1}{2}D'_h = \dfrac{R' \times r \times \sin. p'_h}{R \cos. H'};$$

donc
$$\sin. \tfrac{1}{2}D_h : \sin. \tfrac{1}{2}D'_h :: \dfrac{\sin. p_h}{\cos. H} : \dfrac{\sin. p'_h}{\cos. H'}.$$

Les demi-diamètres en hauteur d'un même astre sont donc entre eux comme les sinus des parallaxes de hauteurs, divisés par les cosinus des hauteurs vraies.

Pour obtenir la hauteur vraie d'un astre, il faudrait employer le demi-diamètre central ; mais comme dans plusieurs calculs on a besoin de la hauteur apparente du centre, il faut utiliser le demi-diamètre de hauteur.

La *Connaissance des temps* ne renfermant que le demi-diamètre central, une table spéciale fait connaître le nombre de secondes à lui ajouter pour obtenir le demi-diamètre de hauteur.

EXEMPLES DE CORRECTIONS DE HAUTEURS.

Hauteur de soleil.

« Le 20 mars 1850, à 1 heure, soir, | 45° 17′ latitude nord,
temps vrai, par . . . . | 10°   longitude ouest,
on a observé la hauteur ☉ du soleil de 43° 17′; l'œil était élevé
de 6ᵐ,5, et l'erreur instrumentale de — 3′ 20″. » On demande la
hauteur apparente et la hauteur vraie du centre du soleil.

Hauteur observée ☉,	43° 17′	
Erreur instrumentale,	—	3′ 20″
	43° 13′ 40″	
Dépression pour 6ᵐ,5,	—	4′ 32″
Hauteur apparente, ☉,	43° 09′ 08″	
½ diamètre,	+	16′ 4″,5
Hauteur apparente, ⊖,	43° 25′ 12″,5	
Réfraction moins pa-		
rallaxe,	—	0′ 55″,2
Hauteur vraie, ⊖,	43° 24′ 17″,3	

Hauteur de lune.

« Le 31 juillet 1850, vers 9ʰ 25ᵐ matin, dans | 34° 36′ lat. N.,
un lieu situé par . . . . | 50° 45′ long. O.,
on a observé la hauteur du bord supérieur de la lune, de
27° 32′ 19″. L'œil était élevé de 4ᵐ. » On demande les hauteurs
apparentes et vraies du centre.

Heure du bord, temps as-		
tronomique moyen, le 30,	21ʰ 25ᵐ	
Longitude en temps,	+	3ʰ 23ᵐ
Heure de Paris, t. astr. le 31,	0ʰ 48ᵐ	
Parallaxe horizontale, ☾, ...		56′ 28″.
½ diamètre central, ...		15′ 24″.

Hauteur observée, $\overline{\mathbb{C}}$,		27° 32′ 19″
Dépression,	—	3′ 39″
Hauteur apparente, $\overline{\mathbb{C}}$,		27° 28′ 40″
½ diamètre central,	15′ 24″	
Augmentation,	7″	
½ diam. de haut.,	15′ 31′′ —	15′ 31″
Hauteur apparente, $\mathbb{C}$,		27° 13′ 09″

Calcul de la parallaxe en hauteur,

Parall. en hauteur, p^r 27° 10′	+ 47′ 57″	
Partie soust^e, p^r 3′ haut^r	— 1″	
Partie addit^e, p^r 28″ parall.	+ 25″	
Parallaxe moins réfr.,	48′ 21″	+ 48′ 21″
Hauteur vraie, $\mathbb{C}$,		28° 01′ 30″

La préparation du calcul a pour but de découvrir le demi-diamètre de hauteur. On le déduit de celui central, en augmentant celui-ci d'un nombre de secondes renfermé dans une table qui a pour entrée la parallaxe horizontale.

Hauteur d'étoile.

Le 19 juillet 1850, vers 8^h 26^m soir, par $\begin{cases} 45° 29′ \text{ lat. N.,} \\ 50° 28′ \text{ long. O.,} \end{cases}$ on a observé la hauteur d'Antarès de 70° 40′ 38″, l'œil élevé de 4^m.

Hauteur observée d'Antarès,	70° 40′ 38″
Dépression,	— 3′ 39″
Hauteur apparente,	70° 36′ 59″
Réfraction pour les étoiles, —	20″,5
Hauteur vraie d'Antarès,	70° 36′ 38″,5

Distance de la lune au soleil.

Le 31 juillet 1850, par . . . . $\left\{\begin{array}{l} 34° \ 36' \ \text{lat. N.,} \\ 50° \ 45' \ \text{long. estimée O.,} \end{array}\right.$

vers $9^h \ 25^m$ matin, on a fait les observations suivantes :

Hauteur observée, ☉,   50° 35′ 14″;
Hauteur observée, ☾̄,   27° 32′ 19″;
Distance observée, ☉☾,   98° 35′ 52″;

l'œil était élevé de 4^m ; on demande la distance vraie des centres des deux astres.

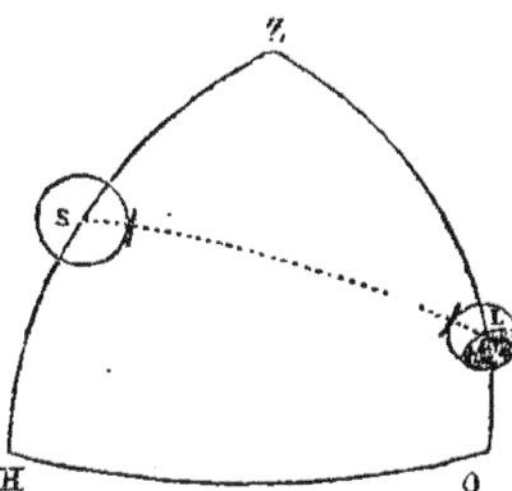

D'après les données de la question, Z étant le zénith, HO l'horizon rationnel, ZH, ZO les verticaux de la lune et du soleil, les centres de ces astres occupent les positions apparentes S et L ; HS et OL seront les hauteurs apparentes des centres, et SL la distance observée, augmentée des deux demi-diamètres en hauteur.

On connaîtra, par cette préparation, les trois côtés du triangle sphérique ZSL nommé apparent, et l'on admet généralement pour notation

$$\text{HS} = a, \ \text{OL} = b, \ \text{SL} = d.$$

Calcul.

Heure du bord, temps astronomique moyen, le 30, $21^h \ 25^m$
Longitude en temps, $+$ $3^h \ 23^m$

Heure de Paris, temps astronomique moyen, le 31, $0^h \ 48^m$

Parallaxe horizontale, ☾ 58′ 28″;
½ diamètre central, ☾ 15′ 20″.

$$\odot \qquad\qquad\qquad \mathbb{C}$$

	$\odot$		$\mathbb{C}$
Haut. observ.,	$\odot$ 50° 35′ 14″		27° 32′ 19″
Dépression,	— 3′ 39″		— 3′ 39″
Haut. appar.,	$\odot$ 50° 31′ 35″	Haut. apparente, $\mathbb{C}$	27° 28′ 40″
½ diam. haut^r,	+ 15′ 47″		— 15′ 31″
Haut. appar.,	$\ominus$ 50° 47′ 22″		27° 13′ 09″
Réfr.—parall.,	— 0′ 42″	Parallaxe—réfract., +	48′ 21″
Hauteur vr.,	$\ominus$ 50° 46′ 40″		28° 1′ 30″

Distance observée, $\odot$| $\mathbb{C}$ 98° 35′ 52″

½ diamètre, $\odot$ + 15′ 47″

½ diamètre en hauteur, $\mathbb{C}$ + 15′ 31″

Distance apparente des centres,   99° 7′ 10″

Les trois côtés du triangle ZSL sont donc

$$SL \text{ ou } d = 99°\ 7′\ 10″$$
$$ZS \text{ ou } c^t a = 39°\ 12′\ 38″$$
$$ZL \text{ ou } c^t b = 62°\ 46′\ 51″$$
$$\text{somme} = 201°\ 06′\ 39″$$
$$\tfrac{1}{2}\text{ somme} = 100°\ 33′\ 19″,5.$$

On aura, pour calculer l'angle au zénith, la formule

$$\frac{\cos \dfrac{Z}{2}}{R} = \sqrt{\frac{\sin S \sin (S-d)}{\sin ZS \sin ZL}}.$$

S = 100° 33′ 19″,5	log. sin. S = 9,9925899
S-d = 1° 26′ 9″,5	log. sin. (S-d) = 8,3989734
ZS = 39° 12′ 38″	c^t log. sin. ZS = 0,1991647
ZL = 62° 46′ 51″	c^t log. sin. ZL = 0,0509697

$$18,6416977$$

$$\text{log. cos. } \frac{Z}{2} = 9,3208488\cdot$$

$$\frac{Z}{2} = 77°\ 55′;\ Z = 155°\ 50′.$$

L'angle Z étant déterminé, on remarquera que les positions S et L des centres des astres ne sont qu'apparentes, et que, d'après les corrections des hauteurs, le centre du soleil est plus bas et celui de la lune plus haut que le calcul précédent ne l'avait admis.

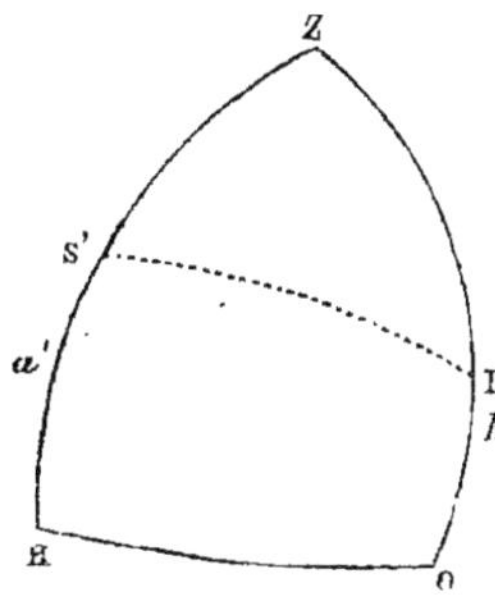

Si donc on considère S′ et L′ comme les vraies positions des deux centres, on aura le côté S′L′ à calculer dans le triangle ZS′L′, dans lequel on connaît

angle $Z = 155° 50′$;

ZS′ compl^t h. v., $\odot$ 39° 13′ 20″ ;

ZL′ compl^t h. v., $\mathbb{C}$ 61° 58′ 30″.

On a, d'après la trigonométrie sphérique,

$$\tan \varphi = \tan ZS' \, \frac{\cos Z}{R} ;$$

$$\cos S'L' = \frac{\cos ZS'}{\cos \varphi} \cos (ZL' - \varphi).$$

Le calcul de la première donne

$$\log \tan ZS' = 9,9118105$$
$$\log \cos Z \quad = 9,9601655$$

$$\log \tan \varphi \quad = 9,8719760$$

d'où $\quad \varphi = 143° 19′ 31″.$

Le calcul de la seconde formule donne

$$\log \cos ZS' = 9,8891332$$
$$\log \cos (\varphi - ZL') = 9,1772287$$
$$c^t \log \cos \varphi = 0,0958185$$

$$\log \cos S'L' = 9,1621804$$

d'où $\quad S'L' = 81° 38′ 49″.$

Mais, d'après la formule, S′L′ doit être obtus, puisque son cosinus doit être négatif, un seul des facteurs du second membre portant le signe moins.

Donc, enfin, distance vraie des centres $= 98° 21′ 11″$;

celle apparente était $\quad 99° 7′ 10″.$

Dans le calcul précédent, pour obtenir la valeur de l'angle Z, on a employé les compléments des hauteurs apparentes, et non ces hauteurs elles-mêmes.

Or, toutes les fois qu'on devra utiliser la formule

$$\frac{\cos.\frac{A}{2}}{R} = \sqrt{\frac{\sin. S \sin. (S-a)}{\sin. b \sin. c}},$$

on pourra y introduire, au lieu des côtés b et c qui comprennent l'angle cherché, leurs compléments, et les sinus compris sous le radical se changeront en cosinus.

En effet, en désignant par b et c ces compléments, on aura

$$b = 90° - b';$$
$$c = 90° - c';$$
$$S = \frac{90° - b' + 90° - c' + a}{2} = \frac{180° - b' - c' + a}{2} = 90° - \left(\frac{b' + c' - a}{2}\right);$$
$$S - a = 90° - \left(\frac{b' + c' - a}{2}\right) - a = 90° - \left(\frac{b' + c' - a + 2a}{2}\right) = 90° - \left(\frac{b' + c' - a}{2}\right);$$

donc

$$\sin. S = \sin. \left(90° - \left[\frac{b' + c' - a}{2}\right]\right) = \cos. \left(\frac{b' + c' - a}{2}\right);$$
$$\sin. (S - a) = \sin. \left(90° - \left[\frac{b' + c' + a}{2}\right]\right) = \cos. \left(\frac{a + b' + c'}{2}\right);$$
$$\sin. b = \sin. (90° - b') = \cos. b';$$
$$\sin. c = \sin. (90° - c') = \cos. c'.$$

La formule devient donc

$$\cos. \frac{A}{2} = \sqrt{\frac{\cos. \left(\frac{a + b' + c'}{2}\right) \cos. \left(\frac{b' + c' - a}{2}\right)}{\cos. c' \cos. b'}}.$$

Cette transformation, qui donne l'avantage de n'employer que la seule ligne trigonométrique cos., est d'un fréquent usage; et si on l'applique à la formule qui a servi dans le calcul précédent à obtenir l'angle azimutal, elle devient

$$\frac{\cos. \frac{Z}{2}}{R} = \sqrt{\frac{\cos. \left(\frac{a + b + d}{2}\right) \cos. \left(\frac{a + b + d}{2} - d\right)}{\cos. a \cos. b}}.$$

Par le même motif, et pour éloigner les chances d'erreurs de calcul, on a substitué à l'arc φ un auxiliaire d'une autre nature.

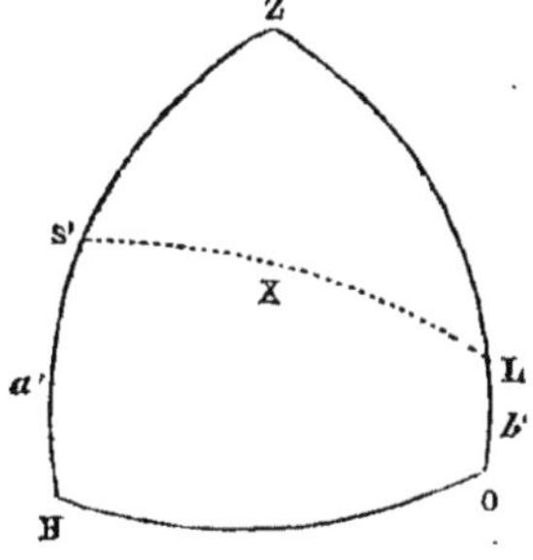

Si on reprend la formule fondamentale de sphérique

$$R \cos. x = \cos. ZS' \cos. ZL'$$
$$+ \sin. ZS' \sin. ZL' \frac{\cos. Z}{R},$$

elle devient, en y introduisant les notations,

$$R \cos. x = \sin. a' \sin. b'$$
$$+ \cos. a' \cos. b' \frac{\cos. Z}{R};$$

remplaçant $\dfrac{\cos. Z}{R}$ par sa valeur $\dfrac{2 \cos.^2 \frac{Z}{2}}{R^2} - 1$;

$$R \cos. x = \sin. a' \sin. b' + \cos. a' \cos. b' \left(\frac{2 \cos.^2 \frac{Z}{2}}{R^2} - 1 \right),$$

effectuant,

$$R \cos. x = \sin. a' \sin. b' - \cos. a' \cos. b' + 2 \cos. a' \cos. b' \frac{\cos.^2 \frac{Z}{2}}{R^2};$$

et remplaçant les deux termes $\sin. a' \sin. b' - \cos. a' \cos. b'$ par leur valeur $- R \cos. (a' + b')$,

$$R \cos. x = 2 \cos. a' \cos. b' \frac{\cos.^2 \frac{Z}{2}}{R^2} - R \cos. (a' + b').$$

On voit que cette première transformation a eu pour but d'introduire dans la formule l'angle au zénith par le cosinus carré de sa moitié, valeur connue.

En remplaçant de nouveau

$$R \cos. (a' + b') \text{ par } 2 \cos.^2 \left(\frac{a' + b'}{2} \right) - R^2,$$

$$R \cos. x = 2 \cos. a' \cos. b' \frac{\cos.^2 \frac{Z}{2}}{R^2} - 2 \cos.^2 \left(\frac{a' + b'}{2} \right) + R^2.$$

Pour faire disparaître le terme R^2 et le facteur 2, on remplace $R \cos. x$ par $R^2 - 2 \sin.^2 \frac{x}{2}$;

$$R^2 - 2 \sin.^2 \frac{x}{2} = 2 \cos. a' \cos. b' \frac{\cos.^2 \frac{Z}{2}}{R^2} - 2 \cos.^2 \left(\frac{a' + b'}{2} \right) + R^2;$$

supprimant le terme R^2, commun aux deux membres, puis le facteur 2, commun aux trois termes restants, et enfin changeant tous les signes,

$$\sin.^2 \frac{x}{2} = \cos.^2 \left(\frac{a'+b'}{2}\right) - \cos. a' \cos. b' \frac{\cos.^2 \frac{Z}{2}}{R^2}.$$

On est donc parvenu à introduire dans une formule les éléments x, a', b' qui sont en évidence, et ceux a, b, d, renfermés dans la valeur connue de $\cos. \frac{Z}{2}$.

Pour la mettre sous forme logarithmique, ou dispose, dans le second membre, $\cos.^2 \left(\frac{a'+b'}{2}\right)$ en facteur commun.

Elle devient alors

$$\sin.^2 \frac{x}{2} = \cos.^2 \left(\frac{a'+b'}{2}\right) \left(1 - \frac{\dfrac{\cos. a' \cos. b' \cos.^2 \frac{Z}{2}}{R^2}}{\cos.^2 \left(\dfrac{a'+b'}{2}\right)}\right);$$

en posant

$$\frac{\dfrac{\cos. a' \cos. b \cos.^2 \frac{Z}{2}}{R^2}}{\cos.^2 \left(\dfrac{a'+b'}{2}\right)} = \frac{\sin.^2 B}{R^2},$$

B étant un arc auxiliaire ;

$$\sin.^2 \frac{x}{2} = \cos.^2 \left(\frac{a'+b'}{2}\right) \frac{\cos.^2 B}{R^2};$$

et enfin

$$(1) \quad \sin. \frac{x}{2} = \cos. \left(\frac{a'+b'}{2}\right) \frac{\cos. B}{R}.$$

On se procure l'auxiliaire B au moyen de la relation

$$\frac{\sin.^2 B}{R^2} = \frac{\dfrac{\cos. a' \cos. b' \cos.^2 \frac{Z}{2}}{R^2}}{\cos.^2 \left(\dfrac{a'+b'}{2}\right)},$$

des deux membres de laquelle on extrait la racine, après avoir

substitué à $\dfrac{\cos.^2 \dfrac{Z}{2}}{R^2}$ sa valeur; elle devient alors

$$(2) \quad \frac{\sin. B}{R} = \frac{\sqrt{\dfrac{\cos. a' \cos. b' \cos. \left(\dfrac{a+b+d}{2}\right) \cos. \left(\dfrac{a+b+d}{2} - d\right)}{\cos. a \cos. b}}}{\cos. \left(\dfrac{a'+b'}{2}\right)}.$$

On voit que les formules (1) et (2) remplacent les trois précédemment employées dans le calcul exécuté de la distance vraie, et qu'elles ont l'avantage de conduire à la recherche de neuf logarithmes cosinus, alors que celles qui renferment φ exigeaient l'emploi de sinus, de cosinus et de tangentes.

Or, le calculateur adroit sait bien que le changement de colonne dans l'emploi des tables est la source la plus commune des erreurs qu'il commet.

Si on applique les données du calcul précédent aux deux formules trouvées,

$$\frac{\sin. B}{R} = \frac{\sqrt{\dfrac{\cos. a' \cos. b' \cos. \left(\dfrac{a+b+d}{2}\right) \cos. \left(\dfrac{a+b+d}{2} - d\right)}{\cos. a \cos. b}}}{\cos. \left(\dfrac{a'+b'}{2}\right)},$$

$$\sin. \frac{x}{2} = \cos. \left(\frac{a'+b'}{2}\right) \frac{\cos. B}{R},$$

on trouve :

dist. appar. des centres,	99° 7′ 10″	
a ou haut. appar., ☉	50° 47′ 22″	c^t log. cos. $=$ 0,1991647
b ou haut. appar., ☾	27° 13′ 09″	c^t log. cos. $=$ 0,0509697
somme $(a+b+d)$,	177° 07′ 41″	
$\frac{1}{2}$ somme	88° 33′ 50″,5	log. cos. $=$ 8,3989784
dist. appar. $-\frac{1}{2}$ somme,	10° 33′ 19″,5	log. cos. $=$ 9,9925899
a' ou haut. vraie, ☉	50° 46′ 40″	log. cos. $=$ 9,8009437
b' ou haut. vraie, ☾	28° 01′ 30″	log. cos. $=$ 9,9458341
$a+b$ $=$	78° 48′ 10″	18,3884805
$\frac{a+b}{2}$ $=$	39° 24′ 5″	9,1942403

$$c^t \log. \cos. \frac{a'+b'}{2} \qquad 0,1119788$$

$$\log. \sin. B \qquad 9,3062191$$

$$B = 11° 40′ 39″.$$

$$\log. \cos. B = 9,9909168$$

$$\log. \cos. \tfrac{1}{2} \text{ somme haut. vr.} = 9,8880212$$

$$\log. \sin. \frac{x}{2} = 9,8789380$$

$$\frac{x}{2} = 49° 10′ 35″,5 ;$$

$$x = 98° 21′ 11″.$$

Dans le calcul des formules précédentes, on a posé

$$\frac{\sin.^2 B}{R^2} = \frac{\cos. a' \cos. b' \cos.^2 \frac{Z}{2}}{R^2 \cos.^2 \left(\frac{a'+b'}{2}\right)},$$

ce qui n'était légitime qu'en admettant le second membre, nécessairement moindre que l'unité par la nature de ses éléments.

$\frac{Z}{2}$ étant généralement plus grand que zéro, et d'ailleurs moindre que 90°, cos. $\frac{Z}{2}$, est toujours compris entre R et zéro, et par suite $\dfrac{\cos.^2 \frac{Z}{2}}{R^2}$ est moindre que l'unité.

Il suffit donc de constater que le facteur $\dfrac{\cos. a' \cos. b'}{\cos.^2 \left(\dfrac{a'+b'}{2}\right)}$ est lui-même plus petit que 1.

On a trouvé en rectiligne la formule

$$R\left[\cos.(a'+b') + \cos.(a'-b')\right] = 2\cos. a' \cos. b';$$

donc

$$\cos. a' \cos. b' = \frac{R\left[\cos.(a'+b') + \cos.(a'-b')\right]}{2};$$

on a aussi

$$\frac{\cos.(a'+b')}{R} = \frac{2\cos.^2\left(\frac{a'+b'}{2}\right)}{R^2} - 1;$$

d'où l'on déduit

$$\cos.\left(\frac{a'+b'}{2}\right) = \frac{R\left[\cos.(a'+b') + R\right]}{2};$$

substituant dans l'expression en discussion, on trouve

$$\frac{\cos.(a'+b')}{\cos.^2\left(\dfrac{a'+b'}{2}\right)} = \frac{\dfrac{R\left[\cos(a'+b') + \cos.(a'-b')\right]}{2}}{\dfrac{R\left[\cos.(a'+b') + R\right]}{2}}$$

$$= \frac{\cos.(a'+b') + \cos.(a'-b')}{\cos.(a'+b') + R}.$$

Le dénominateur du second membre est plus grand que le numérateur, puisque R est en général plus grand que $\cos.(a'-b')$.

Il n'y a comme exception que le cas où $b' = a'$.

Alors la fraction est égale à l'unité, et par suite l'expression en discussion se réduit à $\dfrac{\cos.^2 \dfrac{Z}{2}}{R^2}$ nécessairement moindre que l'unité.

Comme exercice, il sera bon d'examiner ce que deviennent ces formules lorsque les deux hauteurs ont été prises dans le même vertical, soit du même côté du méridien, soit de différents côtés, et, dans ce dernier cas, si elles étaient en outre égales.

On peut introduire immédiatement dans une équation unique tous les éléments de la réduction des distances.

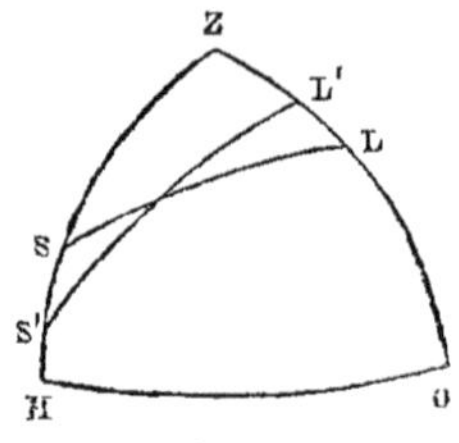

En conservant les notations précédentes, on obtient, dans les triangles vrais et apparents, les relations

$$\frac{\cos. Z}{R} = \frac{R \cos x - \sin. a' \sin. b'}{\cos. a' \cos. b'},$$

$$\frac{\cos. Z}{R} = \frac{R \cos. d - \sin. a \sin. b}{\cos. a \cos. b};$$

et par suite,

$$\frac{R \cos. x - \sin. a' \sin. b'}{\cos. a' \cos. b'} = \frac{R \cos. d - \sin. a \sin. b}{\cos. a \cos. b}.$$

Pour employer cette expression à la recherche de x, on ajoute et on retranche à chaque numérateur son dénominateur, afin de faire disparaître dans les deux membres les produits de sinus qu'ils renferment; et si l'on prend d'ailleurs le rayon pour unité, ce qui est sans inconvénient pour l'avenir, puisqu'on n'utilisera pas les logarithmes, on obtient

$$\frac{\cos. x - \sin. a' \sin. b' + \cos. a' \cos. b' - \cos. a' \cos. b'}{\cos. a' \cos. b'}$$

$$= \frac{\cos. d - \sin. a \sin. b + \cos. a \cos. b - \cos. a \cos. b}{\cos. a \cos. b};$$

rassemblant les seconds et troisièmes termes des numérateurs, et effectuant les divisions des derniers termes, on a

$$\frac{\cos. x + \cos. (a' + b')}{\cos. a' \cos. b'} - 1 = \frac{\cos. d + \cos. (a + b)}{\cos. a \cos. b} - 1;$$

simplifiant et chassant le dénominateur du premier membre,

$$\cos. x + \cos. (a' + b') = [\cos. d + \cos. (a + b)] \frac{\cos. a' \cos. b'}{\cos. a \cos. b};$$

posant $\dfrac{\cos. a' \cos. b'}{\cos. a \cos. b} = 2 \cos. \varphi$, φ étant un arc auxiliaire que la relation précédente permet de déterminer,

$$\cos. x - \cos. (a' + b') = [\cos. d + \cos. (a + b)] \, 2 \cos. \varphi$$
$$= 2 \cos. d \cos. \varphi + 2 \cos. (a + b) \cos. \varphi;$$

remplaçant chaque double produit de cosinus par une somme de cosinus,

$$\cos. x + \cos. (a' + b') = \cos. (d + \varphi) + \cos. (d - \varphi)$$
$$+ \cos. (a + b + \varphi) + \cos. (a + b - \varphi);$$

11.

ou, en dégageant cos. x,

$$\cos. x = \cos. (d+\varphi) + \cos. (d-\varphi) + \cos. (a+b+\varphi) \\ + \cos. (a+b-\varphi) - \cos. (a'+b').$$

Pour calculer x au moyen d'une table de lignes trigonométriques naturelles, on a dressé un tableau des valeurs de $(1 - \cos.)$, expression nommée sinus verse, et aussi des valeurs de $(1 + \cos.)$, nommées sus-sinus verse.

Afin de les introduire dans la formule précédente, on retranche les deux membres de l'unité, ce qui produit l'équation

$$(1 - \cos. x) = [\, 1 - \cos. (d+\varphi)\,] - \cos. (d-\varphi) - \cos. (a+b+\varphi) \\ - \cos. (a+b-\varphi) + \cos. (a'+b');$$

ou

$$\sin. v. x = \sin. v. (d+\varphi) - \cos. (d-\varphi) - \cos. (a+b+\varphi) \\ - \cos. (a+b-\varphi) + \cos. (a'+b').$$

Afin d'introduire les sinus verses dans les quatre derniers termes du second membre, on ajoute à chacun d'eux une unité, et on retranche ensuite quatre unités pour établir la compensation, ce qui conduit à

$$\sin. v. x = \sin. v. (d+\varphi) + 1 - \cos. (d-\varphi) + 1 - \cos. (a+b+\varphi) \\ + 1 - \cos. (a+b-\varphi) + 1 + \cos. (a'+b') - 4 ;$$

ou

$$\sin. v. x = \sin. v. (d+\varphi) + \sin. v. (d-\varphi) + \sin. v. (a+b+\varphi) \\ + \sin. v. (a+b-\varphi) + s. s. v. (a'+b') - 4.$$

Mendoza, auquel on doit cette formule, a calculé des tables dans lesquelles sont renfermées, pour abréger, les valeurs de

$$\sin. v. (a+b+\varphi) + \sin. v. (a+b-\varphi), \quad \text{nommé nombre I};$$
$$s. s. v. (a'+b') - L, \quad \text{nommé nombre II};$$
$$s. v. (d+\varphi) + s. v. (d-\varphi) \quad \text{nommé nombre III}.$$

On entre dans la première avec la somme des hauteurs apparentes et l'auxiliaire φ.

On entre dans la seconde avec la somme des hauteurs vraies des centres.

On entre enfin dans la troisième avec la distance apparente des centres et l'auxiliaire.

Une table particulière permet de trouver la valeur de φ en deux parties.

La première a pour argument la hauteur apparente du centre de la lune et la parallaxe horizontale.

La seconde, donnée par une table nommée volante, donne la quantité correspondante à un facteur $\dfrac{\cos. a'}{\cos. a}$, qui entre dans la valeur de φ.

La somme des trois nombres I, II, III, donne la valeur de s. v. x.

Une table de sinus verses fait connaître alors la distance corrigée x.

On rend un mauvais service aux marins, en augmentant le bagage de tables dont ils doivent être munis. Telle est la raison qui nous fait accorder la préférence à la méthode de correction de Borda, puisqu'elle n'exige que l'emploi des tables nécessaires à tous les calculs, et dont par suite l'usage est toujours très-familier au navigateur.

CALCUL DE L'HEURE DU LEVER DES ASTRES,
DE LEUR PASSAGE AU MÉRIDIEN.

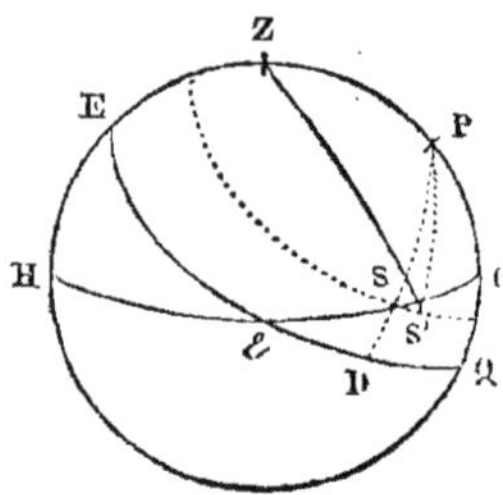

On a, dans un chapitre précédent, calculé l'heure du lever vrai du centre du soleil.

Pour se procurer l'heure de son lever apparent, c'est-à-dire l'instant où son centre est dans le plan de l'horizon visible, on ne peut plus faire usage du triangle sphérique rectangle CSD, puisque le soleil n'est pas en S.

Si l'on reprend la formule générale de correction des hauteurs,
$$\mathrm{H\,V}\,\ominus = \text{haut. obs.}\ \odot - \mathrm{D} + \tfrac{1}{2}\mathrm{D_c} - (\mathrm{R} - p),$$
on en déduira pour le cas qui nous occupe, dans lequel on a
$$\text{haut. obs.}\ \odot + \tfrac{1}{2}\mathrm{D_c} = 0,$$
$$\mathrm{H\,V}\,\ominus = -\mathrm{D} - (\mathrm{R} - p).$$

Le centre du soleil est donc en dessous de l'horizon rationnel en S', lorsque son centre est dans l'horizon visible, et, par suite, sa distance au zénith est égale à $90° + D + (R - p)$.

On calculera donc l'angle P dans le triangle sphérique ZS'P par la formule

$$\cos. \frac{P}{2} = \sqrt{\frac{\sin. S \; \sin. (S - ZS')}{\cos. L \cos. d}};$$

S étant la demi-somme des trois éléments, complément de la latitude, distance zénithale et distance polaire. L'angle P une fois calculé, son supplément S'PQ, réduit en temps, fera connaître l'heure du lever apparent en temps civil.

Calcul de l'heure du lever vrai d'une étoile.

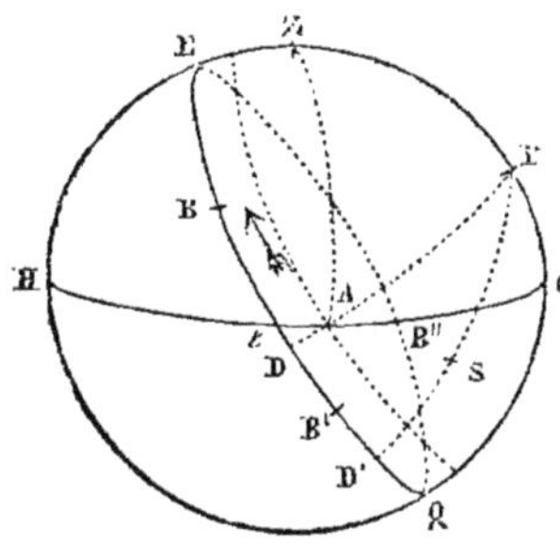

L'étoile étant en A au moment de son lever, le triangle rectangle ℰAD ayant pour éléments connus AD déclinaison de l'étoile, et l'angle AℰD, complémentaire de la latitude, fournira la formule

$$r : \cot. L : : \sin. ℰD : \tan. d.$$

On connaîtra donc ainsi l'arc ℰD, qui, augmenté de 90°, fournira l'arc ED, mesure de l'angle horaire de l'étoile, mais non l'heure, qui ne peut se déterminer qu'au moyen du soleil.

Soit S la position du soleil au moment du lever de l'étoile. L'arc D'Q, réduit en temps, sera la mesure de l'heure temps civil.

Pour se le procurer, supposons que le point équinoxial soit en B.

L'arc BD' sera l'ascension droite du soleil, et l'arc BD celle de l'étoile. Leur différence DD', ajoutée à ED, angle horaire de l'étoile, sera la mesure de l'angle horaire du soleil, et par conséquent l'heure, si c'est le soir; son supplément à 12 heures, si c'est le matin.

Si le point équinoxial est en B', les deux ascensions droites sont les arcs B'Q ED, et B'D' celle du soleil. Leur différence sera l'arc D'QED, dont le supplément à 360° est l'arc DD', à combiner avec l'angle horaire de l'étoile pour se procurer l'heure.

Si le point équinoxial est en B'', les arcs B''ED, B'ED' seront les ascensions droites de l'étoile et du soleil. Leur différence fera connaître DD', qui, ajouté à ED, angle horaire de l'étoile, fournira l'heure.

On voit qu'on a dû faire constamment la différence des deux ascensions droites, et la combinaison avec l'angle horaire de l'étoile.

Pour obtenir l'heure du lever apparent, on aurait dû employer le triangle ZAP pour calculer l'angle horaire de l'étoile, ZA étant dans ce triangle égal à $90° + D + R$, les étoiles n'ayant ni demi-diamètres ni parallaxes appréciables.

Calcul de l'heure du passage d'une étoile au méridien.

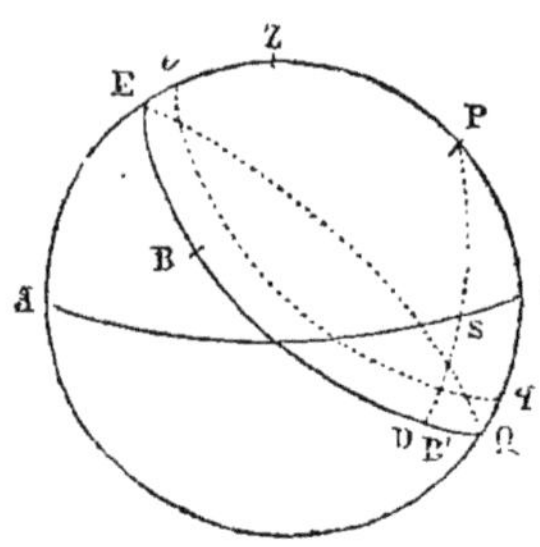

Soient B la position du point équinoxial, et S celle du soleil au moment où l'étoile passe en *e* dans le plan du méridien; si de BQE, ascension droite de l'étoile, élément invariable, on retranche BD, ascension droite du soleil pour l'heure présumée du passage, on obtiendra l'arc EQD, ou l'heure approchée du passage en temps astronomique.

Si le point équinoxial est en B', B'QE, B'QED sont les deux ascensions droites; leur différence ED, retranchée de 24 heures, sera l'heure du passage, temps astronomique.

On arrive au même résultat en regardant la figure sous un autre aspect.

Soient FMQM' l'équateur, P le pôle, SIS' le parallèle décrit par le soleil, KeK' celui de l'étoile, MM' le méridien. La flèche qui est sur

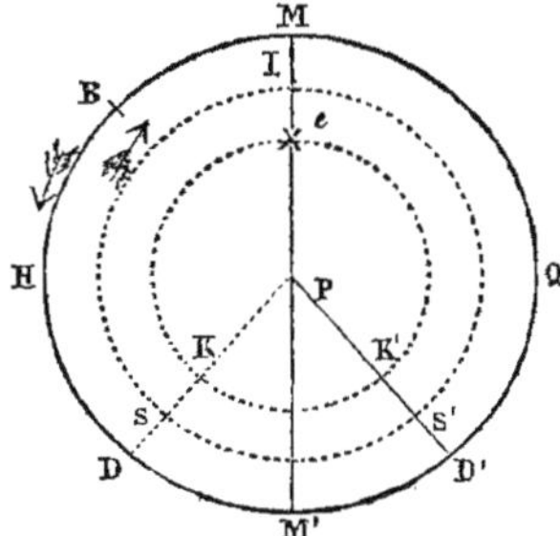

le parallèle du soleil indique le sens du mouvement apparent, et celle sur l'équateur, le sens du mouvement réel, qui est celui dans lequel on compte les ascensions droites.

Soit B la position du point équinoxial ; si le soleil est en S lorsque l'étoile passe au méridien supérieur en *e*, les deux ascensions droites seront BD et BDM'QM.

Leur différence MQM'D est bien l'heure du passage en temps astronomique.

Si le soleil est en S', la différence des ascensions droites sera MD'. En variant la position du point B, on reconnaîtra dans chaque cas le moyen de déduire l'heure astronomique du passage de la combinaison des deux ascensions droites.

Comme la figure est faite dans l'hypothèse du système inverse, il faut admettre que lorsque l'étoile décrit son parallèle, l'équateur tourne en même temps dans le même, de manière à ce que l'ascension droite de l'étoile reste constante.

Le problème qui vient d'être résolu peut se généraliser à l'aide d'une formule.

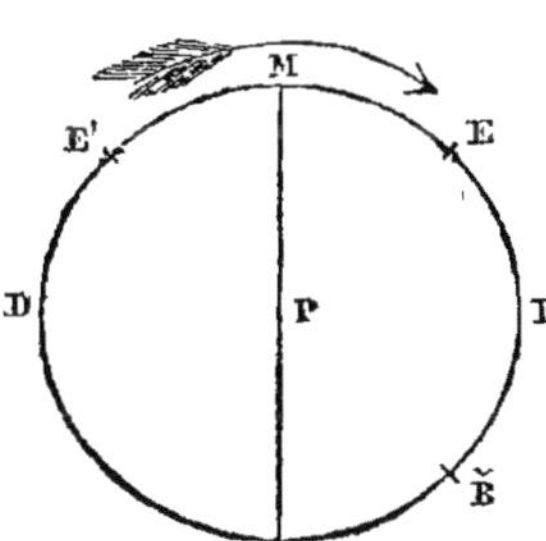

L'heure sidérale ou distance du point équinoxial du printemps au méridien, en supposant la terre immobile et l'équateur tournant avec les étoiles, est liée à l'ascension droite d'une étoile et à son heure astronomique ou angle horaire par une relation très-simple.

Car si le cercle MEID représente l'équateur mobile accomplissant sa révolution en 24 heures sidérales, MPI le méridien fixe, P le pôle, B la position du point équinoxial, et E celle d'une étoile qui a déjà passé au méridien, on aura

$$MB = ME + BE,$$

ou heure sidérale = heure astronomique + ascension droite,
relation qui se formule ainsi :

$$h_s = h. \text{ astr. } \star + \text{Æ} \star.$$

Si l'astre, n'ayant point encore passé au méridien, était en E', on
aurait

$$MB = BE' - ME',$$

ou $$h_{si} = \text{Æ} \star - (24^h - MIE'),$$

ou $$h_s = \text{Æ} \star + h_a \star - 24^h.$$

La relation est donc générale, à la condition de retrancher
24^h à $\text{Æ} \star + h_a \star$, si cette somme surpasse un jour.

On a donc en même temps les deux formules

$$h_s = \text{Æ} \star + h_a \star ;$$
$$h_s = \text{Æ} \odot + h_a \odot ;$$

et l'heure sidérale étant la même au même instant pour tous les
astres, on en déduit

$$\text{Æ} \star + h_a \star = \text{Æ} \odot + h_a \odot \quad (a),$$

formule qui donne le moyen de passer de l'heure astronomique d'un
astre à l'heure astronomique d'un autre astre.

Si, connaissant l'heure astronomique d'un astre, on voulait connaître l'heure moyenne ou vraie, on déduirait de la relation (a)

$$h_a \star + \text{Æ} \star - \text{Æ} \odot = h_a \odot,$$

et l'on introduirait dans cette formule $\text{Æ} \odot_m$ ou $\text{Æ} \odot_v$, suivant
qu'on voudrait avoir $h_a \odot_m$, ou $h_a \odot v$.

Si, au contraire, on voulait avoir l'angle horaire d'un astre
pour une heure donnée ou son heure astronomique, on déduirait
de la formule (a)

$$h_a \star = h_a \odot + \text{Æ} \odot - \text{Æ} \star.$$

Si l'heure astronomique de l'étoile est plus petite que 12 heures,
elle est à l'ouest du méridien, et cette heure est son angle horaire.

Si l'heure astronomique de l'étoile surpasse 12 heures, cet astre
sera dans l'est, n'aura pas encore passé au méridien, et son angle
horaire sera, dans ce cas, égal à $24^h - h_a \star$.

Si on voulait connaître l'heure du passage d'une étoile au méridien, il suffirait de faire dans la formule,

$$h_a \star + \text{Æ} \star = h_a \odot + \text{Æ} \odot,$$
$$h_a \star = 0,$$

et on aurait alors

$h_a \odot$ ou heure astronomique du passage $= \text{Æ} \star - \text{Æ} \odot.$

Veut-on passer de l'heure vraie à l'heure moyenne :

$$h_a \odot_m + \text{Æ} \odot_m = h_a \odot_v + \text{Æ} \odot_v ;$$

d'où
$$h_a \odot_m = h_a \odot_v + (\text{Æ} \odot_v - \text{Æ} \odot_m).$$

Mais la quantité entre parenthèses est précisément l'élément renfermé dans la *Connaissance des temps*, et connu sous le nom d'équation du temps ; il est inséré dans une colonne portant pour titre *temps moyen au midi vrai*, parce qu'en effet si, dans la formule ci-dessus, se supposant à midi vrai, on posait $h_a \odot = 0$, elle deviendrait

$$h \odot_m = \text{Æ} \odot_v - \text{Æ} \odot_m.$$

Ce résultat est bien d'accord avec l'explication donnée dans le précis d'astronomie de l'inégalité des jours vrais, tenant uniquement à l'inconstance du mouvement diurne du soleil en ascension droite.

Amplitude, azimut, et leur application au calcul de la variation.

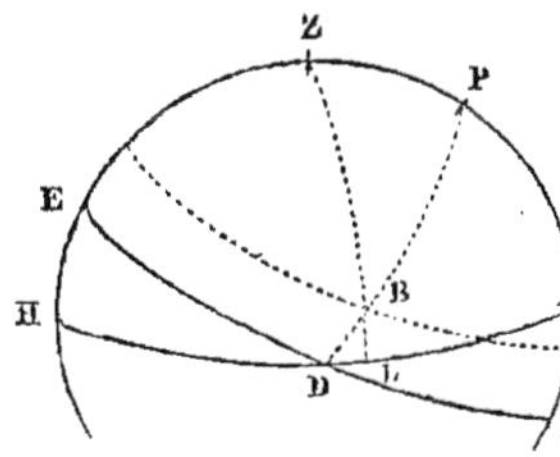

L'angle azimutal SZP se déduit du triangle sphérique ZSP au moyen de la formule

$$\cos. \frac{Z}{2} = \sqrt{\frac{\sin. S \sin. (S - PS)}{\sin. ZS \sin. ZP}},$$

qui devient, lorsqu'on substitue à ZS et ZP leurs compléments H et L, en désignant d'ailleurs la distance polaire par D,

$$\cos. \frac{Z}{2} = \sqrt{\frac{\cos. \left(\frac{H+L+D}{2}\right) \cos. \left(\frac{H+L+D}{2} - D\right)}{\cos. H \cos. L}}.$$

Lorsqu'on a calculé l'amplitude ortive du soleil, si on relève le soleil au compas au moment où son bord inférieur est au-dessus de l'horizon des deux tiers de son diamètre environ, on connaît simultanément la distance du soleil au vrai point d'est du monde, et sa distance au point d'est du compas.

La combinaison de ces deux éléments conduit à la variation.

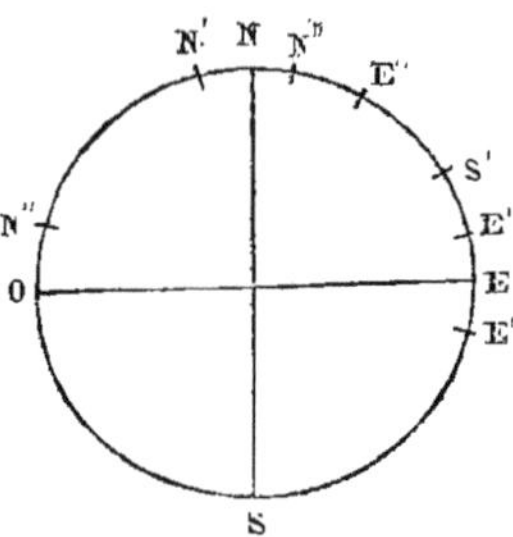

Soit NESO une circonférence représentant celle de l'horizon ; en portant l'amplitude calculée du point E dans le sens indiqué par le calcul, on aura la vraie position du soleil au moment de son lever. Supposons-le en S' : en portant, à partir de S' dans le sens indiqué par le relèvement, son résultat, on place ainsi l'est du compas, soit en E', soit en E'', soit en E''', ce qui amène le nord du compas en N', ou N'', ou N''', et indique par suite le sens de la variation.

On voit qu'elle a le plus habituellement pour valeur la différence entre les amplitudes calculées et relevées.

Cette méthode serait en défaut par de hautes latitudes, parce qu'alors le parallèle du soleil formant avec l'horizon un angle très-aigu, l'amplitude relevée pourrait être affectée d'une erreur considérable pour une très-petite erreur commise dans l'appréciation, du moment où le bord inférieur du soleil est au-dessus de l'horizon des deux tiers environ du diamètre de l'astre.

Comme toute méthode de variation repose sur la connaissance des deux distances du soleil à un des points cardinaux du monde et au point cardinal analogue du compas, on peut se procurer la variation par l'azimut, à la condition de ne pas laisser prendre au soleil, pour opérer, une hauteur qui dépasse 20 degrés. Alors, en effet, le relèvement au compas serait très-inexact, et l'erreur commise se retrouverait tout entière sur la variation.

Le moment du passage du soleil au premier vertical, qu'on a su préciser par un calcul antécédent, peut servir à calculer la variation, toujours égale alors, au relèvement du soleil au moment du passage. Ce moyen ne peut être utilisé qu'autant que le soleil ne passe pas haut dans le premier vertical, et par conséquent aux environs des équinoxes.

Le passage au méridien, qui n'exige aucun calcul, pourrait aussi servir à déterminer la variation aux environs des équinoxes par les latitudes élevées.

Il a déjà été expliqué d'ailleurs que toutes les cartes indiquant la variation aussi exactement qu'il est nécessaire pour les besoins de la navigation, on ne doit considérer les méthodes qui viennent d'être exposées que comme des moyens de vérifier si les compas du bord sont encore en bon état après un accident soit de mer, soit atmosphérique, et aussi lorsque le navire renferme beaucoup de masses de fer.

On peut encore déterminer la variation lorsqu'on a en vue un objet terrestre.

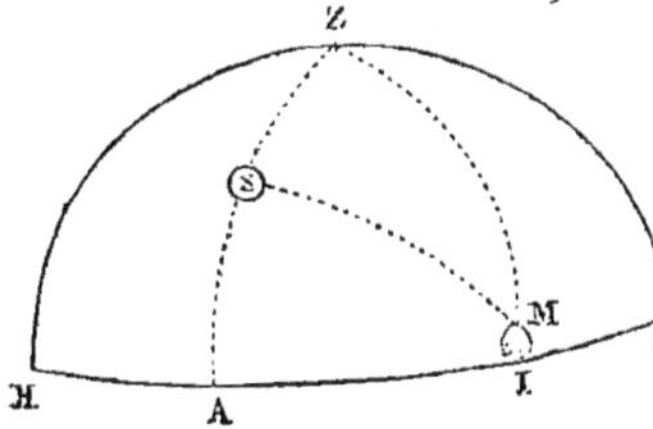

Si on mesure la hauteur AS du soleil, celle IM de la montagne, et SM distance du bord voisin du soleil au sommet M, on pourra, en apportant à ces trois arcs les corrections convenables, se procurer les hauteurs apparentes, ainsi que la distance de même nature, et, par suite, calculer l'angle Z du triangle ZSM.

Si, de l'angle azimutal AZO du soleil, on retranche pour le cas de la figure l'angle AZM précédemment calculé, le reste MZO sera l'azimut calculé de l'objet terrestre.

L'azimut de cet objet, relevé au moment des observations avec toute l'exactitude désirable, puisqu'il est à l'horizon, combiné avec celui calculé, fera rentrer la recherche de la variation dans le problème précédemment résolu.

L'azimut de l'objet terrestre serait la somme de l'azimut du soleil et de l'angle Z calculé, si le vertical du soleil était entre la montagne et la partie abaissée du méridien.

Il est donc important, lorsqu'on fait les observations, de constater la position des deux verticaux à l'égard de la partie abaissée du méridien.

Cette méthode ne conduit à de bons résultats que par suite de l'exactitude du relèvement de l'objet terrestre. Elle exige d'ailleurs le concours de deux observateurs, puisque la hauteur du soleil et la distance sont deux éléments à mesurer simultanément.

Détermination de l'heure du bord.

L'angle horaire d'un astre étant l'angle formé au pôle par la partie élevée du méridien et le cercle de déclinaison de l'astre, s'obtient à l'aide de la formule

$$\frac{\sin. \frac{P}{2}}{R} = \sqrt{\frac{\cos. \left(\frac{L+H+D}{2}\right) \sin. \left(\frac{L+D-H}{2}\right)}{\cos. L \sin. D}}.$$

D étant la distance polaire de l'astre.

S'il est question du soleil, cet angle, réduit en temps, donnera ou le complément à 12^h de l'heure du bord, si l'observation a été faite avant midi, ou l'heure comptée à partir de midi, si l'observation a été faite le soir.

Le calcul de l'angle horaire du soleil exigeant une grande précision, il faut examiner avec quel degré d'exactitude on peut se procurer les valeurs des trois éléments L, d et H.

On doit employer une latitude, soit estimée, soit calculée, à un moment très-rapproché de celui du calcul de l'angle horaire.

La déclinaison devant être calculée pour l'heure présumée, sera d'autant plus exacte qu'on possédera un chronomètre mieux réglé.

Pour obtenir H avec toute l'exactitude désirable, on prend rapidement une série de hauteurs, puis leur moyenne.

Mais, quelle que soit la bonté de l'instrument et l'expérience de l'observateur, l'œil étant un instrument imparfait, cette hauteur est entachée d'une erreur, soit additive, soit soustractive.

On doit donc, pour l'atténuer, chercher si dans la journée il existe des instants où une erreur commise sur la hauteur a sur l'angle horaire une moindre influence qu'à tout autre moment.

On va procéder à l'analyse de ce problème à l'aide d'une figure construite avec soin.

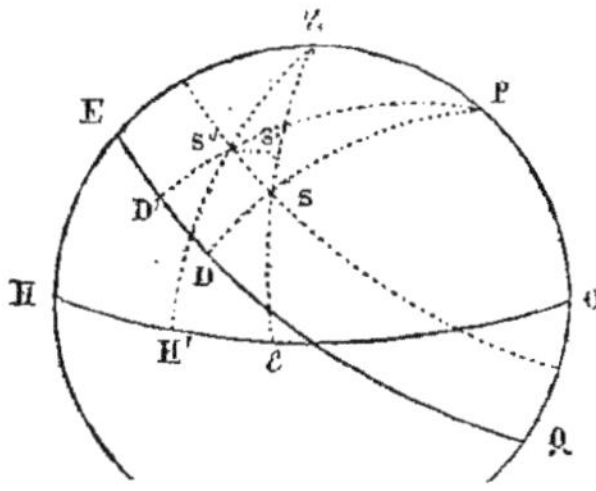

Soit S la vraie position du soleil. L'angle horaire à calculer est celui ZPS.

Si l'erreur commise sur la hauteur est SS', en sorte que le soleil soit jugé en S' dans son vertical, on a calculé un angle au pôle, faisant partie d'un triangle ayant pour côtés ZP, ZS' et PS.

Ce triangle n'existant pas sur la figure, il est nécessaire de l'y construire pour juger de la différence qui existe entre l'angle calculé et le véritable angle horaire.

A cet effet, on conduit par le point S' l'arc S'S'' parallèle à l'horizon, jusqu'au parallèle du soleil, et l'on trace les deux arcs de grands cercles ZH' et PD'.

Le triangle ZPS'' a pour côtés les trois éléments employés dans la formule, et, par suite, l'angle obtenu est ZPS'', différant de celui ZPS de l'angle D'PD, expression de l'erreur produite sur l'angle horaire par l'erreur SS' de hauteur.

On doit donc chercher à lier par une formule l'erreur SS', et celle angulaire D'PD, qui en a été la conséquence.

On a toujours $\quad \mathrm{DD'} = \dfrac{\mathrm{SS''} \times r}{\cos.\ \mathrm{DS}} = \dfrac{\mathrm{SS''} \times r}{\cos.\ d}.$

Le triangle SS'S'', qui peut être considéré comme sensiblement rectiligne à cause de la petitesse de ses côtés, fournit la relation

$$r : \cos.\ \mathrm{S''SS'} :: \mathrm{SS''} : \mathrm{SS'}\,;$$

d'où $\qquad \mathrm{SS''} = \dfrac{\mathrm{SS'} \times r}{\cos.\ \mathrm{S''SS'}},$ ou $\mathrm{SS''} = \dfrac{\mathrm{SS'} \times r}{\sin.\ \mathrm{ZSP}},$

les deux angles S''SS' et S'SP étant complémentaires.

Substituant cette valeur de SS'' dans celle de DD' obtenue précédemment, elle devient

$$\mathrm{DD'} = \dfrac{r \times \dfrac{\mathrm{SS'} \times r}{\sin.\ \mathrm{ZSP}}}{\cos.\ d} = \dfrac{r^2 \times \mathrm{SS'}}{\sin.\ \mathrm{ZSP} \cos.\ d}.$$

On peut substituer à sin. ZSP une valeur fonction de l'angle azimutal, au moyen de la formule connue

$$\sin. ZSP : \sin. SZP :: \cos. L : \cos. d;$$

d'où
$$\sin. ZSP = \frac{\sin. SZP \times \cos. L}{\cos. d};$$

substituant, on trouve

$$DD' = \frac{r^2 \times SS'}{\dfrac{\sin. SZP \times \cos. L}{\cos. d} \cos. d} = SS' \times \frac{r^2}{\cos. SZP \cos. L}.$$

Les deux formules

$$(1) \quad DD' = SS' \times \frac{r^2}{\sin. ZSP \cos. d},$$

$$(2) \quad DD' = SS' \times \frac{r^2}{\sin. SZP \cos. L},$$

font reconnaître que DD' est minimum, SS', d et L étant des quantités considérées comme constantes, lorsque les deux éléments sin. ZSP ou sin. SZP seront maximum.

Le plus grand sinus étant celui de 90°, on dit que les circonstances favorables aux observations de hauteur destinées à calculer l'angle horaire sont les heures auxquelles le soleil a, soit son angle de position, soit son angle azimutal, droit.

Cette dernière circonstance se présente lorsque le soleil traverse le premier vertical.

On doit donc considérer trois cas :

1° Lorsque la latitude est plus petite que la déclinaison et de même dénomination, l'instant favorable est aux environs de l'heure à laquelle l'angle de position est droit.

2° Lorsque la latitude est plus grande que la déclinaison et de même dénomination, l'heure favorable aux observations de hauteur de soleil est aux environs de celle où l'astre traverse le premier vertical.

3° Lorsque la latitude et la déclinaison sont de dénomination différente, l'angle de position ne peut plus devenir droit dans la journée; le soleil ne traverse pas le premier vertical au-dessus de l'horizon; l'instant le moins défavorable est alors celui le plus rapproché du lever auquel il soit possible de faire une observation exacte de hauteur.

On a, en effet, vu précédemment qu'à l'heure du lever, l'angle de position, toujours aigu dans ce cas, était maximum à cet instant.

On peut aussi déterminer l'heure à l'aide du calcul de l'angle horaire d'une étoile dont on aurait observé la hauteur; car on calculera comme il a été dit précédemment, et avec les mêmes précautions, l'angle au pôle par la même formule.

Une fois cet élément déterminé, sa combinaison avec les ascensions droites du soleil et de l'étoile fera connaître l'heure du lieu, ainsi qu'il a été expliqué à l'article du lever d'une étoile.

La difficulté que l'on éprouve à se procurer une bonne observation de hauteur d'étoile, jointe à l'emploi de l'ascension droite du soleil, qu'il faut prendre pour l'heure présumée, sont deux causes qui rendent ce calcul peu usuel.

Calcul de la hauteur d'un astre.

Lorsqu'on connaît l'heure comptée au lieu où l'on se trouve (et bientôt on verra qu'à l'aide d'un chronomètre bien réglé, on peut se procurer cet élément, au moins très-approximativement), on peut calculer la hauteur d'un astre quelconque.

S'agit-il du soleil? l'heure connue détermine la valeur de l'angle horaire; et alors on connaît, dans le triangle sphérique ZSP, l'angle P et les deux côtés qui le comprennent; on peut donc calculer le troisième côté, qui est le complément de la hauteur cherchée.

Pour un autre astre, on déduira de l'angle horaire connu du soleil, et des ascensions droites du soleil et de l'astre en discussion, l'angle horaire de l'astre, et le calcul s'achèvera comme précédemment.

Exemples.

Trouver la hauteur observée du $\odot$ le 12 novembre 1850, à $3^h 19^m 26^s,6$ soir, temps moyen, dans un lieu situé par............ $\Big)$ 21° 15′ lat. N., 31° 23′ 21″ long. O.; l'œil élevé de $4^m,5$.

Heure,	$3^h\ 19^m\ 26^s,6$	Heure du lieu, t. m.,	$3^h\ 19^m\ 26^s,6$
Longitude, $+$	$2^h\ 5^m\ 33^s,4$	T. moy. à midi vr.,	$11^h\ 44^m\ 20^s,8$
Temps m. Paris,	$5^h\ 25^m\ 00^s,0$	Heure du lieu, t. v.,	$3^h\ 35^m\ 05^s,8$
Déclinaison,	$17°\ 45'\ 24''$ A	Angle horaire,	$53°\ 46'\ 27''$
Dist. polaire,	$107°\ 45'\ 24''.$		

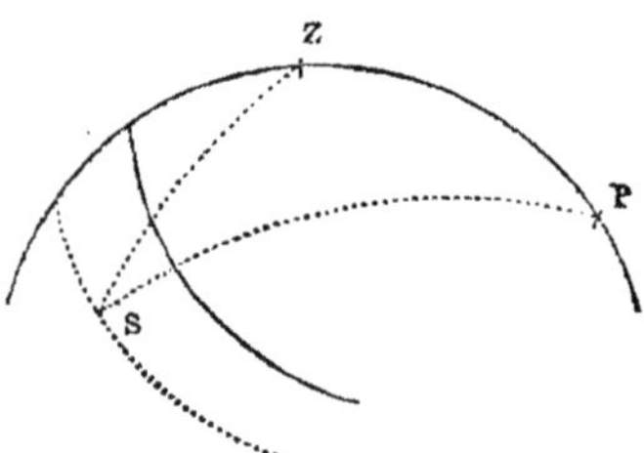

On connaît donc, dans le triangle ZPS :

$$\text{angle}\quad P = 53°\ 46'\ 27'';$$
$$ZP = 68°\ 45';$$
$$PS = 107°\ 45'\ 24'';$$

et, pour calculer ZS, on a les deux formules :

$$\text{tang. } \varphi = \frac{\text{tang. ZP cos. P}}{R}, \quad \text{sin. H} = \frac{\text{cos. ZP cos. (SP} - \varphi)}{\text{cos. } \varphi}.$$

Calcul de l'auxiliaire φ.

φ est aigu, tous les facteurs du second membre ayant le signe $+$.

$$\text{log. cos. P} = 9,7715650$$
$$\text{log. tang. ZP} = 10,4101858$$
$$\text{log. tang. } \varphi = 10,1817508$$
$$\varphi = 56°\ 39'\ 13''.$$

Calcul de H $\odot$.

$$\text{log. cos. ZP} = 9,5592338$$
$$\text{log. cos. (SP} - \varphi) = 9,7979054$$
$$c^t\text{log. cos. } \varphi = 0,2598748$$
$$\text{log. sin. H V } \odot, \quad 9,6170140$$
$$\text{H V } \odot = 24°\ 27'\ 26''.$$

Hauteur vraie $\odot$	$=$		$24°\ 27'\ 26''$
(réfr^n $- p$)	$+$		$1'\ 59''$
			$24°\ 29'\ 25''$
$\frac{1}{2}$ diamètre,		$-$	$16'\ 12''$
Haut. apparente $\odot$,			$24°\ 13'\ 13''$
Dépression,		$+$	$3'\ 48''$
Haut. observée $\odot$	$=$		$24°\ 17'\ 01''$

III.

Trouver la hauteur observée $\overline{\mathbb{C}}$ le 29 décembre 1850, à $17^h\,23^m$, temps moyen, dans un }
lieu situé par...................... }
l'œil élevé de 4^m.

| | 26° 30′ lat. N., |
| | 24° 15′ long. O. |

H^{re} du lieu, $17^h\,23^m$ Æ $\odot$ m., $18^h\,33^m\,25^s,9$ Décl. $\mathbb{C}$, 15° 59′ 28″,7 A
Long. en t., $1^h\,37^m$ H^{re} a. m., $17^h\,23^m\,00^s$ Dist. pol., 105° 59′ 28″,7

H^e de Paris, 19^h $35^h\,56^m\,25^s,9$ Parall. hor., 56′ 5″
                       Æ $\mathbb{C}$ — $16^h\,04^m\ \ 9^s,5$ $\frac{1}{2}$ diam. cent., 15′ 15″,8

Heure astr. $\mathbb{C}$, $19^h\,52^m\,16^s,4$
Angle hor., $4^h\,07^m\,43^s,6$
Angle hor. en degrés ou P, 61° 55′ 54″.

On a, dans cette préparation, calculé l'angle horaire par la formule démontrée dans un chapitre précédent, page 162.
Connaissant actuellement, dans le triangle ZLP, les trois éléments

$$P = 61° 55′ 54″,$$
$$PL = 105° 59′ 28″,7,$$
$$PZ = 63° 30′,$$

on calculera, par les formules employées dans l'article précédent,
l'auxiliaire φ ; on le trouvera de 121° 20′ 40″. Voici le détail du
calcul :

$$\tan \varphi = \frac{\overset{+}{\tan\,PL}\ \overset{-\ +}{\cos\,P}}{r}.$$

φ est obtus.

log. tang. PL $= 10,5475000$
log. cos. P $= 9,6725820$

log. tang. φ $= 10,2153320$ $\varphi = 121° 20′ 40″$

$$\sin H = \frac{\cos\,PL\,\cos\,(\varphi - PZ)}{\cos\,\varphi}.$$

$$\begin{aligned}
\text{log. cos. } (\varphi - ZP) &= 9,7261245 \\
\text{log. cos. } PL &= 9,4401104 \\
c^t \text{ log. cos. } \varphi &= 0,2838449 \\
\hline
\text{log. sin. } H\,V\,☾ &= 9,4500798 \\
H_v\,☾. &= 16°\ 22'\ 22'' \\
P - R &- 50'\ 29'' \\
\hline
\text{Haut. appar. } ☾, & \quad 15°\ 31'\ 53'' \\
\tfrac{1}{2}\text{ diamètre haut.,} &+ 15'\ 20'',3 \\
\hline
\text{Haut. appar. } \overline{☾}, & \quad 15°\ 47'\ 13'',3 \\
\text{Dépression,} &+ 3'\ 35'' \\
\hline
\text{Hauteur observée } \overline{☾} &= 15°\ 50'\ 48'',3.
\end{aligned}$$

Trouver la hauteur observée de Régulus le 11 mars 1850, à $8^h\ 15^m$ soir, temps moyen, en un lieu situé par...................................... $\left\{\begin{array}{l} 40°\ 28'\ \text{lat. N} \\ 35°\ 15'\ \text{long. O.,} \end{array}\right.$ l'œil élevé de $4^m,5$.

Heure du lieu,	$8^h\ 15^m$	Décl. Régulus,	$12°\ 41'\ 43'',6$ B
Long. en temps,	$2^h\ 21^m$	Dist. polaire,	$77°\ 18'\ 16'',4.$
Heure de Paris, t. m.,	$10^h\ 36^m.$		
Æ ☉ m,	$23^h\ 16^m\ 58^s,6$		
Heure astr. ☉,	$8^h\ 15^m$		
	$31^h\ 31^m\ 52^s,6$		
Æ Régulus,	$-\ 10^h\ 00^m\ 23^s,7$		
Heure astr. Rég.,	$21^h\ 31^m\ 21^s,9$		
Angle horaire,	$2^h\ 28^m\ 31^s,1$		
En degrés ou P,	$37°\ 07'\ 48'',5.$		

On trouve, en employant les mêmes formules trigonométriques que dans les deux cas précédents,

$$\begin{aligned}
\text{Haut. vraie Rég.,} &= 47°\ 15'\ 12'' \\
\text{Réfraction,} &+ 0'\ 54'' \\
\hline
\text{Haut. appar. Rég,} & \quad 47°\ 16'\ 06'' \\
\text{Dépression,} &+ 3'\ 48'' \\
\hline
\text{Haut. observée Rég.,} & \quad 47°\ 19'\ 54''.
\end{aligned}$$

MONTRES MARINES.

Deux choses sont indispensables à déterminer avec la plus grande précision, lorsqu'on veut calculer la longitude au moyen du transport du temps par un chronomètre.

1° La marche diurne, c'est-à-dire la quantité dont il avance ou retarde chaque jour sur le temps moyen ;

2° Son avance ou son retard à une date précise sur le temps moyen du lieu des observations, dont la longitude doit être rigoureusement déterminée.

Les opérations à exécuter présentent deux circonstances principales :

Ou elles se font dans un établissement à terre muni de tous les instruments d'observation ;

Ou le marin est armé de ses seuls instruments dans une relâche, la longitude de son observatoire volant étant donnée par la *Connaissance des temps*.

Méthode par une lunette méridienne.

Dans un observatoire, on peut se procurer la marche diurne au moyen d'une lunette se mouvant dans le plan vertical du méridien. On la dirige vers le point du ciel où passe chaque nuit une étoile reconnaissable.

Tenant note de chacune des heures marquées par la montre lors du passage de l'étoile au fil de la lunette, on regarde si l'heure d'un passage est en retard sur celle de la veille de $3^m 56^s$, différence entre la durée du jour sidéral et celle du jour moyen. Si l'on obtient ce résultat plusieurs jours de suite, cela annonce que le chronomètre garde le temps moyen.

Si cette différence est plus grande que $3^m 56^s$, la montre a, dans un jour sidéral, retardé de l'excès de cette différence sur $3^m 56^s$. Elle aura avancé de cet excès dans le cas contraire.

Répétant ces observations pendant un assez grand nombre de jours consécutifs, leur permanence dans le même sens annoncera si la montre a une marche diurne, et leur moyenne sera la marche diurne moyenne du garde-temps dans un jour sidéral.

On obtiendra un plus grand degré de précision, en observant chaque nuit le passage de plusieurs étoiles bien déterminées à des heures différentes.

Pour se procurer alors la marche diurne dans un jour moyen, on posera la proportion

$23^h 56^m 4^s$: marche diurne moyenne sidérale :: 24^h : x, x étant l'élément cherché.

Cette méthode simple, dont l'exactitude repose sur la fixité de l'axe de la lunette, condition très-difficile à remplir d'une manière absolue, a l'avantage de faire reconnaître si la montre a un mouvement à peu près régulier, et l'inconvénient de faire porter l'erreur commise dans la lecture de l'heure à la montre, sur deux observations rapprochées l'une de l'autre. Par là chaque marche diurne est affectée de l'erreur entière.

On aura, par la suite, l'occasion de revenir sur cette remarque.

Méthode par des hauteurs absolues du soleil.

Prenant un certain jour une série de hauteurs de soleil lors des circonstances favorables, et les heures à la montre correspondantes à chacune de ces observations, on en conclura une hauteur moyenne, et l'heure moyenne correspondante marquée par le chronomètre.

Calculant avec cette hauteur l'angle horaire, on obtiendra ainsi l'heure en temps vrai du lieu des observations.

La différence avec l'heure accusée par la montre fera connaître l'avance ou le retard de cette dernière sur le temps vrai du lieu, et par suite sur le temps moyen.

Plusieurs jours après, on renouvellera des observations et calculs analogues, non à la même heure, puisqu'il faut toujours opérer aux environs de celle des circonstances favorables. On obtiendra ainsi un nouvel état absolu.

La différence entre ces deux états absolus fera connaître la quantité dont la montre a varié dans l'intervalle des observations.

On trouvera donc, par une simple proportion, sa marche en 24 heures, ou diurne.

Il sera bon, pour plus de précision, d'obtenir, chaque jour d'observations, deux états absolus lors des circonstances favorables du matin et du soir, et d'obtenir ainsi deux marches diurnes dont la moyenne sera la marche cherchée, en ayant soin de ne comparer entre eux que des états absolus de même espèce, c'est-à-dire conclus tous deux d'observations du matin ou d'observations du soir.

En effet, si les hauteurs sont en général observées trop petites, les heures du matin seront trop petites, et celles du soir trop grandes; en sorte que la marche, dans l'intervalle de deux observations de différentes espèces, serait affectée de la somme des deux erreurs, et de leur différence au contraire lorsqu'on compare deux états absolus déduits d'observations de même espèce.

On devra attacher d'autant plus de confiance au résultat, qu'il se sera écoulé plus de temps entre les deux époques d'observations.

Mais cette méthode, que le marin peut utiliser dans une relâche, a l'inconvénient de ne pas accuser si la montre a eu dans l'intervalle un mouvement régulier.

On y remédie dans un observatoire en comparant chaque jour l'heure marquée par la montre au midi marqué par l'horloge astronomique, les dimensions de cette dernière étant telles, qu'on peut l'amener à l'état de véritable garde-temps.

Mais, dans une relâche, le marin fera bien d'employer la méthode indiquée par M. Vincendon-Dumoulin, en songeant d'ailleurs que le but est bien plutôt de vérifier la marche connue de sa montre, que de la déterminer.

On prendra chaque jour deux états absolus, et on ramènera l'heure marquée par la montre à ce qu'elle eût été au midi moyen du lieu, ou à une même heure, la moins différente de celles des observations.

Pour faire concourir tous les résultats à la détermination de la marche diurne, soient b, b_1, b_2, b_3, b_4, b_5 les avances ou retards du chronomètre sur le temps moyen du lieu, n_1, n_2, n_3, n_4, n_5 les intervalles en jours qui séparent deux observations consécutives. On emploiera la formule

$$X = \frac{(m-1)(b-b_5) + (m-3)(b_1-b_4) + (m-5)(b_2-b_3)}{(m-1)(n_1-n_5) + 2(m-2)(n_2-n_4) + 3(m-3)(n_3)},$$

m exprimant le nombre des observations.

Exemple.

	Dates.			Retards.	
Le 11	juillet,	à	6^h	$41^m\ 32^s,00 = b$.	
Le 12	id.	à	id.	$41^m\ 32^s,00 = b_1$.	
Le 14	id.	à	id.	$41^m\ 34^s,04 = b_2$.	
Le 16	id.	à	id.	$41^m\ 42^s,01 = b_3$.	
Le 18	id.	à	id.	$41^m\ 50^s,98 = b_4$.	
Le 19	id.	à	id.	$41^m\ 50^s,02 = b_5$.	

$$m = 6,\ (b_5 - b) = 18^s,02,\ (b_4 - b_1) = 18^s,98,\ (b_3 - b_2) = 7^s,97;$$
$$n_1 = 1;\ n_2 = 2;\ n_3 = 2;\ n_4 = 2;\ n_5 = 1.$$

Substituant, on trouve $X = -2^s,583$.

Cette formule, fondée sur le calcul des probabilités, ne fait intervenir chacune des marches que proportionnellement au degré de confiance qu'on doit lui accorder, suivant qu'elle est donnée par des observations que sépare un intervalle de temps plus ou moins grand.

Méthode des hauteurs correspondantes.

On peut aussi déterminer la marche d'une montre par la méthode des hauteurs égales.

Elle consiste à prendre le matin, lors des circonstances favorables, une hauteur de soleil, et à renouveler le soir la même opération à la même hauteur. La moyenne des heures marquées par la montre lors des deux observations sera l'heure qu'elle aurait marquée au midi vrai du lieu de l'observation, si la déclinaison n'avait pas varié dans l'intervalle des opérations.

En effet, soit HO l'horizon rationnel, EQ l'équateur, *eq* le paral-

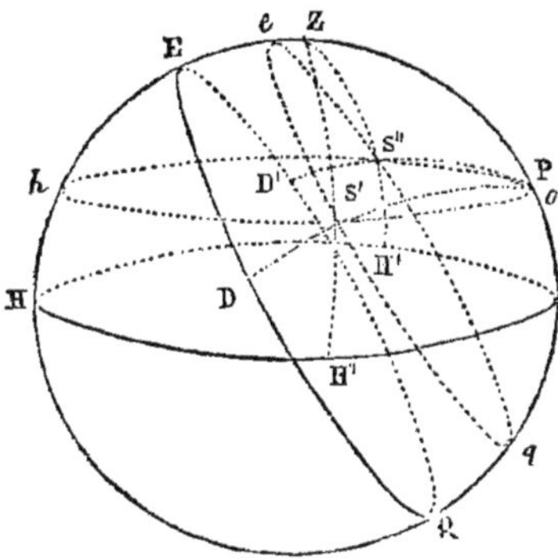

lèle décrit par le soleil, S′ la position du soleil lors de l'observation du matin. On trouvera la position S″ du soleil lors de l'observation du soir, en menant par S′ un parallèle *ho* à l'horizon, jusqu'à la rencontre du parallèle du soleil en S″.

Les deux arcs ZS′, ZS″ seront égaux ; ceux PS′, PS″ le sont, le point P étant le pôle de *eq* ; et enfin ZP est commun aux deux triangles ZPS′, ZPS″. Les deux angles horaires correspondant aux hauteurs égales observées matin et soir sont donc égaux.

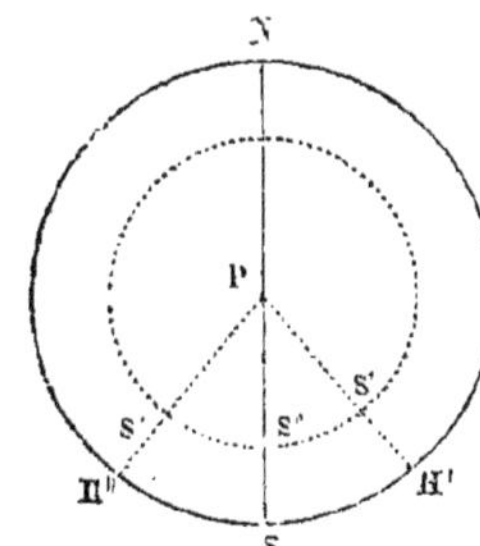

Donc, quelles que soient les heures n, n', marquées par la montre lorsque le soleil est en S′ et S″, $\dfrac{n' + n''}{2}$ donnera l'heure à la montre au moment où le soleil sera en S″ ou à midi vrai.

En transformant le midi vrai du lieu en heure de Paris, temps moyen, on aura l'avance ou le retard de la montre sur le temps moyen de Paris, c'est-à-dire, un état absolu.

Répétant les mêmes opérations plusieurs jours après, on obtiendra un nouvel état absolu ; et, comparant le premier au second, on connaîtra l'avance ou le retard de la montre sur le temps moyen dans l'intervalle des observations. On fera alors la proportion suivante :

L'intervalle compris entre les deux midis vrais est à l'avance ou au retard dans cet intervalle, comme 24 heures sont à un quatrième terme.

Dans ce qui a précédé, les déclinaisons d'un même jour ont

été regardées comme constantes, ce qui a entraîné l'égalité des angles horaires.

Mais le soleil ne décrivant pas dans la journée une circonférence rigoureusement parallèle à l'équateur, il doit en résulter une modification nécessaire à faire au calcul précédent, et qu'on va découvrir à l'aide d'une figure.

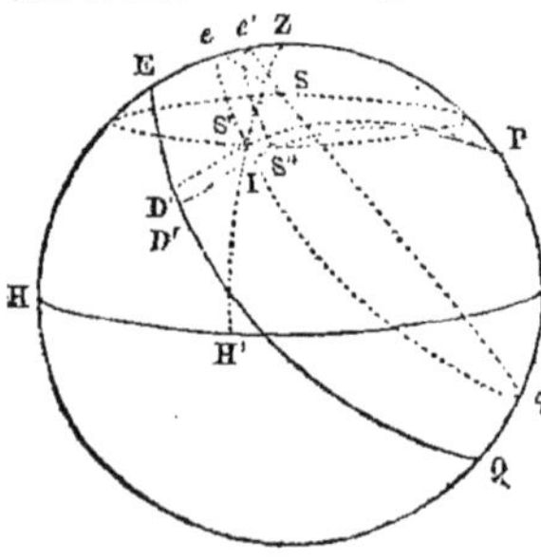

Supposons que le soleil en S, lors de l'observation du soir, se soit rapproché de l'équateur, et décrit l'arc S″e′S ; il sera en S″ le matin à la même hauteur qu'en S le soir, et l'angle horaire du matin surpassera celui du soir de l'angle DPD′, mesuré par l'arc DD′ d'équateur, et dû à la diminution S″I que la déclinaison a éprouvée entre les deux observations.

Pour se procurer DD′ en fonction de S″I, on aura la relation

$$\text{DD}' : \text{S'I} :: r : \cos. d ;$$

d'où
$$\text{DD}' = \frac{r}{\cos. d} \times \text{S'I}.$$

Mais S′I fait partie du triangle rectangle S′S″I, qu'on peut considérer comme rectiligne sensiblement, à cause de la petitesse de ses côtés, et duquel on déduira

$$r : \text{tang. } \text{S}''\text{S'I} :: \text{S'I} : \text{S}''\text{I} ;$$

d'où
$$\text{S'I} = \text{S}''\text{I} \times \frac{r}{\text{tang. } \text{S}''\text{SI}} = \text{S}''\text{I} \times \frac{r}{\text{tang. } \text{ZS'P}} ;$$

les deux angles S″S′I et ZS′P, qui ont le même complément PS′S″, étant égaux.

Substituant donc dans la valeur de DD′, elle devient

$$\text{DD}' = \frac{r}{\cos. d} \times \frac{r}{\text{tang. } \text{ZS'P}} \times \text{S}''\text{I} = \text{S}''\text{I} \left(\frac{r^2}{\text{tang. } \text{ZS'P} \cos. d} \right).$$

Le facteur entre parenthèses est un nombre abstrait, qu'on apprendra bientôt à se procurer.

Une fois calculé, il fera connaître par quel nombre il faut multiplier la variation de la déclinaison exprimée en secondes pour avoir la valeur de l'arc DD′ en secondes de degrés, qui devra être converti en temps.

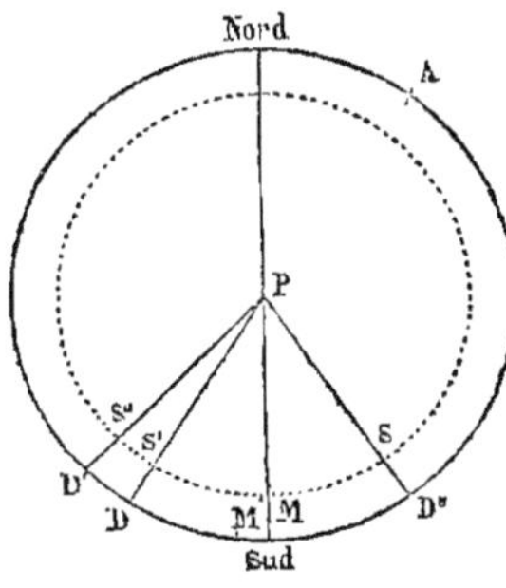

Pour obtenir le midi conclu, on avait pris la demi-somme des deux arcs AD″ et AD, représentant les heures comptées à la montre dans l'hypothèse des deux angles horaires MPS, MPS′ égaux.

Mais l'angle horaire du soir étant MPS″, la demi-somme des deux arcs AD″ et AD a fourni, non l'arc AM ou le midi conclu, mais bien l'arc AM′ surpassant AM de $\dfrac{DD'}{2}$.

Donc, lorsque la déclinaison augmente, il faut, à l'heure donnée par la montre lors de l'observation du matin, ajouter celle correspondante à l'observation du soir, augmentée de 12^h, si le midi de la montre est tombé entre ces deux heures, et de la demi-somme retrancher la moitié de la valeur de DD′, pour avoir le midi conclu.

Il faudrait, au contraire, ajouter à la demi-somme des deux heures la moitié de DD′, si la déclinaison diminuait.

Pour utiliser la formule

$$DD' = S''1 \times \frac{r^2}{\tan g.\ ZSP \cos. d},$$

on substitue, à l'angle de position, une fonction de l'angle horaire.

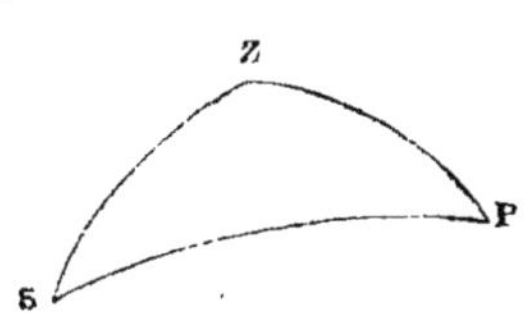

Si on applique au triangle ZSP la formule des cotangentes, on obtient

cot. ZP sin. SP = cos. SP cos. P
+ sin. P cot. ZSP :

ou   tang. L sin. D = cos. D cos. P
+ sin. P cot. ZSP.

Déduisant de cette formule la valeur de cot. ZSP,

$$\cot. ZSP = \frac{\tang. L \sin. D - \cos. D \cos. P}{\sin. P};$$

remplaçant cot. ZSP par sa valeur $\dfrac{r^2}{\tang. ZSP}$, et déduisant la valeur de tang. ZSP, on trouve :

$$\tang. ZSP = \frac{r^2 \sin. P}{\tang. L \sin. D - \cos. D \cos. P};$$

substituant cette valeur dans celle de DD′,

$$DD' = S''I \left(\frac{r^2}{\dfrac{r^2 \sin. P}{\tang. L \sin. D - \cos. D \cos. P} \times \sin. D} \right)$$

$$= S''I \left(\frac{r^2 \tang. L \sin. D - r^2 \cos. D \cos. P}{r^2 \sin. P \sin. D} \right);$$

ou

$$DD' = S''I \left(\frac{\tang. L \sin. D}{\sin. P \sin. D} - \frac{\cos. D \cos. P}{\sin. P \sin. D} \right)$$

$$= S''I \left(\frac{\tang. L}{\sin. P} - \frac{\cot. D}{R} \times \frac{R}{\tang. P} \right);$$

et enfin

$$DD' = S''I \left(\frac{\tang. L}{\sin. P} - \frac{\cot. D}{\tang. P} \right).$$

Devant convertir DD′ en temps, en le supposant exprimé en secondes, ainsi que S″I, il faudra les diviser tous deux par 15 ; et comme on ne doit prendre que la moitié de DD′ pour corriger le midi conclu, en nommant x cette correction, on a

$$x = \frac{m''}{30} \left(\frac{\tang. L}{\sin. P} - \frac{\cot. D}{\tang. P} \right),$$

relation connue sous le nom d'équation des hauteurs correspondantes.

Le signe — qui est dans la parenthese se changerait en + si la distance polaire D était plus grande que 90°.

La grandeur de cette correction dépendant principalement de celle de S″I, il s'ensuit que, presque insensible aux solstices, elle est importante vers les équinoxes.

LATITUDES.

Il y a deux moyens d'obtenir la latitude :

1° Par l'observation de la hauteur méridienne d'un astre.

2° Par deux hauteurs d'astres, et l'angle formé par les deux cercles de déclinaison correspondants.

Latitude par la hauteur méridienne du soleil.

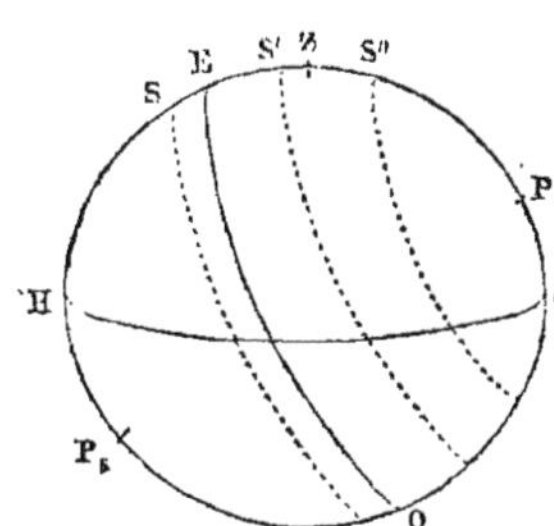

On est convenu de donner à la distance zénithale méridienne le nom du pôle vers lequel on était tourné lors de l'observation de hauteur.

1ᵉʳ *cas.* Si le soleil passe au méridien en S, ce qui implique que la déclinaison et la latitude sont de dénomination contraire, on déduira de la hauteur méridienne HS la distance zénithale SZ, qui sera sud.

Si de SZ on retranche la déclinaison SE, sud aussi, on aura l'arc EZ, mesure de la latitude nord, et, par suite, de dénomination contraire.

2ᵉ *cas.* Si le soleil passe au méridien en S', S'Z sera la distance zénithale sud, qui, ajoutée à la déclinaison nord S'E, fournira la latitude EZ nord, et, par suite, de même dénomination que la déclinaison.

3ᵉ *cas.* Si le soleil passe au méridien en S″, la distance zénithale S″Z sera nord, ainsi que la déclinaison ES″; leur différence est l'arc mesure de la latitude nord.

On a le droit de conclure de cette discussion, que lorsque la distance zénithale et la déclinaison sont de même dénomination, on doit les retrancher l'une de l'autre pour avoir la latitude, et les ajouter au contraire, lorsque ces deux éléments sont de dénominations contraires.

Latitude par une hauteur prise très-près du méridien.

Comme il n'est pas possible de prendre une série de hauteurs méridiennes, et que cependant c'est dans une multiplicité d'observations faites dans un court intervalle que consiste l'avantage principal du cercle, on a cherché à déduire, de hauteurs prises peu de minutes avant ou après midi, la hauteur méridienne elle-même.

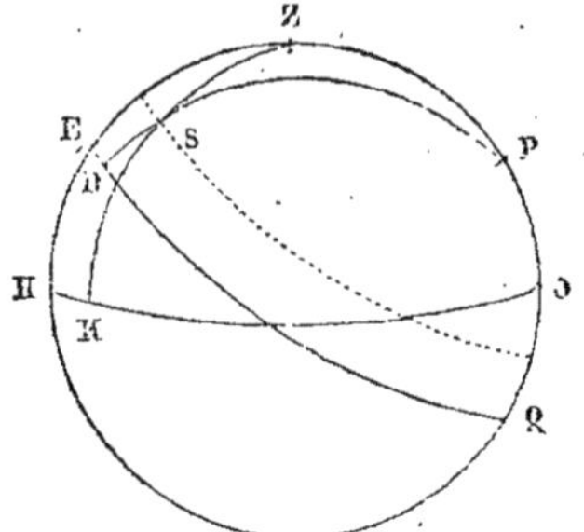

En appliquant au triangle sphérique ZSP la formule fondamentale de sphérique, on a

$$r \cos. ZS = \cos. ZP \cos. SP$$
$$+ \sin. ZP \sin. SP \frac{\cos. P}{r},$$

ou
$$r \sin. H = \sin. L \sin. d$$
$$+ \cos. L \cos. d \frac{\cos. P}{r}.$$

La hauteur méridienne étant représentée par $H + x$, et, à ce moment, l'angle horaire étant nul, on aura

$$r \sin. (H + x) = \sin. L' \sin. d' + \cos. L' \cos. d';$$

retranchant de cette relation la précédente, on obtient

$$r \sin. (H + x) - r \sin. H = \cos. L \cos. d - \cos. L \cos. d \cos. \frac{P}{r},$$

en regardant les latitudes L et L' et les déclinaisons d et d' comme étant les mêmes, ces éléments n'ayant pas dû varier sensiblement dans les quelques minutes qui séparent le midi de l'instant des observations.

Transformant l'expression trouvée, elle devient

$$r [\sin. (H + x) - \sin. H] = \cos. L \cos. d \left(1 - \frac{\cos. P}{r} \right)$$
$$= \frac{2 \sin.^2 \frac{P}{2}}{r^2} \cos. L \cos. d,$$

ou
$$\sin. H \cos. x + \cos. H \sin. x - r \sin. H$$
$$= \frac{2 \sin.^2 \frac{P}{2}}{r^2} \cos. L \cos. d.$$

x étant très-petit pour une valeur de P supposée très-petite, on peut regarder cos. x comme étant sensiblement égal à r, et ou obtient

$$r \sin. H + \cos. H \sin. x - r \sin. H = \frac{2 \sin.^2 \frac{P}{2}}{r^2} \cos. L \cos. d;$$

et enfin

$$\sin. x = \frac{2 \sin.^2 \frac{P}{2} \cos. L. \cos. d}{r^2 \cos. H}.$$

Pour une autre hauteur H′ correspondante à une autre heure, on aurait

$$\sin. x' = \frac{2 \sin.^2 \frac{P'}{2} \cos. L \cos. d}{r^2 \cos. H'};$$

et comme les cosinus des deux hauteurs H et H′ sont sensiblement égaux, on les élimine du calcul afin de ne tenir compte que des éléments les plus influents, et l'on obtient alors

$$\sin. x : \sin. x' :: \sin.^2 \frac{P}{2} : \sin.^2 \frac{P'}{2},$$

ou

$$x : x' :: P^2 : P'^2;$$

en regardant les sinus de deux angles très-petits comme proportionnels à leurs arcs.

Si donc on suppose $P' = 1^m$, x' sera la correction à faire à une hauteur prise une minute avant midi ; et l'on aura
correction pour un angle horaire P : correction pour 1^m :: P^2 : 1 ;
donc
correction pour un angle horaire de P^m = correction pour 1^m
multipliée par le carré de l'angle horaire exprimé en minutes.

On a en conséquence construit deux tables.

La première, dans laquelle on entre avec la latitude et la déclinaison, fait connaître l'arc qu'on doit ajouter à la hauteur vraie obtenue une minute avant ou après midi.

La seconde renferme les carrés des minutes des angles horaires correspondant aux hauteurs observées ; ce sont les facteurs de la première correction, qui conduisent à celle totale que doit subir la hauteur prise avant ou après midi pour devenir hauteur méridienne.

Exemple.

Le 17 novembre, à 7^h 52^m matin, la montre retardait de 1^h 24^m 36^s sur le temps vrai ; on s'est avancé vers l'est de 19 milles, et, se trouvant alors par 16° 22′ latitude estimée N., et 62° 29′ longitude O., l'œil élevé de 22 pieds, on a fait les observations suivantes :

Hauteurs observées, ☉.	Heures à la montre.
54° 22′ 20″	10^h 24^m 28^s
54° 24′ 45″	10^h 27^m 20^s
54° 26′ 51″	10^h 31^m 48^s
54° 26′ 21″	10^h 31^m 37^s
54° 25′ 37″	10^h 39^m 18^s
54° 22′ 32″	10^h 43^m 28^s

On demande la latitude.

A midi vrai, la montre, retardant de 1^h 24^m 36^s, devait marquer 12^h — (1^h 24^m 36^s), ou 10^h 35^m 24^s au premier lieu, et au second, 10^h 35^m 24^s — (1^m 16^s), ch^t longitude en temps.

Donc, heure marquée par la montre à midi, 10^h 34^m 8^s.

Les différences entre cette heure et celles marquées par la montre aux diverses observations, seront donc les angles horaires correspondants ou intervalles.

Intervalles.

9^m 40^s
6^m 48^s
2^m 20^s — On s'aperçoit, en les calculant, que le soleil a passé au méridien entre la 3e et la 4e observation,
3^m 30^s — ce que les hauteurs observées avaient déjà fait reconnaître.
5^m 10^s
9^m 20^s

Hauteurs, ☉.	Carrés des intervalles.
54° 22′ 20″	93,4
54° 24′ 45″	46,2
54° 26′ 51″	5,4
54° 26′ 21″	12,3
54° 25′ 37″	26,7
54° 22′ 32″	87,1
326° 28′ 26″ somme.	271,1, somme.

54° 24′ 44″,3, hauteur moyenne, ☉.   45,2, carré moy.

54° 35′ 36″,0, hauteur v., ☉.   Correction p^r 1^m,   3″,1

Multiplicateur,   45 , 2

Correction à la hauteur, $+$ 2′ 20″,1
Hauteur v. ☉,   54° 35′ 30″,6

Hauteur méridienne,   54° 37′ 50″,7
Distance zénithale S,   35° 22′ 03″,3
Déclinaison p^r midi,   19° 1′ 40″

Latitude N.,   16° 20′ 23″,3

LATITUDES OBTENUES PAR DEUX OBSERVATIONS DE HAUTEUR.

1er procédé. *Par deux hauteurs de soleil et le temps écoulé
entre les observations.*

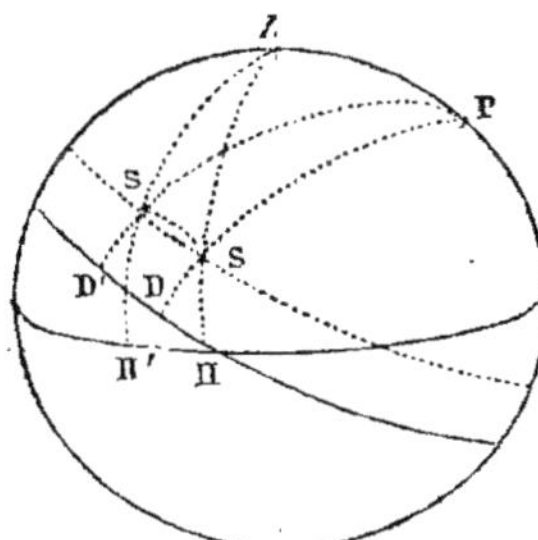

Soient S, S′ deux positions du soleil dans son parallèle et dans un même lieu, SH, S′H′ les deux hauteurs vraies correspondantes; l'angle S′PS mesuré par D′D est l'intervalle de temps écoulé entre les observations.

On connaît donc ZS, ZS′, angle S′PS, et l'on doit calculer ZP.

En concevant les points S′ et S joints par un arc de grand cercle, on pourra, en se procurant par la *Connaissance des temps* les deux déclinaisons SD, S′D′, en déduire les deux distances polaires PS, PS′, et par suite connaître dans le triangle sphérique S'PS deux côtés et l'angle compris, ce qui permettra d'y calculer l'arc S'S et l'angle S'SP.

Connaissant alors dans le triangle S'SZ les trois côtés, on en pourra conclure l'angle S'SZ, qui, retranché de celui déjà calculé, fournira l'angle de position SZP.

Alors le triangle ZSP sera connu par ses deux côtés ZS, PS, et l'angle compris ZSP. Il permettra donc de calculer ZP, complément de la latitude.

Dans la méthode analysée précédemment, il a été admis que les deux hauteurs étaient prises dans le même lieu.

Comme cette condition ne peut être satisfaite à la mer, il faut, pour tirer parti de cette méthode, chercher la modification que doit subir la première hauteur pour être ramenée à ce qu'elle eût été, si on l'eût au même instant observée par rapport au second horizon. Si, en effet, on employait deux horizons, il y aurait deux zéniths, et la figure de laquelle la marche du calcul a été déduite n'existerait plus.

Supposons d'abord que la route suivie pour aller du lieu de la première hauteur à celui de la seconde se dirige vers le soleil.

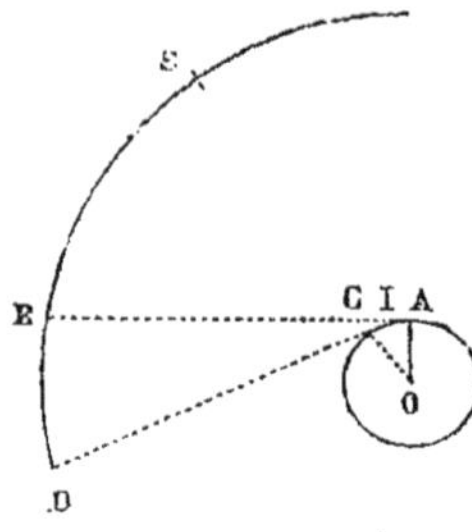

Soit A le point de départ dont l'horizon est AB.

Soit C le lieu de la seconde observation, CD son horizon ; la hauteur observée au lieu A est SB. Observée au lieu C au même instant, elle eût été SD, plus grande que la précédente de BD, arc qui est sensiblement la mesure de l'angle BID, auquel est égal l'angle COA, dont les côtés sont respectivement perpendiculaires à ceux du précédent. Mais ce dernier angle a pour mesure l'arc AC, chemin parcouru entre les deux stations; ce qui apprend que, dans ce cas, il faut ajouter à la première hauteur la distance parcourue exprimée en minutes, pour la ramener à ce qu'elle eût été à l'horizon de la seconde.

Cette quantité devrait être retranchée, si la route eût été à l'opposé du soleil.

Si, comme cela arrive le plus ordinairement, la direction suivie n'est pas une des deux extrêmes qu'on vient d'analyser, il faudra décomposer le chemin fait en deux autres, l'un dans la direction du soleil, et l'autre perpendiculaire à cette dernière.

Pour effectuer cette décomposition, en supposant que AS soit la direction qui conduit au soleil, et AB celle de la route suivie, dont

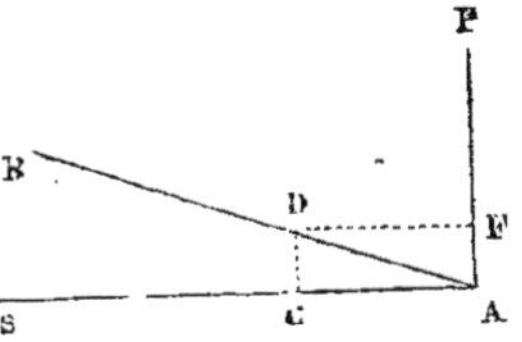

la longueur est représentée par AD, il faudra du point D abaisser les deux perpendiculaires DC, DF aux droites AS et AP.

AC sera la partie de la route courue dans la direction du soleil. On la calculera par la formule connue

$$r : \cos. \, BAC :: AD : AC\,;$$

d'où
$$AC = AD \times \frac{\cos. \, BAC}{R},$$

ou
$$AC = m \times \frac{\cos. \, G}{R},$$

en représentant par m le nombre des milles de la route, et par G l'angle BAS, nommé angle de gisement.

Suivant que l'angle de gisement est aigu ou obtus, la correction est additive ou soustractive.

En établissant le calcul précédent, on a reconnu que, dans le cas de la figure, l'angle de position indispensable à utiliser était la différence des deux angles au soleil; mais comme il n'en est pas toujours ainsi, il est nécessaire d'analyser les diverses circonstances qui peuvent se présenter; et, à cet effet, on a construit des figures qui représentent les différentes phases de la question.

Dans les quatre premières, les hauteurs sont prises du même côté du méridien, et de différents côtés dans les figures suivantes.

Dans la figure (1), l'angle de position est la différence des deux angles au soleil.

Dans les figures (2) et (3), également.

Dans la figure (4), il est leur somme; et ce qui distingue cette figure de la précédente, c'est que l'azimut de la première hauteur est plus grand que celui de la seconde.

Fig. 1.

Latitude et déclinaison de dénominations
différentes.

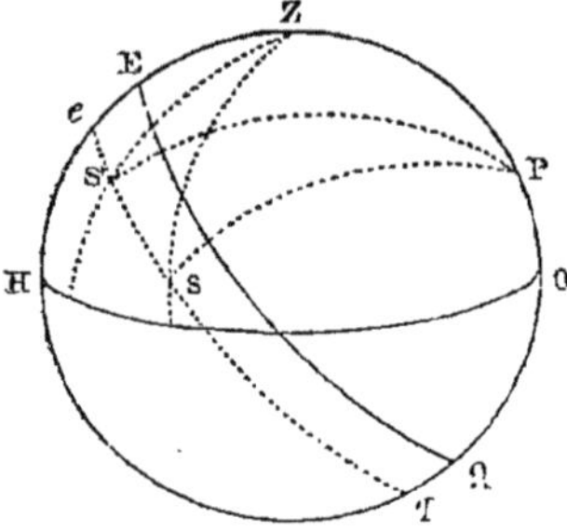

Fig. 2.

Latitude et déclinaison de même dénomination.
Latitude plus grande que déclinaison.

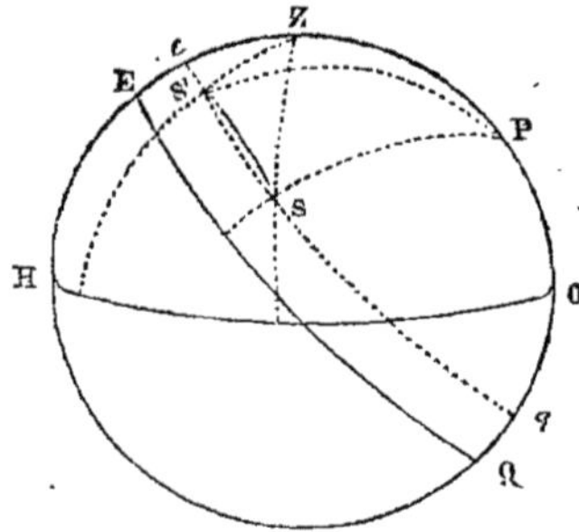

Fig. 3.

Latitude et déclinaison de même dénomination.
Latitude plus petite que déclinaison.

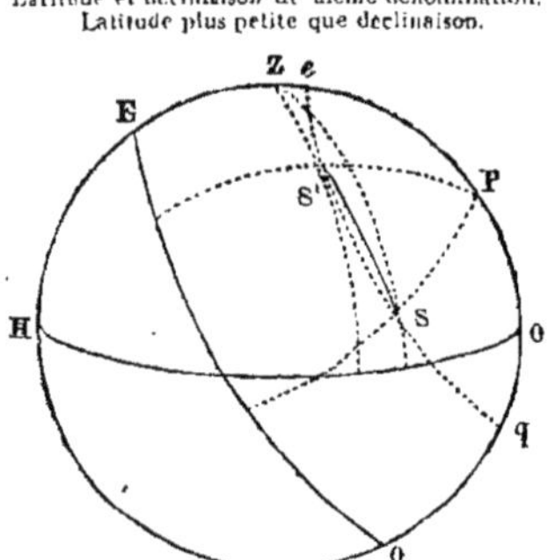

Fig. 4.

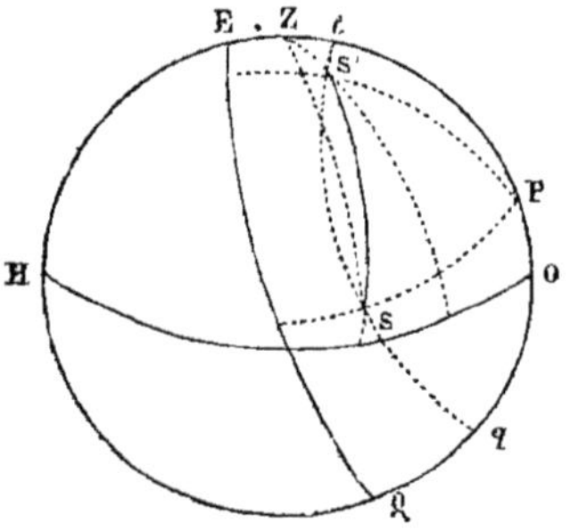

Fig. 5.

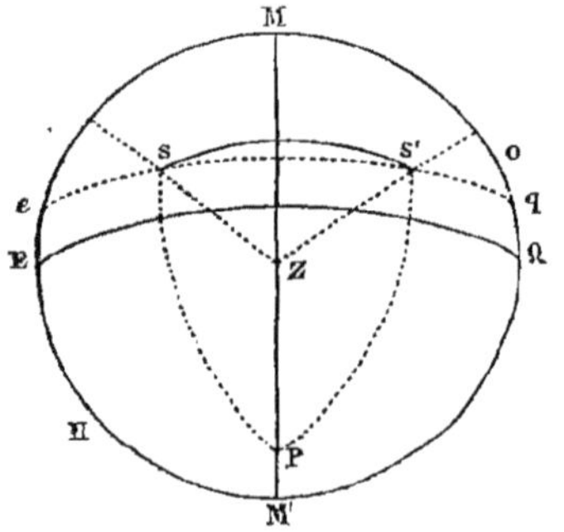

Fig. 6.

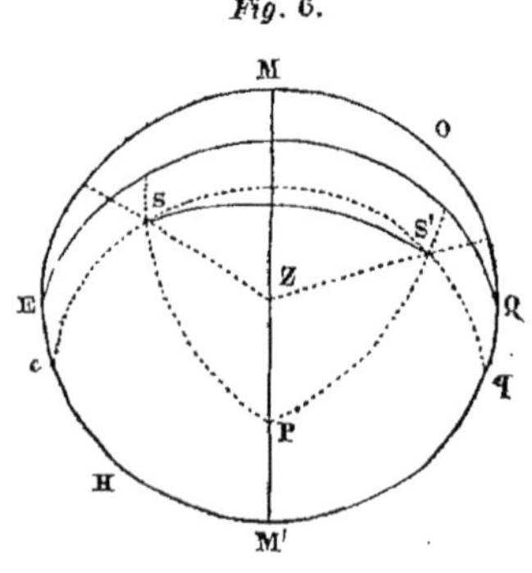

13.

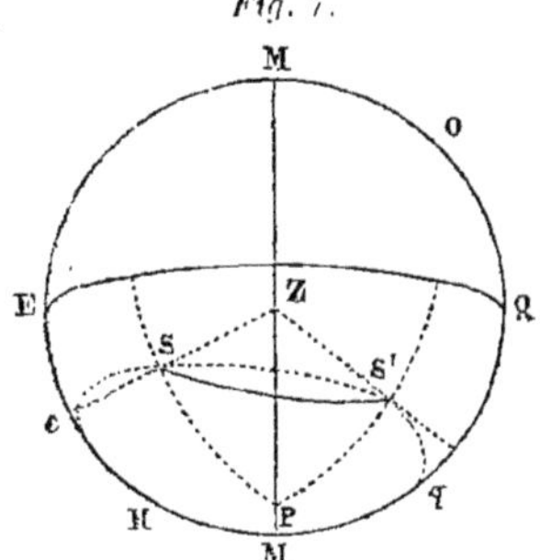

Dans les figures (5) et (6), l'angle de position est la différence, et dans celle (7), la somme des deux angles au soleil.

Ce qui fait voir que c'est le plus ordinairement la différence qu'il faut faire, et qu'on ne doit combiner les deux angles au soleil par voie d'addition que dans deux cas.

1er *cas.* Lorsque les hauteurs étant prises de même côté du méridien, la déclinaison est plus grande que la latitude, de même dénomination, l'azimut de la plus petite hauteur surpassant celui de la plus grande.

2e *cas.* Lorsque les observations étant faites de différents côtés du méridien, l'astre y passe entre le zénith et le pôle.

L'imperfection de cette méthode tient à la correction qui n'est qu'un à peu près, dont le calcul se base sur l'angle de gisement dont la valeur ne saurait être observée exactement, puisque le relèvement est inexact.

Ce moyen de se procurer la latitude, nécessaire à utiliser toutes les fois que la hauteur méridienne est impossible à obtenir, exige les résolutions successives de trois triangles sphériques. Il y a donc un intérêt bien marqué à y apporter toutes les simplifications dont il est susceptible; et si, en substituant une méthode approximative simple aux formules rigoureuses connues, l'erreur qui en résulte est de la nature de celles qu'on peut se permettre à la mer sans vicier les résultats, on devra y recourir.

Or, pour le calcul du côté SS', premier élément à calculer dans le triangle S'PS, on peut regarder ce dernier comme isocèle, en donnant à ses côtés égaux une valeur égale à la demi-somme des deux distances polaires.

Aux approches des solstices, cette hypothèse est légitime d'ailleurs, la déclinaison à ces époques ne variant pas d'une quantité importante dans l'intervalle des observations.

Alors on obtient SS′ en concevant un arc abaissé perpendiculairement de P sur SS′; il partage le triangle isocèle en deux triangles sphériques rectangles, symétriques l'un de l'autre.

La formule

$$r : \sin. \frac{P}{2} :: \sin. \frac{D + D'}{2} : \sin. \frac{S'S}{2},$$

fournira de suite $\frac{1}{2}$ SS′, D et D′ représentant les deux distances polaires.

Mais, pour le calcul de l'angle S′SP, premier angle au soleil, il ne faut plus regarder le triangle comme isocèle, mais bien obtenir la valeur de l'angle cherché dans le triangle réel, dont les trois côtés sont actuellement connus.

Exemple.

Le 17 mai 1850, étant par 30° 28′ latitude estimée N., et 118° 14′ longitude E., à 8ʰ 40ᵐ du matin, heure approchée, on a observé ☉ de 41° 37′; la montre marquait 2ʰ 12ᵐ 26ˢ, et avait une marche diurne de + 1ᵐ 47ˢ.

Lorsque la montre marquait 4ʰ 58ᵐ 17ˢ, on a trouvé hauteur ☉ de 74° 32′, l'œil élevé de 18 pieds.

On a dans l'intervalle couru au O. N. O. 4° N. avec une vitesse de 6 nœuds 2, dérive 9° bâbord, le soleil étant, lors de la première observation, relevé au S. E. $\frac{1}{4}$ E. 4° E. On demande la latitude.

PRÉPARATION DU CALCUL.

Calcul de l'intervalle.

2ᵉ heure à la montre,	4ʰ 58ᵐ 17ˢ
1ʳᵉ heure à la montre,	2ʰ 12ᵐ 26ˢ
Intervalle non corrigé,	2ʰ 45ᵐ 51ˢ
Avance de la montre dans l'intervalle,	— 12ˢ,3
Intervalle corrigé,	2ʰ 45ᵐ 38ˢ,7
En degrés,	41° 24′ 40″,5

Calcul de l'heure de Paris.

Heure à bord, $8^h 40^m$
Longitude en temps,   — $7^h 52^m 56^s$

Heure de Paris, temps vrai, $0^h 47^m\ 4^s$
Équation du temps,   — $3^m 53^s,4$

Heure de Paris, t. moyen, $0^h 43^m 10^s,6$ pour 1re observation.
Intervalle corrigé, $2^h 45^m 38^s,7$

Heure de Paris, t. moyen, $3^h 28^m 49^s,3$ pour 2e observation.
Déclin. pour 1re heure,   19° 12' 07'',3 1re d^{ce} pol., 70° 47' 52'',7
Déclin. pour 2e heure,   19° 13' 42'',3 2e d^{ce} pol., 70° 46' 17'',7

Correction de 1re hauteur pour la ramener à l'horizon de la 2e.

Angle de gisement, 12° 15'
Milles courus dans l'intervalle, 0° 17',1.

log. cos. 12° 15'   9,9899973
log.   17,1   1,2329961

log. correction,   1,2229934
(*) Correction,   — 16' 42''

Correction des hauteurs de soleil.

	1re hauteur.	2e hauteur.
Hauteur observ. ⊙,	41° 37'	74° 32'
Dépression,	— 4' 18''	— 4' 18''
Haut. appar. ⊙,	41° 32' 42''	74° 27' 42''
½ diamètre,	+ 15' 50'',4	+ 15' 50'',4
Haut. appar. ⊖,	41° 48' 32'',4	74° 43' 32'',4
Réfr.-parall.,	— 59''	— 14''
Hauteur vraie ⊖,	41° 47' 33'',4	74° 43' 18'',4
Correction,	— 16' 42''	
Hauteur corrigée,	41° 30' 51'',4	

1re dist. zénithale, 48° 29' 8'',6; 2e dist. zénith., 15° 16' 41'',6.

(*) Il y a, pour la promptitude, avantage à se procurer cette correction par le quartier.

Calcul de SS'.

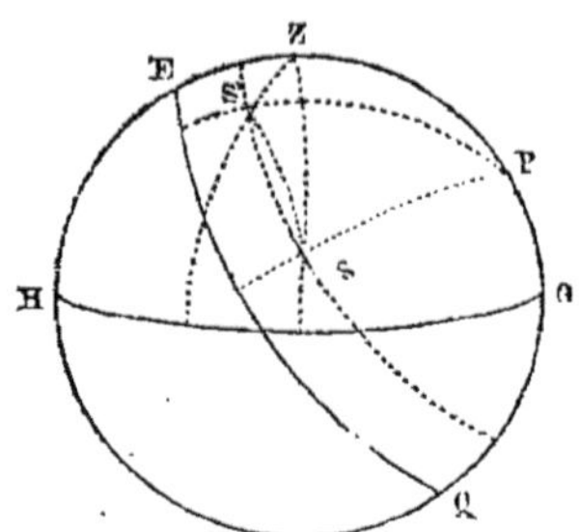

$$PS = 70° 47' 52'',7 \qquad S'PS = 41° 24' 40'',5$$

$$PS' = 70° 46' 17'',7 \qquad \frac{S'PS}{2} = 20° 42' 20'',2$$

$$PS + PS' = 141° 34' 10'',8$$

$$\frac{PS + PS'}{2} = 70° 47' 5'',2$$

$$r : \sin. \frac{S'PS}{2} :: \sin. \frac{PS + PS'}{2} : \sin. \frac{SS'}{2};$$

$$\log. \sin. \frac{S'PS}{2} = 9,5484699$$

$$\log. \sin. \frac{PS + PS'}{2} = 9,9751048$$

$$\log. \sin. \frac{SS'}{2} = 9,5235747$$

$$\frac{SS'}{2} = 19° 30' 13'',3$$

$$SS' = 39° 00' 26'',6$$

Calcul du 1er angle au soleil.

$$\text{S'P} = 70^\circ\, 46'\, 17'',7 \qquad \cos.\frac{\text{S'SP}}{2} = \sqrt{\frac{\sin.\text{S}\,\sin.(\text{S}-\text{PS'})}{\sin.\text{PS}\,\sin.\text{SS'}}}.$$

$$\text{SP} = 70^\circ\, 47'\, 52'',7 \qquad \text{comp}^t\,\text{log. sin.} \; = \; 0,0248603$$

$$\text{SS'} = 39^\circ\, 00'\, 26'',6 \qquad \text{comp}^t\,\text{log. sin.} \; = \; 0,2010591$$

$$\text{somme} = 180^\circ\, 34'\, 37''$$

$$\tfrac{1}{2}\text{somme} = 90^\circ\, 17'\, 18'',5 \qquad \text{log. sin. S} \qquad = \; 9,9999945$$

$$\tfrac{1}{2}\text{som}^e - \text{PS'} = 19^\circ\, 31'\, 00'',8 \qquad \text{log. sin. S} - \text{PS'} = \; 9,5238568$$

$$\overline{\phantom{\text{log. sin. S} - \text{PS'} = \;\;} 19,7497707}$$

$$\text{log. cos.}\,\frac{\text{PSS'}}{2} = \; 9,8748803$$

$$\frac{\text{PSS'}}{2} = 41^\circ\, 26'\, 12''$$

1er angle au soleil, 82° 52$'$ 24$''$.

Calcul du 2^e angle au soleil.

$$\text{ZS'} = 15^\circ\, 16'\, 41'',6$$

$$\text{ZS} = 48^\circ\, 29'\, 8'',6 \qquad \text{c}^t\,\text{log. sin.} = \; 0,1256397$$

$$\text{SS'} = 39^\circ\, 00'\, 26'',6 \qquad \text{c}^t\,\text{log. sin.} = \; 0,2010591$$

$$\text{somme} = 102^\circ\, 46'\, 16'',8$$

$$\tfrac{1}{2}\text{somme} = 51^\circ\, 23'\, 8'',4 \qquad \text{log. sin.} = \; 9,8928536$$

$$\tfrac{1}{2}\text{s}^e\,\text{ZS'} = 36^\circ\, 6'\, 26'',8 \qquad \text{log. sin.} = \; 9,7703374$$

$$\overline{\phantom{\tfrac{1}{2}\text{s}^e\,\text{ZS'} = 36^\circ\, 6'\, 26'',8\;\;} 19,9898898}$$

$$\text{log.}\,\frac{\text{ZSS'}}{2} = \; 9,9949449$$

$$\text{ZSS'} = \; 17^\circ\, 27'.$$

Angle de position, 82° 52$'$ 24$''$ — (17° 27$'$) = 65° 25$'$ 24$''$.

Calcul de ZP.

Éléments.

$$ZS = 48^\circ\ 29'\ 8'',6 \qquad\qquad \operatorname{tang.}\varphi = \frac{\overset{+}{\operatorname{tang.}SP}\ \overset{+}{\cos.S}}{R}$$

$$PS = 70^\circ\ 47'\ 52'',7$$
$$ZSP = 65^\circ\ 25'\ 24''$$

$$\log.\operatorname{tang.}SP = 10{,}4580748$$
$$\log.\cos.S = \ \ 9{,}6190000$$

$$\log.\operatorname{tang.}\varphi = 10{,}0770748$$
$$\varphi = 50^\circ\ 3'\ 28''.$$

$$\cos.ZP = \frac{\cos.SP}{\cos.\varphi}\ \cos.(ZS - \varphi).$$

$$\log.\cos.SP = \ \ 9{,}5170640$$
$$\log.\cos.(ZS - \varphi) = \ \ 9{,}9998000$$
$$c^t\ \log.\cos.\varphi = \ \ 0{,}1924549$$

$$\log.\cos.ZP = \ \ 9{,}7093189$$
$$ZP = 59^\circ\ 11'\ 57''.$$

latitude calculée, $30^\circ\ 48'\ 3''$ N.

Latitude obtenue par deux hauteurs prises à peu de distance l'une de l'autre.

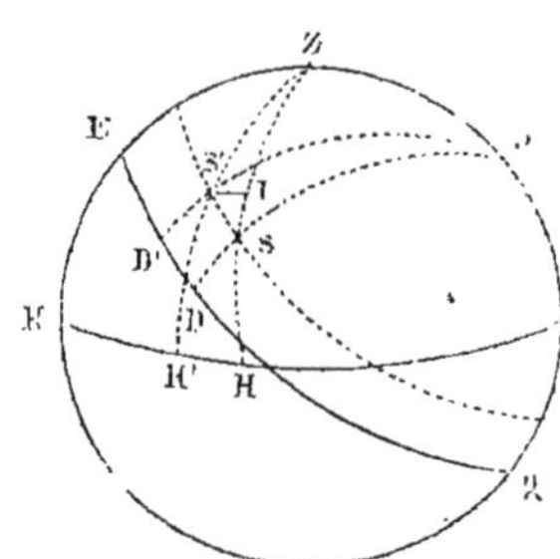

Ce procédé ne se distingue du précédent que par la méthode qu'on y emploie pour se procurer l'angle de position.

Les deux hauteurs étant prises à 8 ou 10 minutes d'intervalle au plus l'une de l'autre, le triangle S′SI pourra être considéré comme rectiligne à cause de la petitesse de ses côtés, et fournira la proportion

$$r : \cos.S'SI :: SS' : SI;$$

ou $$r : \sin.ZSP :: SS' : d\mathrm{H}.$$

Pour éliminer SS' de ce calcul, on posera

$$DD' : SS' :: r : \cos . d ;$$

d'où
$$SS' = DD' \times \frac{\cos . d}{r} ;$$

et substituant,
$$r : \sin . ZSP :: DD' \times \frac{\cos . d}{r} : dH ;$$

et enfin
$$\sin . ZSP = \frac{r^2 \, dH}{DD' \cos . d} .$$

Connaissant alors dans le triangle ZSP les côtés ZS, PS et l'angle compris, on pourra calculer le côté ZP.

Latitude obtenue par les hauteurs simultanées de deux astres.

On prendra au même instant les hauteurs de deux astres, et le calcul ne différera de celui déjà exécuté que par la manière de se procurer l'angle au pôle compris entre les deux cercles de déclinaison.

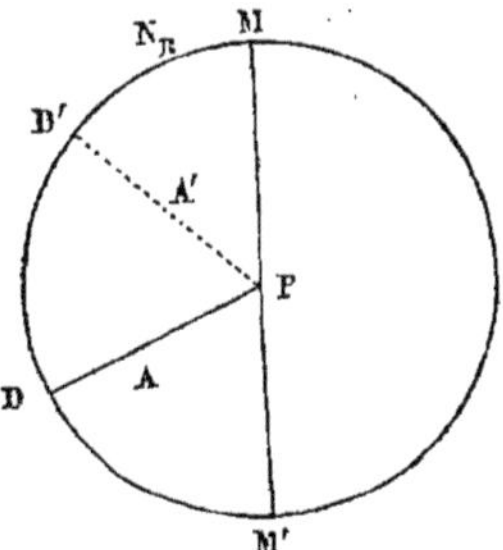

Soient MNM'D l'équateur, P le pôle, MM' le méridien, PD, PD' les cercles de déclinaison des deux astres A et A', B le point équinoxial; la différence des deux ascensions droites BD, BD' fera connaître l'arc DD', mesure de l'angle au pôle, qui précédemment avait été calculé au moyen de l'intervalle de temps écoulé entre les observations des deux hauteurs solaires. Le reste s'achèvera en suivant la même méthode de calcul.

En calculant l'heure du passage d'une étoile au méridien par la méthode indiquée précédemment, et prenant la hauteur à cette heure, on en pourrait conclure la latitude.

Ces dernières méthodes ne doivent être considérées que comme des en cas, les unes à cause de leur peu de rigueur, et les autres par suite de la difficulté des observations qu'elles exigent.

On n'a pas ajouté de calculs numériques aux dernières méthodes indiquées, afin de ne pas abuser les élèves sur l'étendue du cours.

On rassemblera dans le quatrième volume de nombreux exemples de tous les calculs usuels.

Latitude obtenue par une hauteur de l'étoile polaire.

S'il existait une étoile au pôle, sa hauteur au-dessus de l'horizon ferait connaître la latitude immédiatement.

L'étoile nommée polaire, étant à une petite distance du pôle, permet de calculer la latitude en prenant la hauteur de cet astre à un instant quelconque, et lui apportant une correction qui dépend de l'heure de l'observation.

On sait que la polaire est actuellement à environ 1 degré 30 minutes du pôle, et la *Connaissance des temps* fait connaître exactement ses éléments.

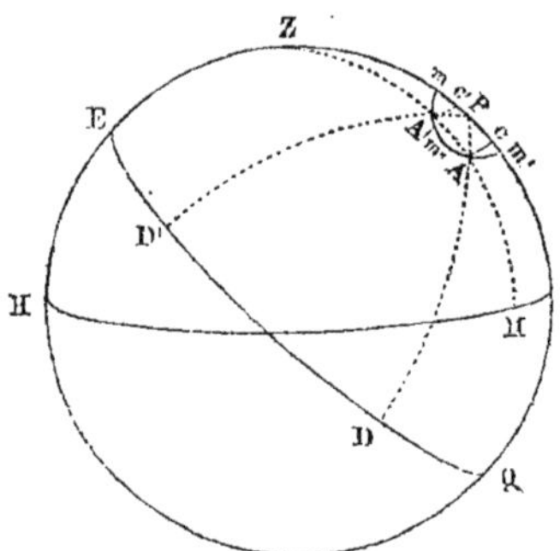

Soient $m\ m'\ m''$ la circonférence qu'elle décrit autour du pôle P, et A le point de cette circonférence auquel elle a été observée.

Si l'on conduit le cercle de déclinaison PD et le parallèle Ac à l'horizon, CO, qui est égal à la hauteur observée AH, différera de la latitude de l'arc cP.

On se procurera cP au moyen du triangle rectangle PAc, que l'on considérera comme rectiligne, et qui a pour éléments AP, distance polaire de l'étoile, et l'angle APc, supplément de l'angle horaire de l'étoile.

On se procure cet angle par la méthode précédemment indiquée.

On aura en conséquence la formule $r : \cos. P :: PA : Pc$, qu'on pourra résoudre, soit par logarithmes, soit à l'aide du quartier.

On voit que la correction est additive lorsque l'angle horaire de l'étoile est obtus, nulle lorsqu'il est droit, soustractive lorsqu'il est aigu.

LONGITUDES.

S'il est possible de se procurer l'heure du bord au moment où s'accomplit un phénomène céleste répondant à une heure calculée de Paris, on aura ainsi les heures comptées au même instant à Paris et à bord; leur différence réduite en degrés sera donc la longitude comptée à partir du méridien de Paris, choisi par les Français pour méridien de départ.

On se sert principalement des distances entre les centres de la lune et du soleil, inscrites dans la *Connaissance des temps*, de trois en trois heures, pour certains jours de chaque lunaison.

Trois observateurs déterminent simultanément :

Le premier, la hauteur du bord inférieur du soleil ;

Le deuxième, la hauteur du bord éclairé de la lune ;

Le troisième, la distance entre les bords voisins des deux astres.

On doit, à l'aide de ces données, calculer,

1° La distance vraie entre les centres des deux astres, n'ayant par l'observation qu'une distance observée des bords ;

2° L'heure du bord pour l'instant précis des opérations.

Si on a eu le soin d'opérer à l'instant des circonstances favorables, on pourra compter sur l'exactitude de l'angle horaire déduit des hauteurs de soleil.

L'heure du bord ainsi obtenue est convertie en heure moyenne à l'aide de l'équation du temps, élément variant très-peu en vingt-quatre heures, et que permet d'apprécier d'une manière suffisamment exacte la longitude due à l'estime.

La *Connaissance des temps* fournit l'heure de Paris, temps moyen correspondant à la distance vraie calculée.

La différence entre les heures comptées simultanément à Paris et à bord fournira la longitude en temps.

Mais il n'est pas souvent possible d'attendre l'instant des circonstances favorables pour se mettre en observation, la lune n'étant pas toujours visible à cette heure.

D'un autre côté, il faut suppléer à l'absence de distance luni-solaire par des distances luni-stellaires ; et les hauteurs d'étoiles sont en général trop incertaines, pour qu'on puisse leur accorder une grande confiance.

On lève ces difficultés à l'aide d'un chronomètre, en calculant son état absolu par des observations de hauteurs du soleil, pour un instant le plus rapproché possible de celui des observations.

Alors on se borne à observer une série de distances, et à compter les heures marquées par la montre au moment de chacune d'elles ; une moyenne des distances et une moyenne des heures sont alors les deux éléments du calcul.

On corrige cette heure moyenne de l'état absolu calculé, et aussi de la partie de la marche diurne de la montre, pour le temps qui s'est écoulé depuis les observations de hauteurs de soleil jusqu'au moment de celles de distances, et on obtient par là l'heure du bord correspondant à ces dernières.

On calcule les hauteurs vraies et apparentes des deux astres pour cette heure, ainsi qu'il a été dit dans un chapitre antécédent, et l'on rentre ainsi dans le cas général.

Exemples.

On a précédemment fait le calcul de la distance vraie des centres de la lune et du soleil pour les données suivantes :

$$\text{Le 31 juillet 1850, par} \begin{cases} \text{latitude} \dots\dots 34^\circ\ 36'\ \text{N.} \\ \text{longitude estimée } 50^\circ\ 42'\ \text{O.,} \end{cases}$$

vers $9^h\ 22^m$ matin.

$$\text{Hauteur observée} \odot\quad 50^\circ\ 35'\ 14''$$
$$\text{Hauteur } \overline{\mathbb{C}} \dots\dots\ 27^\circ\ 32'\ 19'' \quad \text{l'œil étant élevé de } 4^m.$$
$$\text{Distance } \odot\mathbb{C} \dots\dots\ 98^\circ\ 35'\ 52''$$

La distance vraie des centres a été trouvée de $98^\circ\ 21'\ 10''$.

$$\text{Elle est à Paris, le 31 juillet, à } 0^h, \text{de} \qquad 98^\circ\ 45'\ 2''.$$
$$\text{Différence} \qquad\qquad 23'\ 52''.$$

La distance diminuait en 3^h, d'après la *Connaissance des temps,* de $1^\circ\ 29'\ 30''$; donc, pour diminuer de $23'\ 52''$, elle a mis un temps marqué par le quatrième terme de la proportion :

$$1^\circ\ 29'\ 30'' : 3^h :: 23'\ 52'' : x.$$

$$x = 0^h\ 47^m\ 58^s,9.$$

L'heure correspondante à la distance est donc $0^h\ 47\ 58^s,9.$

Calcul de l'angle horaire.

On peut utiliser dans ce cas la formule

$$\cos. \frac{P}{2} = R \sqrt{\frac{\cos.\left(\dfrac{L+d+ZS}{2}\right)\cos.\left(\dfrac{L+d-ZS}{2}\right)}{\cos. L \cos. d}}.$$

$$\log. \cos.\left(\frac{L+d+ZS}{2}\right) = 9,8412398$$

$$\log. \cos.\left(\frac{L+d-ZS}{2}\right) = 9,9968930$$

$$c^t \log. \cos. L = 0,0845282$$

$$c^t \log. \cos. d = 0,0225718$$

$$\overline{\hphantom{c^t \log. \cos. d = 0,}19,9452328}$$

$$\log. \cos. \frac{P}{2} = 9,9726164$$

$$\frac{P}{2} = 20° \; 8'$$

$$P = 40° \; 16'.$$

L'angle horaire en temps $2^h \; 41^m \; 4^s$, c'est le matin ;
et, par suite, l'heure est le 30 $21^h \; 18^m \; 56^s$, temps vrai ;
équation du temps $+$ $6^m \; 3^s,5$

Heure à bord, temps moyen, le 30 $21^h \; 24^m \; 59^s,5$
L'heure moy. de Paris était, le 31, $0^h \; 47^m \; 58^s,9$
la différ., ou la longit. en temps $=$ $3^h \; 22^m \; 59^s,4$
qui, réduite en degrés, donne enfin $50° \; 44' \; 51''$ longitude O.

Longitude obtenue à l'aide d'une montre marine.

Lorsque l'on possède à bord un chronomètre dont la marche diurne a été déterminée avec précision, on peut se procurer la longitude au moyen d'observations de hauteurs solaires.

Il suffit en effet du calcul d'un état absolu un jour quelconque, et de la marche diurne, pour savoir à tout instant quelle heure il est à Paris.

Un calcul d'angle horaire, déduit d'observations solaires faites à l'instant favorable, fera connaître l'heure comptée à bord au même instant.

La différence entre les deux heures sera la longitude en temps.

Exemple.

Le 6 mai 1850, vers 7^h du matin, par 42° latitude N. et une longitude E, on a observé ⊙ de 25° 07′, l'œil élevé de 4^m ;
la montre marquait 9^h 50^m 26^s.

Le 25 avril, elle avançait de 3^h 51^m 55^s sur le midi moyen de Paris, et avait un retard diurne de $15^s,5$.

Heure à la montre à l'instant de l'observation ,	9^h	50^m	16^s
son avance sur l'heure de Paris ,	3^h	51^m	55^s
Heure qu'il serait à Paris, si la montre gardait exactement le temps ,	5^h	58^m	21^s.
Retard de la montre depuis le 25 avril à midi jusqu'au 6 mai à 5^h 58^m 21^s matin , $+$		02^m	46^s
Heure à Paris, temps civil, le 6 mai matin ,	6^h	01^m	07^s
ou le 5 mai , temps astronomique ,	18^h	01^m	07^s

Correction de la hauteur.

Hauteur observée ⊙ ,	25°	07′	00″
Dépression , —		3′	30″
Hauteur apparente ⊙ ,	25°	03′	30″
½ diamètre , $+$		15′	52″,5
Hauteur apparente ⊖ ,	25°	19′	22″,5
Réfr⁰ⁿ — Par^c —		1′	54″,5
Hauteur vraie ⊖ ,	25°	17′	28″.

Calcul de la déclinaison.

Déclinaison, le 5 mai, à 0^h $16°$ $13'$ $37'',2.$

Augmentation en 24^h_j $= 17'$ $0'',4$

$17'$ $0'',4$

$17'$ $0'',4$

$8'$ $30'',2$

$\overline{42'' 31''',0}$

ou $42'',5.$

Augmentation en $18^h_j = 42'',5 \times 18$ $\underline{12' \; 45'',0}$

Déclinaison pour l'heure de l'observation, — $16°$ $26'$ $22'',2.$

Calcul de l'angle horaire.

Déclinaison, $16°$ $26'$ $22'',2$

Latitude, $42°$ $00'$ $00''$

Distance au zénith, $64°$ 42 32

$2S = \overline{123°\ 08'\ 54'',2}$

$S = 61°\ 34'\ 27'',1$ Log. cos. $S = 9,6776255$

$ZS - S = 3°\ 08'\ 05''.$ log. cos. $(2s - S) = 9,9993497$

c^t log. cos. $L = 0,1289265$

c^t log. cos. $d = \underline{0,0181273}$

$19,8240290$

log. cos. $\dfrac{P}{2} = 9,9120145$

$\dfrac{P}{2} = 35°\ 15'\ 11'',5$

Angle horaire le matin, $P = 70°\ 30'\ 23''$

Heure correspondante le 6 au matin, $7^h\ 17^m\ 58^s,5$

ou le 5, temps vrai, $19^h\ 17^m\ 58^s,5$

Équation du temps, $\underline{3^m\ 33^s}$

Heure à bord, temps moyen le 5, $19^h\ 14^m\ 25^s,5$

Heure à Paris au même instant, $\underline{18^h\ 01^m\ 7^s}$

Longitude en temps, $1^h\ 13^m\ 18^s,5$

Longitude en degrés, $18°\ 19'\ 35''$ E.

La détermination de la longitude à la mer étant une des opérations les plus importantes, le navigateur fera bien d'obtenir cet élément par les deux moyens indiqués lorsqu'il y aura des distances.

Les résultats se contrôleront mutuellement; la longitude obtenue par les distances servira à reconnaître si la montre a conservé, depuis le départ, sa marche diurne, et si l'on peut se fier à ses indications.

Interpolations.

La théorie qui va suivre ne saurait être développée d'une manière complète dans ces éléments, par suite du peu d'algèbre que renferme le cours exigé.

Cependant, comme on impose aux capitaines de la marine marchande la condition de faire des calculs à l'aide d'observations lunaires, on est obligé d'indiquer la méthode d'interpolation par les différences finies.

Si un élément cherché se trouve inscrit dans la *Connaissance des temps* pour l'heure donnée par le calcul, on l'y introduit immédiatement.

S'il n'est pas dans la table, mais compris seulement entre deux de ses éléments, c'est ordinairement par une simple proportion qu'on parvient au résultat, ainsi qu'on l'a déjà expliqué pour les tables solaires.

Cette méthode ne peut être rigoureuse, puisqu'elle est fondée sur une hypothèse de proportionnalité qui n'existe pas, mais s'écarte peu de la vérité.

Ainsi, on admet que la déclinaison du soleil ayant en 24 heures varié de 22 minutes, par exemple, varie dans une heure de la vingt-quatrième partie de 22 minutes.

Il en est de même s'il s'agit de la distance de la lune au soleil, donnée de 3 en 3 heures.

Mais s'il est question de l'ascension droite et de la déclinaison de la lune données de 12 en 12 heures, et qui varient beaucoup dans ce laps de temps, on doit abandonner la méthode élémentaire d'insertion, qui ne donne plus que des résultats trop en erreur, et recourir à une formule fondée sur les différences qui existent entre les données consécutives de la *Connaissance des temps.*

Si $\overset{x}{\overline{a, a'\,\mathrm{X}\,a''}}$, a''', a'''' représentent des ascensions droites ou déclinaisons données dans la *Connaissance des temps* de 12 en 12 heures, ces nombres suivent une loi qui n'est pas celle de proportionnalité ; on cherche à découvrir la valeur d'un terme intercalé entre deux de cette suite, en représentant par m l'intervalle de a à a', et par x celui du terme cherché X au terme a.

Pour y parvenir, il faut exprimer par une formule le genre de relation qui unit ces nombres, but qui sera atteint si elle donne les valeurs a, a', a'', a''', a'''', en y substituant à x les valeurs successives 0, m, $2m$, $3m$, $4m$. Car, fournissant ces nombres, elle satisfera à leur loi de formation, et sera par suite propre à donner la valeur d'un terme qui doit y être soumis.

On est certain que X est égal à a augmenté ou diminué d'une quantité dépendante de x, et qui doit s'anéantir pour $x = 0$, puisqu'alors X se confond avec a.

On a donc un motif suffisant pour poser $\mathrm{X} = a + \mathrm{A}'x$, A' étant une quantité qu'il faut déterminer.

On y parvient en remarquant que X doit se confondre avec a', lorsqu'on suppose $x = m$. On a donc la relation $a + \mathrm{A}'m = a'$, de laquelle on déduit
$$\mathrm{A}' = \frac{a' - a}{m}.$$

La formule devient donc
$$\mathrm{X} = a \pm \left(\frac{a' - a}{m} \right) x.$$

Dans cet état, n'ayant encore introduit que a et a', elle ne peut exprimer la loi complétement.

Pour introduire a'', il faut ajouter un nouveau terme qui, sans nuire aux deux premiers, s'anéantisse pour $x = 0$ et pour $x = m$. Il doit donc être de la forme $\mathrm{A}''x\,(x - m)$.

Mais alors il faut que l'ensemble des trois termes devienne égal à a'', sous l'influence d'une valeur de x égale à $2m$. On a donc la nouvelle relation
$$a + \left(\frac{a' - a}{m} \right) 2m + \mathrm{A}''.\,2m.\,(2m - m) = a'' ;$$

ou en simplifiant,
$$a + 2a' - 2a + \mathrm{A}''m^2 = a'' ;$$

d'où
$$\mathrm{A}'' = \frac{a'' - 2a' + a}{2m^2}.$$

La formule est alors devenue

$$X = a + \left(\frac{a' - a}{m}\right) x + \left(\frac{a'' - 2a' + a}{2m^2}\right) x\,(x - m),$$

et la relation ne s'étend que jusqu'à a''.

Pour y introduire a''', on ajoutera un nouveau terme de la forme

$$A''' x\,(x - m)\,(x - 2m),$$

déterminé par les mêmes considérations que les pré-cédents, c'est-à-dire qui s'anéantisse pour. . . . . $\begin{cases} x = 0, \\ x = m, \\ x = 2m, \end{cases}$

l'ensemble des quatre devenant a''' sous l'influence de $x = 3m$, ce qui fournit la nouvelle équation

$$a + \left(\frac{a' - a}{m}\right) 3m + \left(\frac{a'' - 2a' + a}{2m^2}\right) 3m.\,2m$$

$$+ 3A''' m\,(3m - m)\,(2m - m) = a''' ;$$

en simplifiant, elle devient

$$a + 3a' - 3a + 3a'' - 6a' + 3a + 3A''' m^3.\,2m.\,m = a''' ;$$

on en déduit

$$A''' = \frac{a''' - 3a'' + 3a' - a}{6m^3} ;$$

on a donc enfin

$$X = a + \left(\frac{a' - a}{m}\right) x + \left(\frac{a'' - 2a' + a}{2m^2}\right) x\,(x - m)$$

$$+ \left(\frac{a''' - 3a'' + 3a' - a}{6m^3}\right) x\,(x - m)\,(x - 2m).$$

Elle obéit à la loi des quatre nombres a, a', a'', a''', et de nouveaux termes ajoutés d'après les mêmes principes la soumettraient aux exigences de l'introduction de nouveaux éléments.

Les quatre nombres donnés interviennent dans la formation des trois numérateurs, dont il y a lieu de rechercher la signification, afin, s'il est possible, de simplifier l'énonciation de ce principe.

Or, les différences des termes a, a', a'', a''', inscrites dans la *Connaissance des temps*, ont pour expressions $a' - a$, $a'' - a'$, $a''' - a''$. Elles se nomment différences premières, et ont elles-mêmes pour expressions de leurs différences $a'' - 2a' + a$,

$a''' - 2a'' + a'$, différences secondes, ayant elles-mêmes pour différence $a''' - 3a'' + 3a' - a$, nommée différence troisième.

On peut donc écrire la formule sous cette forme :

$$X = a + \frac{1^{re} \text{ diff}^{re} \, 1^{re}}{m} \, x + \frac{1^{re} \text{ diff}^{ce} \, 2^{e}}{m \cdot 2m} \, x \, (x - m)$$

$$+ \frac{1^{re} \text{ diff}^{ce} \, 3^{e}}{m \cdot 2m \cdot 3m} \, x \, (x - m) \, (x - 2m).$$

Ce développement, nommé série, possède l'avantage d'être composé de termes qui diminuent d'une manière assez rapide pour n'avoir en général besoin d'utiliser que les trois premiers, c'est-à-dire de s'élever aux différences secondes seulement.

Lorsqu'on calcule le quatrième, on lui reconnaît une valeur telle, que l'erreur commise en le négligeant est de la nature de celles qu'on peut se permettre dans les calculs nautiques.

On a composé des tables pour éviter aux marins la lenteur des calculs qu'exige l'application de la formule précédente. Elles ont pour but de corriger l'erreur que l'on commettrait en cherchant l'élément cherché par les parties proportionnelles.

Soit proposé de trouver la déclinaison de la lune le 12 avril 1850, à $7^h \, 40^m$ soir, temps moyen, ou le 12, temps astronomique, à $7^h \, 40^m$.

La *Connaissance des temps* donne pour déclinaison, le 12 avril, à zéro heures, $4^o \, 24' \, 8'',1$. B. Elle augmente en 12^h de $2^o \, 11' \, 46'',4$. Donc, en $7^h \, 40^m$ elle aurait augmenté de $1^o \, 24' \, 11'',3$, si elle s'était accrue proportionnellement. Pour tenir compte de l'erreur donnée par cette hypothèse, on prend les deux différences 1res :

$$2^o \, 13' \, 35'',3 ,$$
$$2^o \, 8' \, 0'',4 ,$$

entre lesquelles tombe celle utilisée, et on forme les deux différences secondes, qui sont :

$$- 1' \, 48'',9 ,$$
$$- 3' \, 46'',0 ,$$

dont la moyenne ou demi-somme est égale à $- 2' \, 47''$.

Alors, une table ayant pour entrée horizontale les minutes de cette moyenne, et pour entrée verticale l'heure du calcul, $7^h \, 40^m$, donne une correction de $13'',8$.

Une seconde table ayant la même entrée verticale, et pour entrée horizontale les secondes de la moyenne des différences secondes, donne une deuxième correction de $5'',8$; la correction totale sur la proportionnelle est en conséquence de $19'',6$, qu'il faut appliquer à la quantité $1° 24' 11'',3$. Il ne s'agit plus que de connaître le signe qu'on doit appliquer à cette correction.

Il faut, à cet effet, adopter la règle suivante, qui est une conséquence de la formule suivie pour calculer la table.

Donnez aux différences 1res le signe $+$, si les nombres croissent; le signe $-$, s'ils décroissent. Faites de même pour les différences secondes.

Si les différences secondes sont négatives, ajoutez la correction.

Si les différences secondes sont positives, retranchez.

Dans l'exemple précédent, les différences secondes étaient négatives; il faut donc ajouter, et l'on aura :

$$\text{déclinaison lune le 12 avril 1850, à 7}^{h}\text{ 40}^{m}\text{ soir} \dots \left\{ \begin{array}{c} 4° 24' \ 8'',1 \\ 1° 24' 11'',3 \\ 19'',6 \end{array} \right\} 5° 48' 39'',0$$

Les tables de différences secondes sont construites dans l'hypothèse où les différences troisièmes seraient égales, car la formule générale, en partant du terme a', donne

$$Z = a' + \left(\frac{a'' - a'}{m} \right) x + \frac{a''' - 2a' + a'}{2} \cdot \frac{x}{m} \cdot \frac{(x - m)}{m}.$$

Le deuxième terme est bien la partie proportionnelle, et le troisième a pour facteur la moyenne des différences 2es considérées comme égales.

Application de la formule des différences.

Calculer l'ascension droite de la lune le 18 mai 1850, à 4^{h} soir, temps moyen à Paris.

AR.	Diff. 1ʳᵉˢ.	Diff. 2ᵉ.	Diff. 3ᵉ.
Le 17 à min., $140° 21' 39''$			
	$+ 7° 04' 30''$		
Le 18 à midi, $147° 26' \ 9''$		$- 9' 36''$	
	$+ 6° 54' 54''$		$+ 0' 29$
Le 18 à min., $154° 21' \ 3'',8$		$- 9' 07''$	
	$+ 6° 45' 47''$		
Le 19 à midi, $161° \ 6' 51'',4$			

On voit que le terme à calculer tombe entre les deux termes du milieu de la série précédente; et, pour le calculer par la formule trouvée, il faut y faire

$$a = 140° 21' 39'';$$
$$m = 12^h;$$
$$x = 16^h;$$

elle fournit alors l'expression

$$Z = 140° 21' 39'' + (7° 4' 30'')\frac{16}{12} + \frac{(-9' 36'')\,16.4}{12.24}$$
$$+ \frac{(-29'')\,16.4.-8}{12.24.36};$$

ou en effectuant,

$$\begin{array}{ll} 140° 21' 39'' & -2' 8'' \\ 9° 26' 00'' & -0' 1'',4 \\ \hline 140° 47' 39'' & -2' 9'',4 \\ - & 2' 9'',4 \\ \hline Z = 149° 45' 29'',6 \end{array}$$

Z, calculé par les parties proportionnelles, serait égal à 149° 44' 27''.

Calculer la déclinaison de la lune, à Paris, le 18 mai 1850, à 4ʰ du soir, temps moyen.

Déclinaison.	Diff. 1ʳᵉˢ.	Diff. 2ᵉ.	Diff. 3ᵉ.
Le 17 à min., 15° 25' 45'',4	— 1° 40' 12'',9		
Le 18 à midi, 13° 45' 32'',5	— 1° 51' 13'',6	— 11' 00'',7	
Le 18 à min., 11° 54' 18'',9	— 2° 00' 10'',7	— 8' 57'',1	. 2' 3'',6
Le 19 à midi, 9° 54' 8'',2			

$$Z = 15° 25' 45'',4 + \frac{(-1° 40' 12'',9)}{12}16 + \frac{(-11' 00'',7)}{12.24}16.4$$
$$+ \frac{(2' 3'',6)\,16.4.-8}{12.24.36};$$

et, en calculant chaque terme en particulier :

$$\begin{array}{lr} 1^{er}\ terme, & 15° 25' 45'',4 \\ 2^e\ terme, - & 2° 13' 37'',2 \\ 3^e\ terme, - & 2' 26'',8 \\ 4^e\ terme, + & 6'',1 \\ \hline & Z = 13° 9' 45'',5, \end{array}$$

déclinaison de la lune;

et $\quad Z = 13° 8' 28'',\quad$ déclinaison calculée par les parties proportionnelles.

Ces deux exemples suffisent pour reconnaître que les valeurs des termes de la suite diminuent rapidement, à mesure que le rang du terme s'élève.

Latitude par la hauteur méridienne de la lune.

Le 12 décembre 1850, point estimé........ $\begin{cases} 48° \text{ lat. S.,} \\ 46° 30' \text{ long. O.;} \end{cases}$

élévation de l'œil, 5^m. On a observé la hauteur méridienne du ☾, de 50° 23′ vers le nord. On demande la latitude.

Heure du pass. au mérid. de Paris,	6^h 44^m
Correction pour la longitude,	+ 6^m
Heure du pass. au mérid. du lieu,	6^h 50^m
Longitude,	+ 3^h 06^m
Heure contemporaine à Paris,	9^h 56^m

Déclinaison à 9^h 56, calculée avec les différences secondes.

	3° 01′ 54″ A
Parallaxe horizontale,	.55′ 02″
½ diamètre central,	15′ 01″,2
Hauteur observée ☾,	50° 23′
Dépression pour 5^m, —	3′ 55″
Haut. appar. ☾,	50° 19′ 05″
½ diamètre de hauteur, —	15′ 12″
Haut. appar. ☾,	50° 03′ 53″
P — R, +	34′ 32″
H V ☾,	50° 38′ 25″
Distance au pôle N.,	93° 01′ 54″
Latitude,	42° 23′ 29″ sud.

On a ici obtenu la latitude en combinant la hauteur avec la distance au pôle vers lequel on était tourné; c'est en retranchant ces deux éléments dans tous les cas, qu'on parvient à la latitude.

CALCULS ÉLÉMENTAIRES DE NAVIGATION,

POUR L'ANNÉE 1850.

Point par l'estime (1).

Étant parti d'un lieu situé par 38° 25' latitude N.,
                                    3° 27' longitude E.,
on a fait 127 milles au N. 37° E. du compas, la dérive étant de
22° 30' bâbord.

Variation 17° 30' N.-O. Trouver le point d'arrivée.

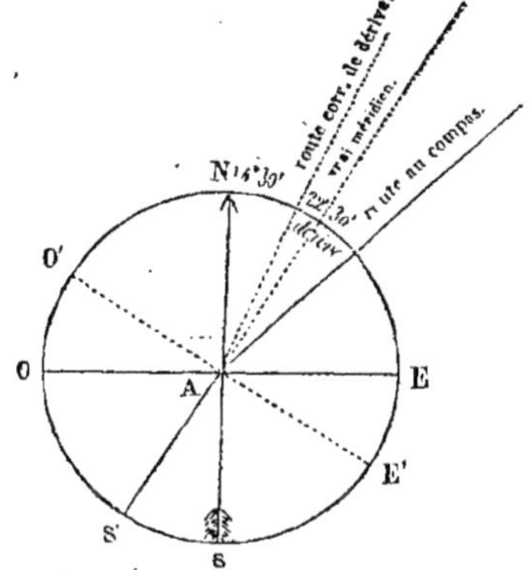

Route au compas	N.,	37°		E.
Dérive bâbord,		22°	30'	
Route corrigée de dérive	N.,	14°	30'	E.
Variation	N.,	17°	30'	O.
Route corrigée, ou rappor-tée au méridien réel	N.,	3°	0'	O.

ou angle V.

Chemin parcouru,   127 milles.
Changement latitude   N.,   2° 06' 48" chemin E., O. 6,3.
Latitude de départ   N.,   38° 25' 0"

Latitude d'arrivée   N.,   40° 31' 48"
Somme des deux latitudes,   78° 56' 48"
Latitude moyenne,   39° 28' 24"

Changement longitude O.,   0° 08' 30"
Longitude de départ   E.,   3° 27' 00"

Longitude d'arrivée   E.,   3° 18' 30"

Problème de route composé, résolu par le quartier (2).

Étant parti d'un lieu situé par $\left\{\begin{array}{l} 25°\ 34'\ \text{latitude}\ \ \text{N.} \\ 24°\ 45'\ \text{longitude}\ \text{O.,} \end{array}\right.$

on a fait les trois routes suivantes :

Routes au compas.	Variation.	Dérive.	Routes corrigées.	Chemin.
N.-N.-O.	19° N.-O.	11° bâbord.	N. 52° 30' O.	52 milles.
N.-E. ¼ E.	19° N.-O.	15° tribord.	N. 52° 15' E.	45 id.
N.	19° N.-O.	18° bâbord.	N. 37° 00' O.	66 id.

On demande le point d'arrivée.

Chemins parcourus.

Nord.	Est.	Ouest.
31^m,6	0,0	41^m,2
27^m,6	35,5	0,0
52^m,7	0,0	39,7
111^m,9	35^m,6	80^m,9
		35, 6

45^m,3 chem. parc. à l'ouest.

Changement latitude,   1° 51' 54" N.
Latitude de départ,   25° 34'   N.

Latitude d'arrivée,   27° 25' 54" N.
Somme des deux latitudes, 59° 59' 54"
Latitude moyenne,   26° 39' 57"

Chang^t longit.,   0° 50' 30" O.
Long^e de dép.,   24° 45' 0" O.

Long^e d'arr.,   25° 35' 30" O.

Résolution du problème précédent par le calcul (3).

r : cos. V ∷ M : ch⁺ lat⁺.   r : tang. V ∷ ch⁺ lat⁺ crois⁺ : ch⁺ long⁺.

PREMIÈRE ROUTE.

```
log. cos. V =   9,784447        latᵉ croisᵉ de dép. 1587,60    log.  tang.   V = 10,115020
     log. M =   1,716003        latᵉ croisᵉ arriv. 1623,15     log. ch⁺ latᵉ cᵉ =  1,550840

log. ch⁺ latᵉ =  1,500450       changⁱ latᵉ croisᵉ   35,55     log. ch⁺ longᵉ =  1,665860
chang⁺ latᵉ =        31′ 39″ N.                                ch⁺ longᵉ O.  =      46′,33
lat. de départ 25° 34′ 00″ N.

latᵉ arriv. = 26° 05′ 39″
```

DEUXIÈME ROUTE.

```
log. cos. V =   9,786906        latᵉ croisᵉ de dép. 1623,15
log. M      =   1,653213        latᵉ croisᵉ d'arr. 1653,27

log. ch⁺ latᵉ =  1,440119       ch⁺ en latᵉ croisᵉ   30,12    log.  tang. V = 10,111100
ch⁺ latitᵉ  =        27′ 45″ N.                                log. ch⁺ latᵉ cᵉ =  1,478855

latᵉ de dép.   26° 05′ 39″ N.                                  log. ch⁺ long. =  1,589955

latᵉ arriv.    26° 33′ 24  N.                                  ch⁺ longᵉ Est =      38′,09
```

TROISIÈME ROUTE.

```
log. cos. V =   9,908349        latᵉ croisᵉ dép.    1653,27
log. M      =   1,819544        latᵉ croisᵉ arr.    1712,75   log. tang. V  =  9,877114

log. ch⁺ latᵉ =  1,721893       diff. en lat. croisᵉ  59,48   log. ch⁺ latᵉ cᵉ =  1,774371

ch⁺ latᵉ          52′ 42″ N.                                   log. ch⁺ longᵉ =  1,651485
latᵉ. de dép.  26° 33′ 24″ N.                                  ch⁺ longitᵉ O. =     44′,82

latᵉ d'arr.    27° 26′ 06″ N.
```

Changement longitude.

Est.	Ouest.
38′,09	46′,33
00′,0	44′,82
	91′,15
	38′,09

Chang^t final longit^e O., 53′,06 ou 53′ 03″ O.

longitude de départ,   24° 45′ 00″ O.

longitude de l'arrivée,   25° 38′ 03″ O.

Calcul de l'heure du lever vrai du centre du soleil (4).

Déterminer l'heure, temps moyen, du lever vrai du centre du soleil le 20 mai 1850,

dans un lieu situé par $\Big\{$ 40° 55′ latitude N.
30° 43′ longitude O.,

l'heure présumée de ce lever étant $4^h\ 27^m$.

Heure du bord, temps astronom^e, le 19, $16^h\ 27^m$ déclin. le 19, 19° 45′ 02″
Longitude en temps, $2^h\ 02^m$ partie prop^{lle} 9′ 48″,3

Heure de Paris, le 19, $18^h\ 29^m$ décl. calculée 19° 54′ 55″,3

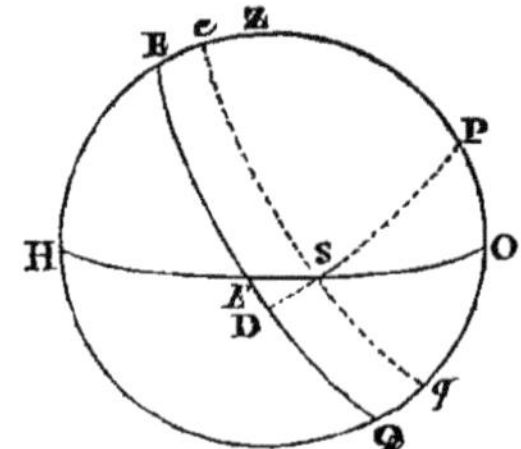

r : tang. SED :: sin. ED : tang. DS, ou r : c^t L :: cos. DQ : tang. d.

Log. tang. $d = 9,5590313$

c^t log. cot. L $= 9,9378871$

log. cos. DQ $= 9,4969184$ DQ $= 71°.$

Heure du lever, temps vrai, $4^h\ 46^m\ 48^s$ en temps $4^h\ 46^m\ 48^s$.

équation de temps   — $3^m\ 48^s$

Heure du lever temps moy., $4^h\ 43^m\ 0^s$ le 20 mai.

Passage du soleil au premier vertical (5).

Le 15 juin 1850, dans un lieu { 45° 52′ latitude N.
situé par................ { 54° 27′ longitude O.,

trouver l'heure du passage du soleil au premier vertical dans l'Ouest, et la hauteur instrumentale du bord inférieur au même instant, l'heure présumée étant 4ʰ 20ᵐ, l'erreur instrumentale +1′ 15″, et l'élévation de l'œil, 5ᵐ.

Heure présum.,   4ʰ 20ᵐ   décl. du sol. à midi, 23° 19′ 07″,6 N.
Longᵉ en temps +3ʰ 37ᵐ 48ˢ partie proport. + 0° 0′ 47″,4

Heure de Paris,   7ʰ 57ᵐ 48ˢ décl. calculée,   23° 19′ 55″ N.

r : tang. L :: sin. OD : tang. d.

log. tang. d = 9,6348089
cᵗ log. tang. L = 9,9868596

log. cos. ED = 9,6216685
ED = 65° 15′ 43″

ED en temps = 4ʰ 21ᵐ 3ˢ, heure approchée du passage temps vrai.

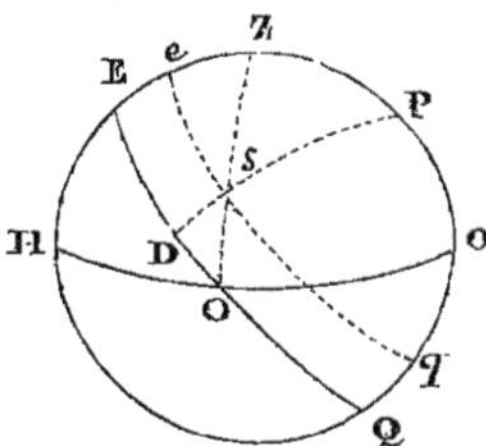

Calcul de la hauteur.

r : sin. L :: sin. H : sin. d.

log. sin. d = 9,5977583
cᵗ log. sin. L = 0,1410442

log. sin. H = 9,7418025
hauteur v. ☉ = 33° 29′ 32″

Haut. vraie du centre = 33ᵐ 29′ 32″
demi-diamètre, —   15′ 46″,23

hauteur v. ☉,   33° 13′ 45″,77
réfract. — parallaxe, +   1″ 22″

hauteur apparente ☉,   33° 15′ 07″,77
dépression,   +   4′

hauteur observée ☉,   33° 19′ 07″,77
erreur instrumentale, —   1′ 15″

hauteur instrumentale,   33° 17′ 52′,77

Angle de position (6).

Le 28 mai 1850, dans un lieu situé par $\left\{ \begin{array}{l} 10^\circ\ 21'\ \text{latit}^e\ \text{N.} \\ 30^\circ\ 54'\ \text{long}^e\ \text{O.,} \end{array} \right.$

on demande l'heure à laquelle l'angle de position du soleil sera droit, et la hauteur instrumentale de son bord inférieur à cet instant, l'heure présumée étant $4^h\ 12^m$, l'élévation de l'œil $4^m,5$, et l'erreur instrumentale — 3′ 15″.

Heure présumée,	$4^h\ 12^m$	Décl. à midi,	19° 57′ 45″,6 N.
long^e en temps,	$+\ 2^h\ 03^m\ 36^s$	part. prop. +	3′ 14″
heure à Paris,	$6^h\ 15^m\ 36^s$	décl. calcul.,	20° 00′ 59″,6

Calcul de la hauteur.

r : cos. SP. :: cos. ZS : cos. ZP

ou r : sin. d :: sin. H : sin. L.

log. sin. L =	9,254453
c^t log. sin. d =	0,465601
log. sin. H =	9,720054
H$_v$ ⊖ =	31° 39′ 34″
(R — P) = +	1′ 27″
hauteur appar. ⊖ =	31° 41′ 01″,
demi-diamètre, —	15′ 49″,5
haut. apparente ⊙ =	31° 25′ 11″,5
dépression, +	3′ 55″
haut. observée ⊙,	31° 29′ 06″,5
erreur instrument^e +	3′ 15″
haut. instrument.,	31° 32′ 21″,5

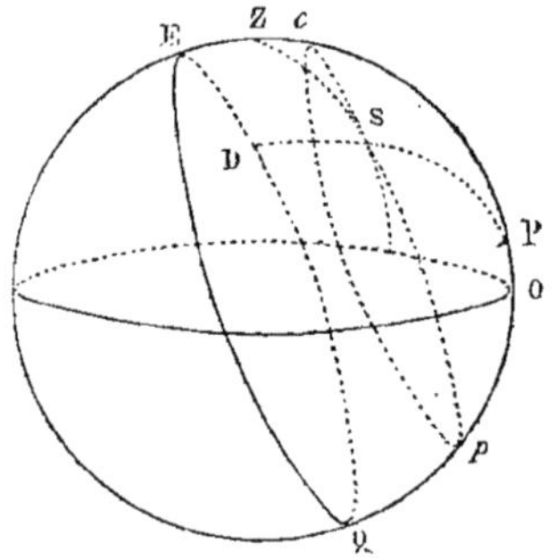

Calcul de l'heure.

r : cos. P :: tang. ZP : tang. SP

ou r : cos. P :: cot. L : cot. d.

log. cot. L =	10,438548
c^t log. cot. d =	9,261578
log. cos. P =	9,700126 P = 59° 54′ 43″
h^e en tem. vr.,	$3^h\ 59^m\ 38^s,9$
tem. moy. au midi vrai,	$11^h\ 56^m\ 14^s$
h^e tem. moy.,	$3^h\ 55^m\ 52^s,9$

Calcul de l'heure du lever apparent du bord inférieur du soleil (7).

Déterminer l'heure, temps moyen, du lever apparent du $\odot$ le 20 août par une latit^e de 39° 58′ 30″ N., et une longitude O de 58° 45″, l'œil élevé de 6^m,5. Heure présumée, 5^h 19^m.

Heure à bord	5^h 19^m	Déclinaison le 19,	12° 49′ 59″,3
longit^e en temps $+$	3^h 55^m	partie proport^{lle}, $-$	17′ 27″
heure de Paris le 20,	9^h 14^m temps civil.	décl. calculée,	12° 32 32″,3
heure le 19,	21^h 14^m tem. astron.		
équation du temps,	3^m 14^s		
h^e Paris, tem. moy.,	21^h 17^m 14^s		

Hauteur v. $\ominus = h_0 \odot - D + \frac{1}{2}D - (R - P)$; d'où $H, \ominus = -D + \frac{1}{2}D - (R - P)$ puisque $h_0 \odot = 0$.

Calcul de l'angle horaire.

$$\frac{1}{2}D = 15' 50''$$
$$\text{dépression} - 4' 34''$$
$$+ 11' 16''$$
$$R - P - 33' 37''$$
$$H, \ominus = - 22' 21''$$
$$\text{dist}^e \text{ zénith. } 90° 22' 21''$$

$$+ \cos \frac{P}{2} = \sqrt{\frac{\sin\left(\dfrac{ZS + SP + ZP}{2}\right) \sin\left(\dfrac{ZP + SP + ZS}{2} - ZS\right).}{\sin. ZP \sin. SP}}$$

ZS $=$	90° 22′ 21″	
ZP $=$	50° 01′ 30″	comp^t log. sin. $=$ 0,1155871
SP $=$	77° 27′ 28″	comp^t log. sin. $=$ 0,0104895
ZS $+$ ZP $+$ SP $=$	217° 51′ 19″	
$\dfrac{ZS + ZP + SP}{2} =$	108° 55′ 39″	log. sin. $=$ 9,9758589
$\frac{1}{2}$ somme $-$ ZS $=$	18° 33′ 18″	log. sin. $=$ 9,5027204
		19,6046559
log. cos. $\dfrac{P}{2} =$		9,8023279
$\dfrac{P}{2} =$		50° 37′ 42″
$P =$		101° 15′ 24″
heure en temps vrai,		5^h 14^m 58^s
équation du temps, $+$		3^m 17^s
heure lever, temps moyen,		5^h 18^m 15^s

*Calcul de l'heure du coucher apparent du bord supérieur
du soleil (8).*

Déterminer l'heure du coucher apparent} 40° 29′ latitude N.
du ☉, le 9 janvier, dans un lieu situé par{ 2° 13′ 45″ long^e O.,
l'œil élevé de 5^m. Heure présumée du coucher,   4^h 20^m t. m.

H^e présumée,   4^h 20°   Déclinais. du ☉ le 9 à 0^h,   22° 07′ 01″,2 S.
long^e en tem. +   8^m 55^s   partie proportionnelle, —   1′ 38″

heure de Paris,   4^h 28^m 55^s   déclinaison calculée,   22° 5′ 23″,2 S.
                              distance polaire,   112° 05′ 23″,2

Haut. observée ☉̄,   0° 00′ 00″   dist^e zénit., 90° 53′ 52″,6
   dépression,   —   3′ 58″   c^t latitude, 40° 31′ 00″   c^t log. sin. 0,1873077
   demi-diamètre, —   16′ 17″,6 dist. pol^re, 112° 05′ 23″,2 c^t log. sin. 0,0331104

Réf. parallaxe,   —   33′ 37″,0 somme   243° 30′ 15″,8

Hauteur vr. ☉̵, — 0° 53′ 52″,6 ½ somme, 121° 45′ 07″,9   log. sin. 9,9295890
distance au zénith,   90° 53′ 52″,6 ½ som. — H′ 30° 51′ 15′,3   log. sin. 9,7099950

                                                            19,8600021

$$\log. \cos. \frac{P}{2} = \quad 9,9300010$$

$$\frac{P}{2} = \quad 31° 39′ 50″$$

$$P = \quad 63° 19′ 40″$$

heure en temps vrai,   4^h 13^m 18^s,6
équation du temps,   +   7^m 29^s,6

heure coucher, temps moyen,   4^h 20^m 48^s,2

Calcul de la variation par l'amplitude ortive (9).

Au moment du lever vrai ⊙, le 20 juin, ⎫ 40° 28′ latit^e N.
vers 4^h du matin, par................. ⎭ 30′ 25′ long^e O.,

on a relevé le centre du soleil à l'E. ¼ N.-E. 5° E. du compas.

Trouver la variation.

Heure du lieu, le 19, à 16^h
diff. des mérid.   +   2^h 1^m 40^s

heure de Paris, le 19,   18^h 1^m 40^s
     Déclinaison à 0^h,   23° 26′ 17″,7
     partie proport^lle +   00′ 34″,3

   Déclin. calculée,   23° 26′ 52″   log. sin. décl.,   9,599788
                   comp^t log. cos. lat^e,   0,118739

                  log. sin. amplitude,   9,718527

Amplitude calculée, 31° 32′ 09″ de l'Est vers le Nord ;
amplitude observée,   6° 15′ 00″

   Variation,   25° 17′ 09″ N.-O.

Variation par le lever apparent du soleil (10).

Le 5 mai, vers $4^h 36^m$ du matin, temps moyen, on a relevé le centre du soleil à l'Est 5° Sud du compas, au moment où son bord inférieur touchait l'horizon visible, l'œil élevé de cinq mètres dans un lieu situé par $\begin{cases} 49° \ 29' \text{ latitude N.} \\ 2° \ 13' \ 45'' \text{ longitude O.} \end{cases}$

On demande la variation du compas.

H^e présum. du lev^r,	$4^h\ 36^m$	déclin. le 4 à 0^h	15° 36′ 20″,9 B.
long^e en temps, +	$8^m\ 55^s$	partie proport^{lle},	12′ 3″,3
h^{re} de Paris, le 5,	$4^h\ 44^m\ 55^s$	déclin. calculée,	16° 08′ 24″,2 B.
le 4,	$16^h\ 44^m\ 55^s$	distance polaire,	73° 51′ 36″

$$\cos. \frac{Z}{2} = \sqrt{\frac{\sin. S \sin. (S - SP)}{\sin. ZS \sin. ZP}}.$$

Haut. observ. ☉,	0° 00′ 00″	PS =	73° 51′ 36″	
dépression, —	0° 3′ 56″	ZP =	40° 31′ 00″	c'log. sin. = 0,1873077
demi-diamètre, +	0° 15′ 52″	ZS =	90° 21′ 45″	c'log. sin. = 0,0000097
Haut. app. ⊖ +	0° 11′ 54″	2S =	204° 44′ 21″	
Réf. parallaxe, —	0° 33′ 39″	S =	102° 22′ 10″	log. sin. = 9,9897997
haut. vraie ⊖, —	0° 21′ 45″	S—SP =	28° 30′ 34″	log. sin. = 9,6787947
distance zénithale,	90° 21′ 45″			19,8559118

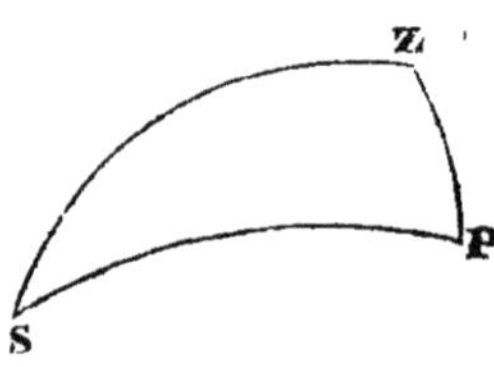

$$\log. \cos. \frac{Z}{2} = 9,9279559$$

$$\frac{Z}{2} = 32° 05′ 53″$$

azimut calculé, 64° 11′ 46″ du N. à l'E.

azimut relevé, 95° du N. v. l'E.

variation, 30° 48′ 14″ N.-O.

Variation par l'azimut du soleil (11).

Le 18 mai à 4^h 30^m, temps moyen, on a observé la hauteur du ⊙ de 22° 18′. L'erreur instrumentale était de + 3′ 30″, et l'élévation de l'œil, de 5^m. L'astre répondait au O.-N.-O. 3° O. du compas.

$$\text{L'observateur était par} \left\{ \begin{array}{l} 8° \ 30′ \ \text{latitude N.} \\ 30° \ 15′ \ \text{longitude O.} \end{array} \right.$$

On demande la variation.

Heure du lieu, 4^h 30^m déclin. à 0^h, 19° 31′ 58″ B haut. instr^{le}. ⊙, 22° 18′ 00″
long^e en tem.+ 2^h 01^m part. prop., 03′ 32″,6 err. instr^{le}, + 03′ 30″

heure de Paris, 6^h 31^m décl. calcul., 19° 35′ 30″,6 h^r observée ⊙, 22° 21′ 30″
dist. polaire, 70° 24′ 29″,4 dépression, — 3′ 58″

haut. app. ⊙, 22° 17′ 32″
½ diamètre, + 15′ 50″

haut. app. ⊖, 22° 33′ 22″
réf.—parall^e, — 2′ 12″

haut. vraie ⊖, 22° 31′ 10″

On peut, dans ce cas, calculer l'angle azimutal par la formule

$$\cos. \frac{Z}{2} = \sqrt{\frac{-\cos.\left(\dfrac{H+L+D}{2}\right)\cos.\left(\dfrac{H+L+D}{2} - D\right)}{\cos. H \cos. L}}.$$

Distance polaire,	70° 24′ 29″	
latitude,	8° 30′ 00″	c^t log. cos. L = 0,0047967
hauteur vr. ⊖,	22° 31′ 10″	c^t log. cos. H = 0,0344457
H+L+D =	101° 25′ 39″	
$\dfrac{H+L+D}{2}$ =	50° 42′ 49″	log. cos. = 9,8015399
$\dfrac{H+L+D}{2}$ —D =	19° 41′ 40″	log. cos. = 9,9738218
		19,8146041
		log. cos. $\dfrac{Z}{2}$ = 9,7073040

$$\frac{Z}{2} = 36° \ 07′ \ 07″,7$$

azimut calc. Z = 72° 14′ 15″,4 du N. vers l'Ouest.
azimut relevé, 70° 30′
variation, 1° 44′ 15″,4 N.-O.

Latitude obtenue par une hauteur méridienne du soleil (12).

Le 21 juillet, par 28° 51′ longitude O., on a observé, du côté du pôle S., la hauteur méridienne de ☉. Elle était de 70° 17′. Erreur instrumentale + 1′ 15″; élévation de l'œil, 5ᵐ.

On demande la latitude.

Longit° en temps,	1ʰ 55ᵐ 24ˢ	décl. le 21 à 0ʰ,	20° 31′ 10″,7 B.
heure du bord,	0ʰ 00ᵐ 00ˢ	partie proportionnelle, —	58″,7
équat. du temps,	0ʰ 6ᵐ 2ˢ,3	déclin. calculée,	20° 30′ 12″ B.
hʳᵉ de Paris, t. m.,	2ʰ 01ᵐ 26ˢ,3	distance au pôle Sud,	110° 30′ 12″

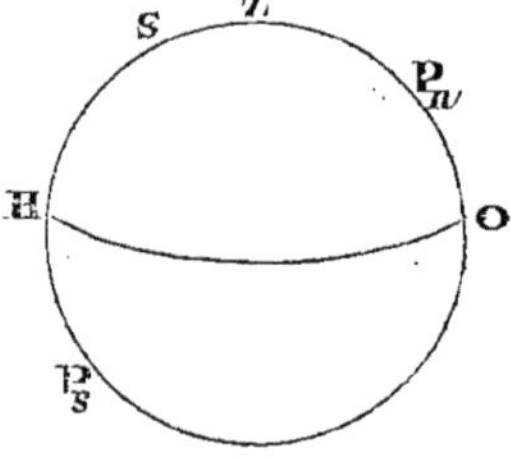

haut. instrumᵗᵉ,	70° 17′ 00″
erreur instrᵗᵉ, +	1′ 15″
haut. observée ☉,	70° 18′ 15″
dépression, —	3′ 58″
haut. appar. ☉,	70° 14′ 17″
demi-diamètre, +	15′ 46″
haut. appar. ⊖,	70° 30′ 03″
réfr. parallaxe, —	0′ 18″
haut. vraie ⊖,	70° 29′ 45″

SP, ou distance au pôle S.,	110° 30′ 12″
SH ou haut. méridienne,	70° 29′ 45″
HP, ou OPₙ ou latitude,	40° 00′ 27″ N.

Latitude obtenue par une hauteur méridienne de la lune (13).

Le 15 juin, par 45 longitude O., on a observé, du côté du pôle S., la hauteur méridienne ☾ de 55° 16′ 45″. Erreur instrumentale, — 4′ 15″. Élévation de l'œil, 8^m,5. On demande la latitude.

H^{re} du pass. ☾ au mérid. le 15,	5^h 08^m 00^s	Haut. instrument.,	55° 16′ 45″
id. le 16,	6^h	erreur instr., —	4′ 11″
différence pour 360°,	52^m	haut. observée ☾,	55° 12′ 30″
partie proportionnelle pour 45°,	6^m 30^s	dépression, —	0° 5′ 15″
h^{re} du pass. au mérid. du lieu,	5^h 14^m 30^s	haut. appar. ☾,	55° 07′ 19″
différence des méridiens, +	3^h	½ diam. de haut., +	16′ 6″
h^{re} de Par., t. m., au mom. du pass.	8^h 14^m 30^s	haut. appar. ☾,	55° 23′ 25″
		parallaxe — réfr., +	32′ 53″
		haut. vraie ☾,	55° 56′ 18″

Calcul de déclinaison.

	Déclinaison.	Différences premières.	Différences deuxièmes.
le 14 à 12^h,	13° 06′ 57″,9 B.		
		— 1° 58′ 20″,1	
le 15 à 0^h,	11° 08′ 37′,8		+ 0° 07′ 59″,9
		— 2° 06′ 20″,0	
le 15 à 12^h,	9° 02′ 17″,8		+ 0° 05′ 44″,4
		— 2° 12′ 04″,4	
le 16 à 0^h,	6° 50′ 13″,4		

Somme 13′ 44″,30

Déclinaison le 15 à 0^h, 11° 08′ 37″,8   demi-somme,   06′ 52″,15

partie proportion- nelle p 8^h 14^m 30^s, — 1° 26′ 50″   dist. au pôle Sud,   99° 41′ 04″

part. prop. p. 6′ de diff. seconde m., — 00′ 38′,5   dist. à l'horiz. ou haut. 55° 56′ 18″

pour 52″ id. — 00′ 5″,3   latitude N.,   43° 44′ 46″.

Déclin. calculée, 9° 51′ 04″ B.
Dist. au pôle Sud, 99° 41′ 04″

Latitude obtenue par une hauteur de l'étoile polaire (14).

Le 25 mai, par 51° 24′ longitude Est, l'œil élevé de 4^m,5, à 10^h 45^m, on a observé la hauteur de l'étoile polaire de 45° 24′. Erreur instrumentale, — 3′ 43″. On demande la latitude.

Haut. instrumentale ★,	45° 24′ 00″	heure à bord,	10^h 25^m
erreur instr., —	3′ 45″	diff. des mérid., —	3^h 25^m 36^s
hauteur observée ★,	45° 20′ 15″	heure de Paris,	6^h 59^m 24^s
dépression, —	3′ 48″	Æ ☉ le 25 mai à 0^h,	4^h 07^m 24^s,35
hauteur apparente ★,	45° 16′ 27″	partie prop., +	1^m 10^s,10
réfraction, —	0° 00′ 58″	Æ ☉ calculée,	4^h 08^m 34^s,45
hauteur vraie ★,	45° 15′ 29″		

Heure astr. ☉ + Æ ☉ = h^{re} astr. ★ + Æ ★

heure astr. ★ = Æ ☉ + h^{re} astr.☉ — Æ ★

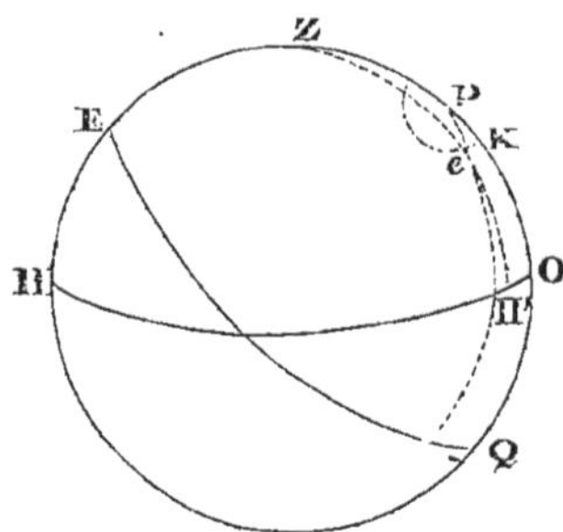

Æ ☉ =	4^h 08^m 34^s,45
h^{re} bord =	10^h 25^m 00^s
somme,	14^h 33^m 34^s,45
Æ ★, —	1^h 04^m 48^s,00
heure astr. ★,	13^h 28^m 46^s,45

R : cos. ePK :: eP : PK.

$$PK = \frac{eP \times \cos. ePK}{R} = 1° 23′ 04″$$

Lat. = cH + PK = haut. vraie ★ + PK
= 46° 38′ 33″

Recherche de l'état absolu d'un chronomètre (15).

Le 5 juillet, vers 4ʰ 30ᵐ, temps | 49° 29'   latitude N.
 moyen, étant par........ | 2° 13' 45" longitude O.,
lorsque le chronomètre marquait 5ʰ 17ᵐ 21ˢ, on a observé la hauteur du ⊙ de 29° 45'. Erreur instrumentale, + 5' 30". Élévation de l'œil, 5ᵐ.

On demande l'état absolu du chronomètre sur le temps moyen.

Hʳᵉ appr. du lieu, 4ʰ 30ᵐ	décl. à 0ʰ,	22° 49' 09",5 B.
longit. en temps, 8ᵐ 55ˢ	part. proport., —	1' 06",9
heure de Paris, 4ʰ 38ᵐ 55ˢ	décl. calculée,	22° 48' 02",6 B.
	dist. polaire,	67° 11' 57",4
haut. instr. ⊙, 29° 45' 00"		
erreur instr. + 5' 30"	dist. zénithale,	59° 59' 15",5
haut. obs. ⊙, 29° 50' 30"	compl. latitude,	40° 31' 00",0 cᵗ log. sin. 0,1873077
dépression, — 03' 58"	dist. polaire,	67° 11' 57",7 cᵗ log. sin. 0,0353356
haut. app. ⊙, 29° 46' 32"	somme =	167° 42' 13",2
demi-diam., + 15' 45",5	½ somme =	83° 51' 06",6 cᵗ log. sin. 9,9974948
haut. app. ⊖, 30° 02' 17",5	½ som. — côté opp. =	23° 51' 51",1 log. sin. 9,6069933
réfr. parall. — 01' 33"		19,8271314
haut. vr. ⊖, 30° 00' 44",5	log. cos. $\frac{P}{2}$ =	9,9135652
dist. zénithale, 59° 59' 15",5	$\frac{P}{2}$ =	34° 57' 44"
	P =	69° 55' 28'
	P en temps ou heure, t. vr.	4ʰ 39ᵐ 41ˢ,9
	équation du temps, +	4ᵐ 09ˢ,4
	heure, temps moyen,	4ʰ 43ᵐ 51ˢ,3
	heure au chronomètre,	5ʰ 17ᵐ 21ˢ
	avance du chronomètre sur le temps moyen du lieu,	0ʰ 33ᵐ 29ˢ,7

Longitude obtenue à l'aide d'un chronomètre (16).

Le 1er décembre, à midi moyen de Paris, un chronomètre ayant pour marche diurne — 18ˢ,6, marquait 10ʰ 59ᵐ 17ˢ.

Le 20 décembre, à Paris, la date du bord étant le 21 au soir par 18° 15′ latitude S., au moment où le chronomètre marquait 4ʰ 18ᵐ 21ˢ, on a observé la hauteur ☉ de 38° 17′. Erreur instrumentale, + 2′ 30″. Élévation de l'œil, 5ᵐ.

On demande la longitude du navire.

Calcul de l'heure de Paris.

Aᵛᶜ du chronom. le 1er déc.,	10ʰ 59ᵐ 17ˢ,00	décl. le 20, à 0ʰ,	23° 26′ 47″,6 A.
retard en 19 j. —	5ᵐ 53ˢ,40	part. prop., +	23″,7
Avance le 20, à midi,	10ʰ 53ᵐ 23ˢ,60	décl. calculée,	23° 27′ 11″,3
heure au chronomètre,	28ʰ 18ᵐ 21ˢ,00	dist. polaire,	66° 32′ 48″,7
heure appr. de Paris, le 20,	17ʰ 24ᵐ 57ˢ,40		
retard en 17ʰ, 4 +	13ˢ,50		
heure de Paris,	17ʰ 25ᵐ 10ˢ,9		
hauteur instrumentale,	38° 17′ 00″		
erreur id., +	2′ 30″		
hauteur observée ☉,	38° 19′ 30″		
dépression, —	03′ 58″		
hauteur apparente ☉,	38° 15′ 32″		
demi-diamètre, +	16′ 17″,5		
haut. apparente ⊖,	38° 31′ 49″,5		
réfract. — parallaxe, —	1′ 06″,4		
hauteur vraie ⊖,	38° 30′ 43″,1		
distance zénithale,	51° 29′ 16′,9		
distance polaire,	66° 32′ 48″,7	cᵗ log. sin. 0,0374478	
complément latitude,	71° 45′ 00″	cᵗ log. sin. 0,0224140	
somme,	189° 47′ 05″,6		
demi-somme,	94° 53′ 32″,8	log. sin. 9,9984150	
demi-somme — dist. zénith.,	43° 24′ 15″,9	log. sin. 9,8370477	
		19,8953245	

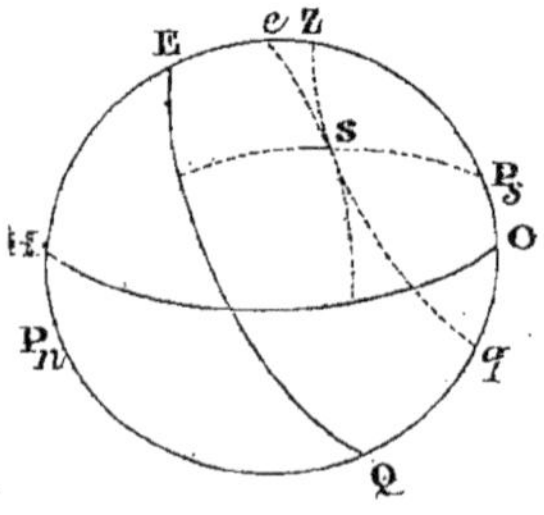

$$\log. \cos. \frac{\text{p}}{2} \qquad 9,9476622$$

$$\frac{\text{P}}{2} = 27^\circ\,34'\,3''$$

$$\text{P} = 55^\circ\,08'\,06''$$

P en temps,	$3^h\ 40^m\ 32^s,24'$,	heure à bord, t. v.
heure à bord, temps vrai,	$3^h\ 40^m\ 32^s,4$	
temps moyen à midi vrai,	$11^h\ 58^m\ 10^s,2$	
heure à bord le 21,	$3^h\ 38^m\ 42^s,6$	t. m.
heure à Paris le 20,	$17^h\ 25^m\ 10^s,9$	
longitude en temps,	$10^h\ 13^m\ 31^s,7$	
longitude en degrés,	$153^\circ\ 22'\ 54''5$ E.	

Le 18 octobre 1850, par 146° 50′ longitude Est, l'établissement du port étant $8^h\ 12^m$, on demande l'heure de la pleine mer du matin.

Longitude en temps,	$9^h\ 47^m\ 20^s$
pass. ☾ au mérid., le 16,	$8^h\ 46^m\ 00^s$
id. le 17,	$9^h\ 30^m\ 00^s$
diff. en 24^h,	$0^h\ 44^m\ 00^s$
partie proportionnelle,	$17^m\ 58^s$
passage calculé,	$9^h\ 12^m\ 00^s$
établissement,	$8^h\ 12^m\ 00^s$
h^re appr. de la pleine mer,	$17^h\ 24^m\ 00^s$
correction, +	$0^h\ 34^m\ 07^s$
h^re de la pl. mer, t. m.	$5^h\ 58^m\ 07^s$

La parallaxe horizontale équatoriale était 54′ 5...

FIN DU TROISIÈME VOLUME.

TABLE DES MATIÈRES

DU TROISIÈME VOLUME.

www.ingramcontent.com/pod-product-compliance
Ingram Content Group UK Ltd.
Pitfield, Milton Keynes, MK11 3LW, UK
UKHW021857070726
13613UKWH00001B/199